新工科·智能电动车辆卓越工程师培养系列教材

电动汽车设计与制造

主　编　李　凡　周　维
副主编　千年妃　李博川　黄沛丰
参　编　刘建国　柴　天　邓朝阳　郭杰亮
　　　　刘志潜　晏　晖
主　审　蒋　平

机械工业出版社

电动汽车是未来汽车的发展趋势。本书系统介绍了电动汽车整体设计、三电系统设计、电动汽车底盘与车身设计等内容。电动汽车整体设计部分从设计总体框架、设计任务书编制、详细设计阶段、制造工艺和全过程成本控制等方面展开叙述；三电系统设计部分从电驱动系统、动力电池与高压电气系统展开叙述；电动汽车底盘设计部分包括悬架系统、转向系统、汽车制动系统以及线控底盘设计等部分，并详细介绍了电动汽车底盘性能开发；电动汽车车身设计部分则从车身结构设计开始，结合轻量化设计和碰撞安全性设计展开叙述。每章内容由本章导学和学习目标引入，各部分附有习题，并选取企业真实案例作为拓展阅读。

本书可作为高等院校车辆工程相关专业的教材或参考书，也可供电动汽车设计开发相关人员学习参考。

图书在版编目（CIP）数据

电动汽车设计与制造 / 李凡，周维主编. －－北京：机械工业出版社，2024. 11. －－（新工科·智能电动车辆卓越工程师培养系列教材）. －－ISBN 978-7-111-77366-5

Ⅰ. U469.720.2

中国国家版本馆 CIP 数据核字第 20250LF061 号

机械工业出版社（北京市百万庄大街 22 号　邮政编码 100037）
策划编辑：王　婕　　　　　　责任编辑：王　婕
责任校对：潘　蕊　陈　越　　封面设计：张　静
责任印制：常天培
固安县铭成印刷有限公司印刷
2025 年 2 月第 1 版第 1 次印刷
184mm×260mm · 16 印张 · 405 千字
标准书号：ISBN 978-7-111-77366-5
定价：79.90 元

电话服务　　　　　　　网络服务
客服电话：010-88361066　机 工 官 网：www.cmpbook.com
　　　　　010-88379833　机 工 官 博：weibo.com/cmp1952
　　　　　010-68326294　金 书 网：www.golden-book.com
封底无防伪标均为盗版　机工教育服务网：www.cmpedu.com

指导委员会

主　任：丁荣军（中国工程院院士，湖南大学机械与运载工程
　　　　学院院长）
委　员：张进华（中国科协常委、中国汽车工程学会理事长）
　　　　华　林（教育部高等学校机械类专业教学指导委员会
　　　　　　　委员，武汉理工大学汽车学院院长）
　　　　姜　潮（湖南大学党委常委，副校长）

编写委员会

主　任：蒋　平（广汽集团原副总经理）

副主任：彭晓燕（湖南大学机械与运载工程学院党委书记）
　　　　　赵海青（机械工业出版社汽车分社社长）
　　　　　张卫国（广汽传祺汽车有限公司战略研究专家委员会
　　　　　　　　　产品技术小组组长）
　　　　　张　屹（湖南大学机械与运载工程学院副院长）
　　　　　胡官锋（广汽传祺汽车有限公司总经理助理）
　　　　　李建鲁（广汽传祺汽车有限公司技术中心主任）
　　　　　刘建国（广汽传祺汽车有限公司混动与整车技术部部长）

委　员（按姓氏笔画排序）：

丁　飞	干年妃	王　平	王伏林	王国春	王猛超	邓　媔
邓朝阳	石洪武	叶镇声	卢振蔚	丘丽娟	代　琼	伍雪彪
刘　鹏	刘可伟	刘志强	刘志潜	刘迪辉	刘和军	刘桂峥
刘培楠	刘维民	刘智军	阮林栋	阮建中	杜君妍	李　凡
李　瑜	李　鑫	李庆喜	李志坚	李桂月	吴　飞	吴玉华
吴立浩	吴君伟	吴淑春	别大勇	邱　婷	邱捷行	何大江
何智成	汪怡平	宋　凯	张圣明	张冠军	陆浩升	陈　丽
陈　涛	陈文泽	陈迪铖	陈荣楠	陈梓莹	陈斯颖	范　叶
林志锋	罗　维	周　维	周子渊	庞高磊	钟雄虎	敖敬培
秦换娣	袁玉军	聂　昕	索志超	晏　晖	徐　鹏	高钦杰
郭丹荻	郭杰亮	唐钊荣	陶　静	黄　维	黄　智	黄义关
黄沛丰	黄岩军	黄俊文	黄梅珊	黄雅婷	曹启明	龚　政
梁　佳	童　伟	曾　平	蓝荣福	雷　茸	雷亚辉	谭志斌
颜泽炜	魏　超					

特聘顾问：龚孟贤

秘　　书：何士娟

丛书序

党的二十大报告强调"教育、科技、人才是全面建设社会主义现代化国家的基础性、战略性支撑"。当前，新一轮科技革命和产业变革正在重构全球创新版图，重塑全球经济结构。

汽车产业是推动新一轮科技革命和产业变革的重要力量，新能源汽车、智能汽车等战略新兴领域，正成为各国汽车产业竞争的焦点。新一代信息技术、大数据、人工智能、云计算、物联网等先进技术加速在汽车上的应用，引发汽车产品技术、功能、形态等多方面的变化。汽车产品正在从交通工具转变为大型移动智能终端、储能单元和数字移动空间。学科交叉创新、系统集成创新、跨界融合创新对汽车人才培养提出了新挑战，也深刻地影响着车辆学科的教育变革。

教材是人才培养的重要支撑，汽车教材建设必须紧密对接国家发展重大战略需求，不断更新升级知识体系，更好地服务于高水平科技自立自强和创新人才培养。为此，教材建设应能适应科技飞速发展的形势，满足新兴产业的发展和创新的需要，尤其是专业课的教材知识体系更需要契合产业技术的发展，把制造一线应用的新技术、新工艺及时补充到高校的教材中。

在这样的时代背景下，在湖南大学和广州汽车集团传祺汽车有限公司诸位领导的大力支持下启动"新工科·智能电动车辆卓越工程师培养系列教材"的编写工作，是响应汽车产业发展的需要，是响应国家战略落地的需要，也是响应时代发展的需要，非常有意义。

本系列教材紧密围绕立德树人根本任务和当前智能新能源汽车行业前沿技术，面向企业对人才的实际需求，由高校教学一线的资深学者与头部汽车企业设计生产一线的资深工程师共同编写，确保了知识体系的系统性和生产实践的前沿性。本系列教材包括《智能车辆设计与控制基础》《电动汽车设计与制造》《新能源汽车制造技术》《汽车开发系统工程》四本书，内容涵盖了智能新能源汽车的设计、控制、制造与系统工程，注重多学科知识的深度融合与设计制造环节的相互约束，理论与实践紧密结合，旨在培养具有创新精神和实践能力的智能新能源领域专业人才。

衷心感谢参与本系列教材出版工作的编委、作者及审稿专家，他们以深厚的学术造诣和丰富的实践经验，为本系列教材提供了高质量的内容与严谨的把关。同时，感谢广汽传祺汽车有限公司、相关企业、机构，正是来自企业无私分享的实践案例和技术支持，使本系列教材更加贴近行业前沿。在此，我们向所有参与和支持本系列教材编写的人们表示最真挚的谢意。正是大家的共同努力，才成就了这套集理论与实践于一体的智能电动车辆卓越工程师培养系列教材。

"新工科·智能电动车辆卓越工程师培养系列教材"
丛书编委会
2024 年 11 月 25 日

前　言

《中国制造2025》提出将"节能与新能源汽车"作为重点发展领域，明确了"继续支持电动汽车、燃料电池汽车发展，掌握汽车低碳化、信息化、智能化核心技术，提升动力电池、驱动电机、高效内燃机、先进变速器、轻量化材料、智能控制等核心技术的工程化和产业化能力，形成从关键零部件到整车的完整工业体系和创新体系，推动自主品牌节能与新能源汽车同国际先进水平接轨"的发展战略，为我国节能与新能源汽车产业发展指明了方向。

电动化领域，在各国政府的积极推动和主要汽车制造商的努力下，基于动力电池技术进步和成本降低，全球汽车电动化进程不断加快。据国际能源机构预测，到2030年电动汽车将占世界汽车销量的30%。2023年，我国新能源汽车产销量分别为958.7万辆和949.5万辆，连续9年保持全球第一。从新能源汽车行业产销量结构来看，纯电动汽车仍占据市场主流地位。2023年我国纯电动汽车产量达670.4万辆，销量达668.5万辆，在新能源汽车产销量中占比超六成。

发展电动汽车是我国的重要国策，随着我国电动汽车相关产业的高速发展，需要大量的产业技术人才提供支持，而目前中高端人才市场存在着巨大的缺口。对于高校来说，车辆工程专业的主要培养目标是为产业培养亟需的技术人才，而目前从整个课程体系来说，涉及新能源汽车的相关课程仍不够完善。因此，亟需系统性介绍新能源汽车的教材，并能够与产业深度结合，同时具备较好的理论性和工程实用性。

本书结合编者及其教学科研团队十余年来的科研与实践工作经验，立足电动汽车设计与制造的基础理论与实际应用，与广州汽车集团股份有限公司等企业深度合作，旨在为学生打造一个完整的电动汽车设计体系框架，并由企业提供真实的设计案例，让学生熟悉并掌握电动汽车开发的主要工艺和设计方法。

感谢广汽乘用车技术中心领导和工程师们对本书编写相关工作的大力支持，同时感谢蒋平先生、黄江教授、任立海教授、王方教授和徐磊先生等兄弟院校和企业界同仁对本书提出的建设性意见。

由于编者水平和条件有限，书中难免有不妥和错漏之处，恳请批评指正！

编　者

随书资源

目 录

丛书序
前言

第 1 部分　电动汽车整体设计

第 1 章　设计总体框架 ··· 2

1.1　电动汽车开发一般流程 ·· 2
1.1.1　新车型的开发类型 ··· 2
1.1.2　电动汽车开发流程 ··· 3

1.2　新车型开发的主要部门与任务解析 ·· 9
1.2.1　新车型开发涉及的主要部门 ·· 9
1.2.2　各设计部门的输入、输出与衔接 ···································· 10

第 2 章　前期阶段（设计任务书编制） ······································ 12

2.1　设计任务书编制 ·· 13
2.1.1　车型分类 ·· 14
2.1.2　市场定位 ·· 14
2.1.3　标杆车型分析（Benchmark） ······································· 15

2.2　法规与汽车设计 ·· 16
2.2.1　法规在设计中的角色 ·· 16
2.2.2　公告目录与召回 ··· 17

2.3　主要设计参数选取与匹配计算 ·· 18
2.3.1　电驱动系统布置形式选择 ·· 18
2.3.2　整车尺寸与质量参数选取与计算 ··································· 19

第 3 章　详细设计阶段 ··· 28

3.1　整车总布置 ·· 29

3.1.1 平台化开发 ········· 29
3.1.2 电动汽车整车坐标系 ········· 30
3.1.3 底盘总布置 ········· 30
3.1.4 车身总布置 ········· 33
3.1.5 总布置图绘制 ········· 36
3.1.6 动态校核 ········· 37

3.2 整车性能开发 ········· 38
3.2.1 "集成"的意义 ········· 38
3.2.2 性能开发主要方法和工具 ········· 39

3.3 整车功能开发 ········· 43
3.3.1 功能的定义 ········· 44
3.3.2 整车功能清单 ········· 44
3.3.3 整车功能的实现 ········· 45
3.3.4 功能安全、预期功能安全与信息安全 ········· 46

第4章 制造工艺和全过程成本控制 ········· 50

4.1 电动汽车制造工艺 ········· 50
4.1.1 冲压工艺 ········· 50
4.1.2 焊装工艺 ········· 51
4.1.3 涂装工艺 ········· 52
4.1.4 总装工艺 ········· 53
4.1.5 动力电池制造工艺 ········· 53
4.1.6 驱动电机制造工艺 ········· 54
4.1.7 电控系统制造工艺 ········· 54
4.1.8 车身压铸工艺 ········· 55
4.1.9 尺寸工程 ········· 56
4.1.10 制造数字化 ········· 56

4.2 全过程成本控制 ········· 58
4.2.1 成本的定义 ········· 58
4.2.2 成本的分类 ········· 58
4.2.3 成本管理在汽车设计中的重要性 ········· 59
4.2.4 全过程成本管理 ········· 60
4.2.5 技术降本的主要手段 ········· 63

习题 ········· 66

拓展阅读 ········· 66

第 2 部分　三电系统设计

第 5 章　电驱动系统设计 … 70

5.1　基本设计要求与思路 … 70
- 5.1.1　电驱动系统基本设计要求与思路 … 70
- 5.1.2　动力系统布置形式选取 … 71
- 5.1.3　驱动电机关键参数匹配计算 … 73

5.2　整车控制系统设计 … 83
- 5.2.1　整车控制系统的主要功能 … 83
- 5.2.2　整车控制系统的开发流程 … 84
- 5.2.3　VCU 主要功能模块设计 … 85

第 6 章　动力电池与高压电气系统设计 … 98

6.1　基本设计要求与思路 … 98
- 6.1.1　动力电池系统设计的要求和基本准则 … 98
- 6.1.2　动力电池系统的设计思路和开发流程 … 99

6.2　单体电池设计与选型 … 100
- 6.2.1　单体电池的结构与工作原理 … 100
- 6.2.2　单体电池的设计与选型 … 106

6.3　动力电池系统结构设计 … 110
- 6.3.1　电池模组结构设计 … 111
- 6.3.2　电箱结构设计 … 113
- 6.3.3　安全防护设计 … 116
- 6.3.4　电池包内部电气系统设计 … 120

6.4　电池管理系统设计 … 125
- 6.4.1　电池状态监测 … 127
- 6.4.2　电池状态估计 … 128
- 6.4.3　电池安全保护 … 133
- 6.4.4　电池充放电控制与能量管理 … 133

习题 … 135

第 3 部分　电动汽车底盘设计

第 7 章　电动汽车底盘的性能指标设计要求概述 ······ 138

7.1　电动汽车操纵稳定性 ······ 138
7.1.1　质心侧偏角 ······ 139
7.1.2　车辆直接横摆力矩控制（DYC）系统 ······ 139

7.2　电动汽车平顺性 ······ 140

7.3　电动汽车主动安全性 ······ 141

7.4　电动汽车结构可靠性 ······ 143

第 8 章　悬架系统设计 ······ 144

8.1　悬架系统设计基本要求与思路 ······ 144

8.2　电动汽车悬架选型 ······ 145
8.2.1　悬架的分类 ······ 145
8.2.2　悬架的类型 ······ 147
8.2.3　前悬选型与设计 ······ 147
8.2.4　后悬选型与设计 ······ 149

8.3　电动汽车悬架的主要零部件设计 ······ 150

第 9 章　电动汽车转向系统设计 ······ 155

9.1　电动汽车转向系统设计要求 ······ 155

9.2　电动汽车转向系统选型 ······ 157
9.2.1　阿克曼转向系设计 ······ 157
9.2.2　差速转向设计 ······ 159
9.2.3　四轮独立转向设计 ······ 159

9.3　电动汽车转向的主要零部件设计 ······ 161

第 10 章　电动汽车制动系统设计 ······ 164

10.1　电动汽车制动系统 ······ 164
10.1.1　再生制动系统的主要影响因素 ······ 164

10.1.2　电动汽车制动系统的设计要求 ………………………………………………… 165

10.2　电动汽车制动系统结构形式 …………………………………………………………… 166

10.2.1　摩擦制动系统 ………………………………………………………………… 166
10.2.2　再生制动系统 ………………………………………………………………… 168
10.2.3　复合制动系统 ………………………………………………………………… 168

10.3　电动汽车制动系统的主要零部件设计 ………………………………………………… 169

10.3.1　卡钳和制动盘设计 …………………………………………………………… 169
10.3.2　制动液压系统 ………………………………………………………………… 169
10.3.3　驻车制动系统设计 …………………………………………………………… 170
10.3.4　主动安全系统 ………………………………………………………………… 172

第 11 章　线控底盘设计 ………………………………………………………………………… 174

11.1　线控底盘构成和设计要求 ……………………………………………………………… 174

11.1.1　线控底盘构成 ………………………………………………………………… 174
11.1.2　线控底盘系统特点和设计要求 ……………………………………………… 177

11.2　线控制动系统设计 ……………………………………………………………………… 178

11.2.1　线控制动系统概述 …………………………………………………………… 178
11.2.2　线控制动系统组成 …………………………………………………………… 178
11.2.3　线控制动系统设计流程 ……………………………………………………… 182

11.3　线控转向系统设计 ……………………………………………………………………… 185

11.3.1　线控转向系统概述 …………………………………………………………… 185
11.3.2　线控转向系统组成 …………………………………………………………… 185
11.3.3　线控转向系统设计 …………………………………………………………… 188

11.4　滑板底盘的结构及应用 ………………………………………………………………… 189

11.4.1　滑板底盘概述 ………………………………………………………………… 189
11.4.2　滑板底盘的特点及组成 ……………………………………………………… 190
11.4.3　滑板底盘的应用 ……………………………………………………………… 192

11.5　其他智能辅助驾驶 ……………………………………………………………………… 192

第 12 章　电动汽车底盘性能开发 ……………………………………………………………… 196

12.1　底盘性能开发流程 ……………………………………………………………………… 196

12.2　主客观评价方式 ………………………………………………………………………… 197

12.2.1　客观评价体系 ………………………………………………………………… 197

12.2.2　主观评价体系 ··· 197

12.3　电动汽车操纵稳定性设计 ··· 198
　　12.3.1　稳态特性 ·· 199
　　12.3.2　瞬态特性 ·· 200
　　12.3.3　工程实例：某A0级乘用车整车操纵性能试验 ··························· 201

12.4　电动汽车舒适性开发 ··· 204
　　12.4.1　典型路面激励分类 ·· 205
　　12.4.2　单自由度系统和双自由度系统振动 ··· 205
　　12.4.3　传递函数 ·· 206
　　12.4.4　舒适性分析 ·· 207
　　12.4.5　工程实例：某A0级乘用车整车平顺性试验 ····························· 208

12.5　主动安全性分析与优化设计 ·· 212

12.6　疲劳与可靠性 ··· 213
　　12.6.1　汽车耐久性的意义 ··· 213
　　12.6.2　工程实例：某国产SUV后扭力梁疲劳分析 ····························· 214

习题 ·· 215

拓展阅读 ··· 216

第4部分　电动汽车车身设计

第13章　车身设计开发思路 ·· 220

13.1　汽车车身设计的技术要求 ··· 220

13.2　车身开发流程 ··· 221

第14章　电动汽车车身设计要点 ·· 223

14.1　电动汽车车身结构 ··· 223

14.2　电动汽车轻量化设计 ··· 226
　　14.2.1　汽车轻量化的定义 ··· 226
　　14.2.2　汽车轻量化的途径 ··· 227

14.3　电动汽车碰撞安全性设计 ··· 231
　　14.3.1　电动汽车碰撞事故后果 ·· 231

  14.3.2 电动汽车碰撞安全标准法规及评价规程 ·· 233

  14.3.3 电动汽车碰撞安全开发设计 ·· 233

习题 ··· 239

拓展阅读 ··· 241

参考文献 ··· 242

第 1 部分
电动汽车整体设计

第1章 设计总体框架

👉 本章导学

在学习具体的设计内容之前，我们先来了解电动汽车设计的总体框架。这个框架的横轴，可以看作整车开发的基本流程；这个框架的纵轴，可以理解为一个汽车整车企业的各个部门。所以，电动汽车的开发实际上就是多部门协同作业，从市场调研到新车型量产的整个过程。汽车的开发是一个系统工程，只有建立了总体框架的思维体系，汽车设计工程师才能更好地理解自己所在部门和所分配工作在整个开发团队中的定位，在此基础上才能更好地跟并行开发部门合作、与上下游部门衔接，从而更好地完成自己的设计开发工作，提升开发效率。

👉 学习目标

序号	学习目标	知识点	学习要求
1	理解电动汽车开发的一般流程	开发各阶段的构成、主要任务以及阀门等概念	理解
2	理解电动汽车开发过程中各部门的主要任务	汽车整车开发部门的构成以及各自在开发过程中扮演的角色	掌握

1.1 电动汽车开发一般流程

1.1.1 新车型的开发类型

随着汽车市场竞争的加剧，汽车车型更新换代的节奏变得越来越快。过去，一款车型的改款更新周期一般是4年，而现在已经发展到了"年更"的节奏。随着电动汽车技术的日新月异，企业为了满足日益变化的市场需求，提升产品竞争力，一般将汽车的开发分为全新车型开发、换代车型开发、车型中期改款以及年度改款几种类型（表1-1）。在这里，传统燃油车和新能源车型的开发类型基本是一致的，并非特指电动汽车的开发。

全新车型开发：为了开拓新市场，新增全新产品而开展的整车开发工作。随着平台化和模块化的开发手段越来越多地在行业普及应用，即便是全新开发，企业的开发成本较过去也大大降低，底盘和动力总成往往可以在现有模块化设计基础上简单升级。全新车型开发周期一般在30个月左右。

换代车型开发：为了大幅提升产品竞争力，维持或提升市场份额，在现有平台基础上开发新产品的过程。这一类型的开发，外观和内饰可以做比较大的调整甚至重新设计，而其他总成往往以"升级"为主，这样能尽可能减少产线的改动，提升现有产线的边际收益。换代车型开发周期一般也在30个月左右。

表 1-1 某企业新车型的开发类型定义

类型	目的	平台/模块	外观	内饰	车身	底盘	动总	装备配置（含智能网联）
全新	为了开拓新市场，新增全新产品（产品线新增车型）	升级/不变①	全新造型（涉及较多钣金件）	全新造型（仪表板、中控、座椅）	全新设计	全面升级/全新	全面升级/全新	全新配置规划
换代	为了维持/提升市场份额，在现有平台基础上开发新产品，大幅提升产品竞争力							
中改	为了维持/提升市场份额，在现有平台基础上通过造型、配置优化升级，维持竞争力	不变	前后脸、轮辋等造型优化，前照灯结构优化（可能涉及钣金件）	仪表板、门板骨架不变/局部优化	不变	不变	不变	优化与升级（涉及智联/科技/安全等）
年款	为了维持市场份额，在现有平台基础上通过外观和内饰局部优化（材质或颜色）、配置优化维持竞争力	不变	前后脸塑料件、轮辋等造型优化	局部材质或颜色优化	不变	不变	不变	优化（不涉及智联/科技/安全等）与下探，含精品追加

① 表示如无重大设计/质量缺陷、法规要求、战略需要，不进行变更。

车型中期改款：为了提升产品竞争力，维持或提升市场份额，在现有平台基础上通过造型、配置优化升级实现车型改款的工作。相比换代车型，中期改款车型几乎不会改变现有产线，基本保持车身、底盘、动力总成和内饰骨架不变，仅对前后保险杠等造型进行优化，内饰进行局部调整。中期改款的开发周期一般在 19~24 个月。

年度改款：年度改款频率更高，但几乎只对外观和内饰做极小的调整。一般从局部材质到颜色进行优化，或是增加或改变轮毂的造型等，对制造环节的影响最低。年度改款的开发周期一般在 8~12 个月。

综合来看，无论是改款还是换代，都是为了适应消费者不断提升的需求，提升产品的竞争力。但企业在此过程中都力求节约成本，因此，一方面在开发环节尽可能延用现有产品的设计，另一方面尽可能减少制造环节的改变。即便是全新开发，企业依然希望借助平台化和模块化的手段来降低开发成本和后期制造成本。这都是由于汽车是充分市场竞争型产品所决定的。作为一名未来汽车研发设计师，一定要养成在设计过程中时刻考虑成本的好习惯。

1.1.2 电动汽车开发流程

电动汽车的开发流程根据开发类型不同会有较大的差别，本节主要介绍全新车型的开发流程。一般来说，整车企业为保证新产品各阶段开发工作的顺利开展，并以低成本、高质量、适时地投入量产，都会制订适用于自己企业和产品的开发程序流程。科学的开发流程能确保在新产品开发过程中满足市场需求，满足国家有关标准和目标出口国或地区法规要求，同时满足节能降耗、保护和改善环境等法律法规要求。

不同类型的整车，设计开发流程各有不同，同时各企业开发流程也略有差别，但大体可以分为市场及消费需求评审、项目预研、项目可研、概念设计、详细设计、设计验证、生产准备、量产 8 个主要环节。每个环节都会安排相应的评审，确保每个阶段完成既定任务，与后续环节顺利衔接。在一些整车企业中,将新产品实现过程的关键评价节点定义为"项目 G 阀门",对阶段工作完成情况进行全领域评价。典型的电动汽车开发流程如图 1-1 所示。

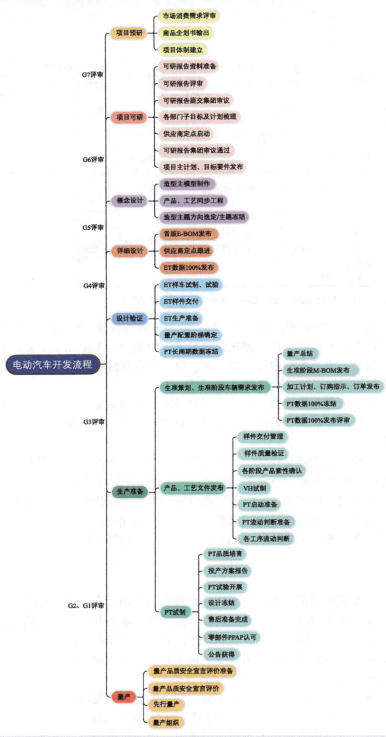

图 1-1　典型的电动汽车开发流程

汽车制造的不同阶段

和整车企业的工程师聊天时,他们总会用一些常用的英文简写,比如"今天真开心,这款车型终于进入 SOP 阶段了!"在实际应用中,根据车型开发过程中不同的制造阶段,常见的简写如下:

1)ET(Engineering Test):新产品设计目标符合性验证阶段,通过工程测试样车制造和试验,验证设计目标符合性,主要是验证工艺、工装。在车型开发初期,设计部门会对白车身的精度以及各个空位的精度进行验证和修正,要求模具标准化、工艺标准化、零部件与整车结构标准化、品质判定标准化等。同步进行全工装件台架性能试验、台架耐久性试验、整车试验以及内外装饰件颜色文理认可。

2)VH(Vehicle Homologation):认证车及季节性标定车加工阶段。

3)PT(Production Trial):一般指生产验证阶段的生产调试,在新车生产线上小批量试生产,主要是验证生产工艺和生产组织稳定性。通过设计部门的设计验证后,在小批量的生产过程中,对车身的线上可操作性、零件的品质及包装的标准化进行验证和改善阶段,要求设备与工装夹具到位、人员到位、物料配套到位、生产性达标。

① PT0(Production Trial 0):新产品首批硬模样件装车验证,公告和性能标定耐久用车加工阶段。

② PT1-1(Production Trial 1-1):工装件规格(功能、尺寸)符合性验证阶段,新产品全工序样件单机联动在线装车确认。

③ PT1-2(Production Trial 1-2):新产品生产线整线联动条件下进行正式件质量符合性验证阶段。

④ PT2(Production Trial 2):新产品节拍、人员习熟度、一次合格率等小批量生产条件符合性验证阶段,此阶段车辆经评价后可以定向销售。

4)先行量产(E-SOP):新产品量产件大批量生产验证阶段,使用量产 VIN 规则进行打刻,此阶段车辆评价合格可直接销售。

5)SOP(Start of Production):在各项指标达成批量生产条件的前提下,新产品开始连续大批量生产。

(1)市场及消费需求评审

电动汽车的开发是从深入了解市场开始的。这一阶段的核心任务是识别目标市场和潜在客户的需求。通过市场调研,分析竞争对手的产品特点、定价策略、市场份额等,并结合公司自身的特点、技术水平、设备状况、工艺水平、生产能力和实力等状况进行分析,来确定自身产品的市场定位。同时,考虑消费者对电动汽车的期望,如续驶里程、加速性能、车辆安全性、智能化程度、价格等因素,从而确认新产品的技术状态、产品档次、产品配置、目标成本以及预期售价、合理利润等;这些信息将指导后续的产品设计和技术发展方向。值得一提的是,近年来车企的产品定位越来越精细化,不仅定义了清晰的细分市场,而且精准定义了用户画像,比较成功的案例包括五菱宏光 MINI、长城坦克等。此阶段的评审主要确定产品的定位及概念是否合理。

(2)项目预研

进入项目预研阶段,研发团队开始探索技术路线。该阶段包括电池技术、电机和电力控制系统的选择等，并对目前市场上同类产品的技术水平，所使用的新技术、新材料和新工艺等进行预测；关注国家的重点项目、科技发展信息及产业结构调整对技术提出的新要求等，关注国家是否有新的技术法规和使用标准等；同时，团队也会研究现有的技术难题，如电池的能量密度、充电速度、寿命等，并寻求创新解决方案。在这个阶段，可能还会进行一些初步的概念验证，通过小规模的试验或模拟来测试某些关键技术或理念的可行性。需要注意的是，此阶段除技术开发部门之外，财务、采购、生产管理等部门也已经开始工作，此阶段的评审需要确定产品成本预算、供应商配套方案以及生产场地规划等。

此阶段结束标志为"G7阀门"——商品定位及概念评审。阀门主要评审项目如下：①商品定位及概念；②外作成本目标初版；③供应商配套方案。

（3）项目可研

项目可研阶段主要是对项目的经济性和技术可行性进行全面评估，需要从企业的生产经营角度，进行新产品开发的可行性分析，掌握企业自身的技术来源和技术优势，对产品的开发周期和开发费用等投资进行预测，对该产品的产量和盈利能力进行预测，包括成本估算、预期收益分析、市场预测、风险评估等。此外，还需考虑制造成本、原材料供应链、政策环境等因素。该阶段的评审主要确保项目在商业和技术上都是可行的，在评审通过后将新产品列入企业产品开发计划，并完成产品开发任务书的制定和审议。

产品开发任务书（设计任务书）一般包含如下内容：产品设计和立项的依据、产品的用途和使用范围、产品的总体方案概述、关键性技术方案、总体布置及主要结构概述、基本的技术参数和性能指标；与其他同类产品的比较和改进目标，对产品的性能、寿命、成本的要求，标准化的综合要求，以及产品所遵循的法律法规；确定产品的开发周期和开发团队名单；对产品的试制试验周期和上市日期的估算等。产品开发任务书明确了整个汽车产品的目标定位，确定了整车、各大总成的性能参数，制定了各大总成设计任务，规定了设计控制数据。产品开发任务书是新车型开发的纲领性文件，各部门必须严格按照任务书分配的任务要求和指定的时间节点按时按量完成相应工作。

此阶段结束标志为"G6阀门"——计划目标发布评审。阀门主要评审项目如下：①可研通过企业审议；②新车型目标要件发布；③项目主计划发布。

（4）概念设计

概念设计阶段是将前期研究转化为具体设计的起点，主要工作内容是内外造型主题模型批准、完成整车各系统概念设计。此阶段，造型设计部门结合产品特性进行造型的草图设计、缩比模型制作及油泥模型制作；技术开发部门则在产品造型、总布置、数据设计等环节开展同步工程活动，对产品设计的工艺可行性、新材料/新技术/新工艺/新设备等的采用、设计对质量/环保/成本等影响进行检查，并及时向开发管理部门反映设计中遇到的问题；制造、采购、质量管理等部门也开始配合上述部门做好相应准备工作。这一阶段的评审主要围绕新车型的造型开展，直至造型主题冻结。

此阶段结束标志为"G5阀门"——设计方案评审。阀门主要评审项目为造型主题冻结。

（5）详细设计

详细设计阶段是将概念转化为可执行的工程方案，主要工作内容是完成工艺同步工程、各系统技术方案冻结、质量控制措施企划，为产品设计验证阶段提供输入。该阶段首先由设计部门制定首版BOM，用于指导产品设计及ET试制零件订购。该阶段是研发设计工程师们的主要工作阶段，需要完成主要总成设计计算和选型、整车总布置（包括底盘和车身总布置）、动静态校核、性能开发和功能开发等工作。采购部门在此阶段负责配合设计部门确认零部件供应商采购方案，与财务部门协同确定外购成本。销售部门在此阶段也开始市场策划和前期宣传工作。该阶段的评审主要审核技术部门的设计和分析报告，目的是在样车试制前从理论上保证各部分设计的合理性。

—— 什么是 BOM？——

> BOM 的全称是 Bill of Material，即物料清单。BOM 是产品制造时所需要的原材料、组件、子组件等的清单。它详细列出了一个产品从原材料到最后组装所需要的各个部件及其数量、规格等信息，例如"前防撞横梁内板，数量 1，材料 B410LA，厚度 1.2mm，重量 1.047kg"。BOM 是制造业非常重要的基础数据和生产控制工具。此外，在做性能开发、需要用到材料参数作为输入时，也是由 BOM 来提供。例如，做碰撞安全性能开发时，在建立整车网格模型后，要根据 BOM 中的材料描述来定义具体的材料特性曲线。如上面提及的"前防撞横梁内板"，在建立材料卡片时，就需要根据 B410LA 材料的拉伸实验曲线来定义该零件的材料属性，再根据 BOM 中的厚度描述定义壳单元的厚度为 1.2mm。因此，整车三维模型和 BOM 是一个车型核心的技术文件，一定要做好保密工作！

详细设计阶段包含了整车设计的三大主体模块，即整车集成设计、整车性能开发和整车功能开发。其中，整车集成设计属于横向开发内容，主要工作是整车总布置（现在也称为整车构架开发）和整车性能集成；整车性能开发和整车功能开发属于纵向开发内容，是针对某个总成或某个性能、功能的具体技术开发工作。

整车总布置包括底盘总布置和车身总布置。三电系统、车身、底盘、内外饰、其他电器系统等主要总成和系统的设计计算，以及选型和校核均在总布置阶段完成。底盘总布置需要各部门设计人员确定总体配置、各部件总成所在的位置和连接方式、各部件总成的控制尺寸和控制质量、各机构的位置及其运动范围，并对各运动零件进行运动校核，防止运动干涉；同时，需要根据各部件的质心位置，计算电动汽车在空载和满载时的轴荷分布情况和质心高度。车身总布置还需确定驾驶区的内部布置、车辆内部空间的大小等，确保驾驶员视野以及周边各附件的操控便捷性，检查操控装置是否存在干涉，同时考虑仪表、照明、暖气、除霜及通风性能等多个人机工程相关因素，从而保证驾驶员操纵安全性和驾乘舒适性。整车性能集成的主要工作包括设计整车性能目标并策划整车各性能目标分解，制定设计开发方案保证整车性能目标实现；在项目开展过程中，负责处理性能维度开发中出现的复杂技术问题，性能集成平衡和交汇，推进技术创新在项目中的应用。实际上，在产品开发任务书制定阶段，整车集成部门就参与了总布置草图绘制和整车性能参数制定的前期工作；而当详细设计开始之后，负责整车集成的部门更像是项目管理和协调的角色，负责推进各部门设计工作，并进行质量把控（根据制定的性能、功能指标检查达成情况），及时修正数模和 BOM，协调各部门设计中遇到的问题。

整车性能开发和整车功能开发在这个阶段同步进行。整车性能开发一般包含两个层次的内容，基本性能是车辆平台本身的性能，也就是动力和底盘层面的性能；其他性能包括乘坐舒适性、加速性、耐久可靠性、驾乘安心感、安全性、安静性、续驶里程和充电性能等。近年来随着汽车电动化和智能化的发展，整车功能呈爆发式增长，整车功能开发成功同整车性能开发、整车布置集成一起称为驱动整车开发的三大整车级开发。功能开发包括机械功能、机电功能和纯电功能三大类。随着整车 SOA 的兴起以及车辆从出行工具向出行服务机器人的转变，功能开发变得越来越复杂。未来的汽车将会像手机一样拥有诸多功能模块（类似手机 App），朝着软件定义汽车的方向发展。

此阶段结束标志为"G4 阀门"——详细设计完成评审，评价通过后项目开始进入 ET 生产准备。

（6）设计验证

设计验证是测试和确认产品设计符合预期性能的重要阶段。其主要工作内容是开展 ET 样车的试制与试验、开展试验及设计认可、发布试验结果、样车数据、2D 图样及技术标准。这需要根据设计图样生产零部件，进行样机组装试制。汽车的样机试制不仅是按汽车零部件图样生产，还需要对生产所用到的一些辅助模具、检具进行设计，包括编制工艺文件和制作必要的工装设备。

在样机制造完成后，需对样机进行样机试验。样机试验是对电动汽车的设计和产品进行验证，以保证产品的结构和安全。样机试验是多方面的，目的是验证产品的可靠性、安全性，并进行技术鉴定。整个试制试验过程也是汽车设计从理论走向实践的过程，这一阶段要求技术设计的开发团队进行必要的跟踪和服务，将反映出来的问题一一记录，为技术或工艺的改进提供最直接的参考。当前最常用的整车试验验证方式有整车道路（公路）试验、场地道路试验、整车台架试验、整车动/静态主观评价试验、计算机仿真验证分析等。在试验过程中，设计人员要及时与试验人员沟通，及时分析和解决出现的问题，取得相应数据，对设计的改进提供原始资料。试验的项目包括尺寸参数和质量参数的测定、整车性能试验、可靠性试验和耐久性试验，试验的过程有可能延续至产品定型。

此阶段结束标志为"G3 阀门"——工装启动评审。阀门主要评审项目如下：①长周期 PT 数据冻结；②量产配置阶梯确定；③项目经济性确认。

（7）生产准备

生产准备阶段涉及将设计转换成实际生产的准备工作。这包括正式量产前的小批量试生产和预生产阶段，主要工作在于建立或改造生产线、制定生产流程、确保原材料和零部件的供应。在这个阶段，也需要进行成本控制的优化，确保生产效率和经济性。

该阶段有两个评审节点：

PT 开始前的"G2 阀门"——PT 启动评审，阀门主要评审项目如下：①量产配置阶梯更新发布；②厂内外生产准备具备 PT 启动条件。

PT 结束后的"G1 阀门"——量产启动阀门预评审和正式评审，阀门主要评审项目如下：①整车性能、质量达标；②生产件批准程序（PPAP）认可完成；③经济性指标预测可达成/可控。

（8）量产

量产阶段是电动汽车开发流程的最后阶段，标志着产品正式进入市场。这个阶段需要密切监控生产过程，确保产品质量。同时，也涉及产品的市场推广、销售网络建设和售后服务体系的建立。

1.2 新车型开发的主要部门与任务解析

一款车型的开发，是成百上千人的工程师团队共同努力的结果，涉及诸多部门，需要多个部门的密切协作和专业知识的结合，每个人都是其中的一颗螺丝钉。那么这个庞大的团队体系是如何运转的呢？相信很多同学在学习这门课程时，都想了解自己未来可能从事的"工种"，以及如何与其他部门协同作业。本节将以某汽车企业部门架构和任务分工为例，向同学们展示新车型的开发在企业里具体是如何实施的。当然，每个汽车企业的部门构成会有所区别，但运作模式基本类似。本节的目的是给同学们建立一个基本的企业运作框架，希望每个同学都能形成团队作业的思维模式。

1.2.1 新车型开发涉及的主要部门

汽车的研发设计一般是以整车企业里的设计研究院或技术中心为主体，除此之外，还有负责新车型开发项目管理的部门，有负责产品验证的产品技术部门，有负责工艺和质量的部门，同时还有非技术类的协同部门如财务、采购和销售等。同学们作为产品研发设计工程师，一般会进入设计研究院或技术中心从事技术开发工作，也有可能会进入产品技术部门、工艺或质量部门以及车型管理部门从事技术相关工作，当然，也有可能进入采购和销售部门。无论是在哪个岗位，了解汽车设计的基础知识都是极有必要的。

（1）设计研究院或技术中心

设计研究院或技术中心主要工作内容：新产品的设计企划、工程设计开发、工程样车（含ET）试制和试验验证；新产品的规格、技术标准和 3D/2D 图样数据发布以及设计变更发布；负责新产品设计过程中产品的环保法规符合性和涉及的环境因素的控制等。这类部门主要由技术团队构成，基本都是汽车研发工程师，包括总布置工程师、车身工程师、底盘工程师、电器工程师、工艺工程师、试验工程师和动力总成工程师等，也有性能开发和功能开发工程师。在新车型产品进入 SOP 阶段之前，设计研究院或技术中心是绝对的主力。

（2）新车型管理部

新车型管理部主要工作内容：新产品实现策划过程的风险识别、评估以及对应措施的制定和统筹开展新产品项目可行性研究并报决策机构审批；将新车型开发导入全过程项目管理，组织过程性监察及项目后评价；作为公司窗口组织推进新产品集团立项审批及项目变更备案等；新车型适法性、合规性的统筹管理，包括国内准入及法规生产一致性、法规符合性验证、产品准入相关的摸底试验、出口产品认证的实施与取证和新车型投资、研试费和成本统筹管理。

（3）工艺规划部

工艺规划部的主要工作内容：负责新产品实现的工艺企划，同步工程开展，工艺/工装/设备开发和工艺设备导入（招标/监制/安装/调试/验收）、交付、生产调试；负责工艺领域新产品实现的生产技术性验证，品质培育，量产交付及总结；负责工艺领域新产品导入投资、研试费管理和工艺领域四新技术的运用研究和可行性检讨以及工艺领域相关技术管理标准的建立，维持和改善与新产品在线加工前的试制、生准阶段全过程试制车实物管理。

（4）产品技术部

产品技术部主要工作内容：新车型整车常规零部件开发设计输入的归口管理和设计院的产

品技术接口对应和 BOM 表（含 M-BOM、售后 S-BOM）全过程管理，包括构筑、发布、更新维护、整车常规外购件新供应商考察、D 领域评价、设计一致/合理性检证管理、整车性能指标达成验证和管控，开展整车适应性试验和耐久可靠性验证，验证整车性能和可靠性是否满足设计要求、市场使用环境要求；并组织整车常规零部件技术条件定义，跟踪管理供应商零部件开发、性能验证全过程以及 PV 认可（考察供应商是不是能够大批量进行合格产品的交付）。

（5）采购部

采购部的主要工作内容：完成对新产品采购件、原材料配套供应商选择提案、新产品配套的优化整合，其负责采购件的成本核算和控制及按日程交货，并保障新车型外作成本目标达成策划，实施过程管理，确保各车型外购成本目标达成；完成各阶段专用件（非量产沿用件）的订购及到货跟踪，实现新车型 SOP 前零部件的量产认可。

（6）动力部

动力部主要工作内容：动力总成领域新产品各试制阶段的项目管理（含评价会），并组织相关部门实施；负责动力总成领域新产品生产、检查所需的设备和工装的规划、导入等工作，协助公司整车产品公告、3C 认证和产品免检等市场准入工作；负责动力总成领域新产品品质控制计划制定及推进、PV 认可、质量确认及改善。动力是汽车的心脏，一些企业专门把动力作为独立于研究院或技术中心的平行部门，可见其重要性。

（7）质量部

质量部的主要工作内容：负责新产品整车和零部件质量目标策划、质量目标达成和质量标准制定；负责外购件、原材料配套供应商考察、Q 领域评价以及零部件一致性管控；负责新产品整车和零部件的品质控制计划并组织推进、质量确认及改善；负责新产品外购件供应商 PT 阶段的品质培育工作（QAS II-1 次 ~ QAS II-5 次）；负责新产品公司计量、理化检测；负责新产品原材料、零部件、整车有关检查设备（含综合检具）投资规划，并实施推进；负责新产品整车质量符合性出厂评价和一致性管控。

（8）财务部

财务部的主要工作内容：负责策划并精确监控整车每一台成本目标，致力于全面分析新产品的成本效益，管理其整个开发和销售过程中的经济性和收益；负责推动企业内部的成本降低活动，有效地控制成本和费用，以确保财务效率的最大化。

（9）销售部

销售部主要工作内容：对接整车事业本部负责的产品线战略规划与产品生命周期管理、新产品商品定位及概念（价格、销量、目标人群、核心卖点等）、配置阶梯及销量比例等；负责新产品上市投产派生选定、上市策划及营销管理和新产品销售网络建设和完善，售后服务体系构筑和培育、售后技术支持、售后零部件管理等。

1.2.2　各设计部门的输入、输出与衔接

在电动汽车开发的整个流程中，各个部门扮演着各自不同的角色，每个部门都会接收到上层部门的输出作为输入，并完成自身任务且输出对应目标给下层部门作为输入，从而使整个开发流程能够顺利进行。这个开发过程中各部门任务及输入输出内容如下。

1）整车事业部首先对市场调研进行统计总结，输出商品企划书至新车型管理部和采购部。

2）新车型管理部接收商品企划书后，启动项目预研并组建项目体制，同时采购部策划供

应商配套方案，输出候选供应商清单。

3）新车型管理部根据阶段性评价阀门评审结论签发"项目可研前提"，并召开可研报告评审会，公司评审通过后输出项目可行性研究报告。

4）在公司审议可研报告期间，工艺规划部、新车型管理部、质量部分别发布车型工艺约束清单、法规约束清单、过往不良SA清单输入设计研究院，随后采购部、产品技术部、质量部分别输出车型供应商定点推进计划、车型系统/零件成本目标、车型整车性能开发目标。

5）可研报告经公司审核通过后，新车型管理部发布新车型目标要件、主计划、二级主计划，并召开阶段性计划目标发布评审，项目评审通过后项目启动概念设计，并建立项目阶段性阀门问题管理清单。

6）产品技术部联合设计部共同制定输出数据评审及发布计划，销售公司根据相关法规输出车型零件清单，之后工艺规划部组织公司相关部门输出ET试制联络体制进行设计验证，验证通过后，整车事业部、销售部输出量产配置阶梯到技术中心，技术中心根据量产配置阶梯输出量产配置表。

7）新车型管理部组织阶段性工装启动评审，根据评审结果，新车型管理部输出"新车型生准策划"和"新车型各阶段车辆需求"到生产管理物流部；生产管理物流部根据生准策划、阶段车辆需求输出新车型各阶段加工计划和新车型各阶段订购指示到相应部门，项目进入生产准备阶段；质量部按照输入的整车品质检查基准书，对生准各阶段下线车辆进行整车检查及品质问题跟踪，为零部件的生产定型作准备。

8）在PPAP认可阶段，生产管理物流部、产品技术部、采购部、质量部分别输出包装认可报告、PV试验结果、供应商供应能力认可结果和零部件量产通知书、PPAP认可报告，之后产品技术部组织输出整车公告备案主要参数。

9）质量部根据输入的"新车型出车评价表"对首批先行量产或量产的车辆进行全面检测，检测通过后新车型设计流程至此结束。

总体来说，电动汽车开发是一个庞大的系统工程，我们无法通过以上简单的描述把全过程详细介绍，各个企业岗位设置和流程管理也各有不同，这就需要同学们进入企业后慢慢去了解体会。接下来，我们将从设计任务书编制开始，介绍设计开发的主要工作内容。

第 2 章
前期阶段（设计任务书编制）

👉 本章导学

  本章定义的"前期阶段"，是指详细设计开始之前，产品从市场及消费需求评审、项目预研、项目可研到概念设计的阶段，以设计任务书的编制完成作为前期阶段结束的节点。前期阶段的工作非常重要，需要通过大量的市场调研、技术调研和工艺调研来明确新产品定位，确定设计主体目标。这个过程基本决定了新产品未来在细分市场上的主要竞争力以及面向的客户群体，甚至决定了产品的利润空间（技术和工艺调研分析结果），是新车产品成败的关键环节。在一些整车企业中，有设置专门的前期部门，可见这一工作的重要性。此阶段的工作最终目的是完成设计任务书的编制，为后续详细设计提供依据。

  设计任务书的编制一般包括两大部分的内容：一是竞争车型分析研究和新车型竞争要点分析；二是总体设计方案和性能、功能定义以及相应法规要求的描述。当今汽车市场竞争已经进入白热化程度，差异化竞争是各大整车企业"切蛋糕"的基本原则。所谓知己知彼百战不殆，只有充分了解对手，找到自己的卖点和市场定位，才能在越来越细分的市场中占据一席之地。所以，基于竞争车型分析的新车型定位，是设计任务书的首要任务。除此之外，汽车法规决定了新车型是否能够通过测试获得上市资格，其重要性不容忽视。因此，法规标准是汽车设计的基本底线，而新车型定位是汽车设计的最终目标，两者为新车型开发设置好了"约束条件"和"优化目标"。在此前提下，设计任务书的另一部分就是在"约束条件"和"优化目标"的指导下，明确设计原则，确定主要的整车尺寸、质量参数，并由整车集成部门根据竞争车型对标和企业自身产品定位选取主要整车性能参数，明确各总成设计的总体设计方案与功能，作为设计指导书发放到各设计部门开展详细设计。

  本章先介绍设计任务书编制的基本内容，然后围绕设计任务书编制中的三个关键环节——车型与市场定位、汽车设计法规以及主要设计参数的选取与计算等内容来展开叙述。

👉 学习目标

序号	学习目标	知识点	学习要求
1	理解设计任务书编制的内容和流程	设计任务书的功能、主要内容以及标杆车型分析的意义	理解
2	理解法规在汽车设计中的意义	法规、公告、召回等概念	了解
3	掌握整车主要设计参数和匹配计算	布置形式的选择，整车尺寸与质量参数选取与计算	掌握

2.1 设计任务书编制

开展新车设计项目不仅需要投入大量的资源，而且开发和制造车辆还会面临许多风险，如车辆开发可能需要更多的时间和预算、客户可能认为车辆设计的效果不如预期、产品没有达到预期的销量等。因此，汽车公司的高级管理层需要详细的设计方案支撑他们进行决策。汽车项目的设计任务书就是为拟议项目提供必要的信息，并提交给管理层协助其决策。同时，设计任务书也作为设计部门的指导性和纲领性文件，在各个部门设计过程中作为参考，保障设计出来的产品符合最初的产品定位。

设计任务书是帮助公司领导层决定是否批准车辆设计项目的决策工具，其内容应该涵盖公司在启动拟议项目后直到停止项目期间将会面临的所有业务问题，因此通常需要公司的产品规划、工程研发、营销和财务部门共同编制。其内容应该包括以下方面：

1）提案产品的描述。

① 产品配置，如动力总成类型和配置、动力性能、续驶里程、悬架类型、制动类型、轮胎尺寸等。

② 尺寸等级，例如设计乘用车的话，是小型、中型还是大型。

③ 市场划分与目标客户。

④ 建议零售价和不同选配设备的价格范围。

⑤ 生产能力和产品生命周期内的年销量估计。

⑥ 在市场划分中主要竞争对手的品质、型号和价格。

2）对标图。

总结主要竞争对手在市场中的定位，以及提案概念车的各项指标是同类最佳、高于平均水平、平均水平还是低于平均水平。

3）具体尺寸与主要设计参数。

① 整体外部尺寸，如长度、宽度、高度、轴距等。

② 内部尺寸，如乘员的腿部空间、头部空间、座位数量等。

③ 整备质量和车辆总质量。

④ 动力系统、底盘的主要参数。

⑤ 使用的新技术与可选配的设备。

4）项目进度表。

5）市场分析和预期销售量。

6）供应商计划、车辆生产能力和生产成本。

7）财务分析。

8）项目中的风险与解决方案。

设计任务书总结了有关车辆技术规划和竞争对手的所有重要信息，以及商业问题的信息。设计任务书既是项目的目标任务书，也是一份达成目标的可行性分析报告。一份好的计划书会帮助设计团队组织其想法、设置优先级以及预见其模型在财务方面的运转状况。设计任务书编制工作的完成，意味着新车型前期阶段的结束，后面就需要发放任务书到各设计部门开始详细开发工作了。

新车型的开发，首先需要明确该车型的类型。例如，新车型是属于商用车还是乘用车，属于纯电动还是混合动力，属于 A 级车还是 B 级车，这是最基本的车型定义。然后，是新车型市场定位。例如，新车型主打的是操控感受，还是碰撞安全性能，亦或是舒适性；客户画像是青年白领，还是稳重中年，亦或是喜欢越野的"发烧友"，这是市场定位的内容。

2.1.1 车型分类

按照使用用途分类，电动汽车可以分为电动乘用车、电动货车和电动客车三个大类。

按照动力总成的类型来分类，电动汽车（EV）可以分为纯电动汽车（BEV）、燃料电池汽车（FCEV）和混合动力汽车（HEV）。本书主要面向纯电动汽车设计，因此，在无特殊说明情况下提及"电动汽车"均特指"纯电动汽车"。

电动乘用车按照市场售价、轴距和车辆外廓尺寸等参数，可以分为微型（A00 级）、小型（A0 级）、紧凑型（A 级）、中型（B 级）、中大型（C 级）、豪华型（D 级）轿车，大中小型 SUV 以及 MPV 等，这和燃油车的划分方式一致。

车型分类决定了该新车型未来面对的直接竞争对手。比如，一个整车企业计划开发一款 B 级纯电动乘用车，那么它未来的可能直接竞争对手就包括特斯拉 Model 3、比亚迪汉、小鹏 P7。不过，同一级别的车型覆盖的价格范围实际上是比较大的，以 B 级车为例，价格从 10 万元到 30 万元不等。产品具体定义在哪个价格区间内，需要企业进行进一步的市场定位。

2.1.2 市场定位

汽车市场定位是指汽车企业在充分了解用户和竞争者两方面情况的基础上，确定本企业的市场位置。这是现代市场营销中的重要一环。市场定位又称产品定位，主要是指明确企业的产品在目标市场中所处的位置，即根据所选定目标市场上的竞争者现有产品所处的位置和企业自身的条件，从各方面为企业和产品创造一定的特色，塑造并树立一定的市场形象，以求在目标顾客心目中形成一种特殊的偏好。

市场定位的依据是对多数企业而言，产品市场定位是在寻求产品的差异化，突出产品对特定人群、特定消费需求的适用性。市场定位的策略包括：

1）避强定位：避开强有力的竞争对手的市场定位。其优点是能够迅速地在市场上站稳脚跟，并能在消费者或用户心目中迅速树立起一种形象。

2）迎头定位：与在市场上占据支配地位的、即最强的竞争对手"对着干"的定位方式。这种定位有时会产生危险，但不少企业认为能够激励自己奋发上进，一旦成功就会取得巨大的市场优势。

3）重新定位：对销路少、市场反应差的产品进行二次定位。这种重新定位旨在摆脱困境，重新获得增长与活力。

从企业的市场定位来看，每个车企有自己主打的品牌形象。例如，宝马以其操控性著称，奔驰以其乘坐舒适性作为卖点，沃尔沃以安全性能作为其产品形象。从具体的车型市场定位来看，一个车型相对其竞争对手，或以外形可爱作为亮点，或以智能交互作为亮点，或以主动安全性能作为卖点，总之要有区别于其他竞争对手的优势。有的同学会问，为什么这些车型不能具备所有的优点呢？这是由于汽车是充分市场竞争型产品，成本控制是非常重要的，如果要科科状元，付出的成本过高可能让产品丧失竞争力。总体来说，这是由消费者来定义的产品，一个产品的主流购买群体是谁，是由它的卖点和亮点来决定的，也就是市场定位决定的。传统的市场调研采用调研表格、客户访谈等形式；而现在，很多企业会运用大数据和AI工具来定义客户画像，未来的汽车产品会越来越具有特点，面向的客户群体会越来越精准。

2.1.3 标杆车型分析（Benchmark）

无论是"避强"还是"迎头"的市场定位，都首先要了解清楚细分市场里的竞争车型。一般在前期阶段会选择几款标杆车型来进行分析，这就是常说的Benchmark。通过对标杆车型的分析，可以了解其设计、性能、技术、材料、工艺、成本等关键特点。汽车研发生产是一个周期长、技术密集、资金密集、风险较高的产业，不仅依赖于严谨的理论分析，更需要大量关于目标客户需求、造型及配置趋势、竞品车型特点的数据和经验作为支撑。对标分析则可以帮助车企科学有效地进行数据采集和积累，并通过对标车型进行优缺点分析来减少潜在的设计缺陷，因此在汽车产品的开发中得到了广泛的应用。

Benchmark主要包含两个阶段的工作：第一阶段主要做外观品质设计取样与测量以及整车测量等工作；第二阶段是将车拆解后开展测量和扫描、材料识别和性能评估、整车零部件工艺识别和性能评估以及相关的评审工作。

（1）第一阶段

1）外观品质设计取样与测量：主要工作包括对标杆车型的外观照相，提出外观平直设计各要素测试方案，对标杆车型的颜色、纹理和光泽度等记录和分析，对油漆涂层、电镀层等测量分析，对内外饰外观要素进行分析以及最终对标杆车的外观品质进行总结。

2）整车参数测量：包括总布置测量、整车尺寸、人机测量、悬架的静刚度、最小转弯直径、外表面间隙、轴荷分布以及通过性参数等。此外，如电机功率、电池容量等关键零部件总成配置和性能参数也一并记录，作为后面对标的参照。该阶段在不拆车的情况下对各总成情况进行摸底，最终形成一系列描述报告，包括标杆车型的三电系统、车身、底盘、电器和内外饰各方面的情况总结，并制定整车性能和零部件性能试验大纲，为第二阶段对标试验开展做好方案。

（2）第二阶段

1）样车拆解分析：整车测量之后可以将样车进行拆解，获取主要零部件及总成的安装状态、搭接关系、部件结构形式和安装间隙、整车配置、工艺分析以及控制器分布等。必要时还可以切割样件开展材料实验，了解关键结构件的材料等。在整车测量和样车拆解过程中，企业往往会对标杆车型进行扫描，获取点云模型，在需要的时候对整车造型或总布置开展深入分析。

2）整车及零部件性能试验：相比前面两项，整车和零部件的性能指标是车企更加关心的关键性能参数。这些性能的获取，往往需要专业的测试设备或测试机构来完成，并形成性能分析报告。比如实际续驶里程、电磁兼容性、底盘的操纵稳定性、转向助力特性、悬架的KC特性、主动安全性能等。同时，一些功能开发重要对标内容也可以在此阶段进行测试，比如智能座舱中手势控制功能、零重力座椅功能等。因此，性能开发和功能开发的对标（Benchmark）参数，可以在这个阶段分析完后确立，并最终形成新车型的开发目标。

有些人对"Benchmark"的印象还停留在"借鉴"、"山寨"甚至"抄袭"，但当今汽车行业的对标分析内容很丰富，包括了对产品、过程、战略、管理全方位的对比，应用于汽车规划、设计、生产、销售的整个生命周期，工程师们可以从竞品的设计中汲取灵感、查漏补缺，采购人员可以了解对手的供应商体系，设计师可以证明他们的创意是可以实现的，而营销人员则可以制定出更有针对性的销售策略。奔驰、宝马等优秀汽车制造商，在推出全新或者换代车型前，都会采购对标车型进行拆解研究，从中获取关键数据和信息。很多优秀的整车企业都有自建的对标数据库，帮助其在残酷的市场竞争中立于不败之地。

在充分调研市场和完成对标工作之后，就要与多个部门联合编制设计任务书的新车型规划技术内容部分了。

2.2 法规与汽车设计

设计任务书中根据市场定位、客户需求和对标分析制定的性能和功能指标是汽车设计的最终目标。同时，汽车设计还必须满足国家标准和行业规范。特别是国家标准，即汽车设计的法规标准，是汽车能够在市场上销售必须满足的前提条件。国家标准主要为保障乘员与车外人员的安全性和保护环境等对汽车产品提出的基本要求。

2.2.1 法规在设计中的角色

汽车法规，是指与汽车产品生产、使用、管理有关的法律、行政法规、地方性法规以及部门规章。中国汽车相关的法律由全国人大制定通过，行政法规由国务院批准发布，地方性法规由各地省级人大制定通过，部门规章由国务院各政府部委制定发布。本书中提及的汽车法规，主要指汽车的相关国家强制性标准。只有符合全项国家强制性标准的汽车，并经过国家认可的第三方检测机构认证合格，才能获得工信部颁发的"新车准生证"，新车有了"准生证"才能在中国上市销售。工信部发布的各项指导意见中明确提到，制定详细明确的法规就是为了指导新能源汽车企业加快构建系统、科学、规范的安全体系，全面增强企业在安全管理机制、产品质量、运行监测、售后服务、事故响应处置、网络安全等方面的安全保障能力，提升新能源汽车安全水平，推动新能源汽车产业高质量发展。电动汽车设计，除需满足同燃油车一样的照明和信号装置、安全性能、结构和布置、环境和排放、性能和操纵性国家强制标准，还需满足电动汽车特有的动力电池、驱动电机、电控系统、电力系统安全性等国家强制标准。

除对新车的法规要求外，在机动车定期年检制度上，国家也针对电动汽车提出了新的要求。GB 38900—2020《机动车安全技术检验项目和方法》规定了机动车安全技术检验的检验项目、检验方法、检验要求和检验结果处置要求，其提出了针对新能源汽车的外观检查，如充电接口表面不应有明显变形，动力电池外壳不应有裂纹、外伤或电解液泄漏等情形，应有高压警告标记等。《新能源汽车运行安全性能检验规程（征求意见稿）》，首次从定量技术检验角度提出了对新能源汽车动力电池、驱动电机、电控系统、电气安全的检验规定。

新能源汽车运行安全性能检验项目分为可选项目和必选项目，当被检车辆动力电池、驱动电机、电控系统等线上运行数据异常时，对应的可选项目应进行检验。根据征求意见稿规定，只有全部检验项目均符合参考阈值时，检验结论才为正常。这一系列检验项目填补了相关领域的空白，尤其是电动汽车电池、电机、电控性能和安全上的空白，也使消费者更加了解自己车辆的健康状况，一定程度上缓解了使用安全焦虑。对车企而言，这些检验项目对汽车设计水平提出了更高要求，也促使车企提高技术能力，适应不断严格明确的法规要求。

以汽车设计的尺寸要求为例，无论是汽车的外形设计还是具体性能，汽车设计都不能天马行空，必须遵守相应的法律法规。如 GB 1589—2016《汽车、挂车及汽车列车外廓尺寸、轴荷及质量限值》就对汽车外廓尺寸做了要求：车长 ≤ 12000mm，车宽 ≤ 2550mm（不含后视镜，后视镜 ≤ 250mm），车高 ≤ 4000mm（不含天线软质部分，顶窗等 ≤ 300mm）。

从保护行人的角度出发，GB 11566—2009《乘用车外部凸出物》要求车身外表面凸出部分圆角半径 $R \geq 2.5mm$；外凸超过 10mm 的车身装饰件，在最高点施加 100N 的外力时，应能收缩到支承面之内、脱落或弯曲变形；前照灯允许装凸出的遮光板及灯圈，但凸出高度 $h \leq 30mm$ 且 $R \geq 2.5mm$（含可收缩式车灯的工作、收缩位置，不含埋在车身板件内或外伸在车身板件上的前照灯）；保险杠两端应向车身表面弯曲，车身一体式保险杠端部和最近的车身表面之间的距离不超过 20mm，外轮廓线内侧 20mm 内，$R \geq 5mm$；流水槽及滑动门轨道等金属板件应翻边或加装防护件，发动机罩后边缘以及后行李舱盖的前边缘可豁免 $R \geq 2.5mm$ 要求；两侧空气及雨水导流板 $R \geq 1mm$；排气管末端凸出距离 ≤ 10mm。

因此，作为汽车研发设计工程师，需要熟悉所负责的零部件或性能开发对应的国家标准，才能在设计中不犯错，避免法规测试中可能出现的风险。此外，值得一提的是，每个国家都有属于自己的法规和标准体系，在设计需要出口的车型时，一定要先了解目标出口国的对应汽车法规，才能设计出合格的产品。例如，美国汽车的仪表盘是英里制，而我国汽车的仪表盘是公里制；美国汽车有前脸"黄色侧灯"，而我国汽车则没有这种反光条或侧灯。

2.2.2 公告目录与召回

（1）工信部公告目录

前文提到，只有符合全项国家强制性标准的汽车，才能获得新车"合格证"，包含工信部的公告、国家认证认可监督管理委员会的 3C 证书、环境保护部的环保信息公开证书。其目的是获得新车在中国市场上的销售许可。例如，工信部会发布《道路机动车辆生产企业及产品公告》，通过"道路机动车辆生产企业及产品信息查询系统"可以查询到所有产品信息，包括车辆的主要技术参数、产品型号、生产地址、注册地址等。

除了工信部公告外，车企也会对外公告，这指的是汽车制造商发布关于新车型、技术更新等安全信息，其目的在于通知公众和行业相关方有关新产品或新技术的信息，提前获知市场反馈。

例如：2023 年 10 月，特斯拉在官方微博公布了 Model Y 的更新信息：新增多色氛围灯、改良了轮毂造型和仪表台饰板、后驱版的百公里加速成绩由 6.9s 提升到 5.9s。除了对新车型、新技术进行公告，如今许多车企还对财务情况进行公告，如蔚来汽车在 2023 年 7 月发布公告完成了约 7.4 亿美元的战略股权投资。除了车企自身发布公告，政府机构如我国的工信部也会发布公告，如 2023 年 11 月，工信部公布的第 377 批《道路机动车辆生产企业及产品公告》中出现了小米汽车的身影，其车型被正式命名为 SU7，并有详细的车辆配置信息和各个角度的照片。

为了获得工信部的公告，必须在国家认可的第三方检测机构进行公告实验。公告实验是汽车制造商在新车型发布之前所进行的一系列测试，如碰撞测试、排放测试、耐久性测试和性能测试，这些测试旨在确保车辆符合法律法规的要求并获得销售许可。

（2）召回

召回是汽车厂商在发现其车辆存在安全缺陷或不符合安全标准时采取的行动。在召回中，制造商将通知车主有关缺陷的具体信息，并提供免费的修复或更换服务。其主要目的是保护消费者免受可能的安全风险，同时符合政府的安全规定。召回也有助于维护制造商的品牌声誉和消费者信任，但也需要厂商付出巨额的成本如维修成本、物流成本和赔偿费用。

召回可分为自主召回和强制召回两种。自主召回即企业根据消费者反馈发现了自家车型的设计问题或供应商提供的产品问题，主动召回产品进行零部件更换。强制召回是由国家相关市场监督管理机构搜集消费者投诉，通过调查研究确定是企业的产品问题，强制要求企业召回产品。

例如：美国通用自动驾驶子公司 Cruise 的无人驾驶出租车虽然在旧金山取得了 $7 \times 24h$ 的无人驾驶出租车服务许可，但是两个月内出现了陷入未干水泥地、突然在路中间停止、与消防车相撞等事故。这一系列事故沉重打击了消费者对该公司产品的信心，以致 Cruise 暂停运营并召回所有的自动驾驶汽车。又如，丰田汽车在 2023 年 10 月宣布召回约 100 万辆 SUV 车型汉兰达，宣称这批车辆存在可能导致前保险杠松动的问题。

尽管公告目录和召回在性质上不同，但它们都是制造商与公众、政府和消费者进行沟通的重要方式。公告目录更多是关于产品信息的正面传播，而召回则是对潜在问题的负责任处理，二者都能对树立品牌形象起到一定作用。从成本的角度考虑，在进行汽车设计时应该考虑产品的全生命周期，避免产品生产后因为厂商自身原因对产品进行召回，影响品牌形象。

2.3 主要设计参数选取与匹配计算

有了明确的新车型市场定位，完成了详细的 Benchmark 分析，了解了相关法规的要求，那么接下来就要开始任务书中的第二部分——设计方案和功能定义，即制定设计目标。其主要工作包含整车和主要总成的参数选取和性能匹配计算，详细来说包括整车尺寸和质量参数选取、动力系统匹配计算、动力电池匹配计算、底盘性能参数选取、车身性能参数选取、电器系统方案、内外饰方案、主动安全配置方案、智能座舱方案以及其他性能参数和功能设计总体方案等。这部分的工作，一般由技术开发部门中的整车集成部门工程师来负责，工程师需要有丰富的整车开发经验，并对各个总成系统非常熟悉。在开发过程中，整车集成部门需要与各个总成设计部门、性能开发部门、功能开发部门以及供应商进行充分沟通，才能制定切实可行的设计任务书方案；否则，设计任务书下达后各设计开发部门无法完成指标要求，供应商也无法供货，新车型无法真正落地。

2.3.1 电驱动系统布置形式选择

在设计纯电动汽车的驱动方案时，需要确定驱动轮数量、位置以及驱动电机系统布置的形式。与传统燃油汽车类似，纯电动汽车也可分为前轮驱动、后轮驱动和四轮驱动。但是，由于驱动电机调速范围广，输出外特性具有更宽的转速域、更高的低转速转矩和更宽广的恒功率区，因此不再需要配置变速器，仅配合减速器就能达到驱动需求。此外，驱动电机体积和质量上大大低于发动机，驱动电机没有怠速工况，不需要太复杂的液压悬置去满足类似发动机的高频小刚度、低频大刚度的要求，常用橡胶悬置方式，也不需要大刚度的纵梁作为支架。所以，电机的布置方式更为灵活，需要的空间更为紧凑，在一些企业布置方案中将电机布置在前排或后排座椅下方。常见的纯电动汽车电驱动系统布置形式包括前置前驱、后置后驱以及轮边/轮毂四轮驱动等。本书 5.1.1 节将对电驱系统的布置形式有详细描述,本章不再展开讨论。

2.3.2 整车尺寸与质量参数选取与计算

选择好电驱动系统等布置方式后,就可以进行整车相关的主要参数选取,包括尺寸、质量和主要性能参数。总体来说,这些参数的选取,主要基于对标分析后的产品定位、企业内部车型平台化和模块化应用程度、制造工艺和成本等多方面考虑。

1. 主要尺寸参数

电动汽车主要尺寸参数的选取包括整车外廓尺寸、轴距、轮距、前悬、后悬以及一些通过性主要尺寸参数等。尺寸参数的选取,参考的主要标准和法规包括 GB 1589—2016《汽车、挂车及汽车列车外廓尺寸、轴荷及质量限值》和 SAE J 1100—2009《机动车尺寸标准》等。

(1)外廓尺寸

汽车的外廓尺寸指的是汽车的长、宽、高。在道路上使用的汽车、挂车及汽车列车的轴荷和质量有严格的国家标准,而非公路用车如矿用自卸车、机场摆渡车等则不受法规限制。

GB 1589—2016 对汽车外廓尺寸界限的规定如下:乘用车及二轴客车、货车及半挂牵引车的长度不得超过 12m,三轴客车不得超过 13.7m,单铰接客车不得超过 18m,半挂车不得超过 13.75m,中置轴、牵引杆挂车不得超过 12m;不包括后视镜,汽车宽度不得超过 2.55m;空载、顶窗关闭状态下,汽车高度不得超过 4m;车辆间接视野装置单侧外伸量不应超出车辆宽度 250mm;车辆的顶窗、换气装置等处于开启状态时不应超出车辆高度 300mm;汽车的后轴与牵引杆挂车的前轴之间的距离不应小于 3000mm。

乘用车总长 L_a 是轴距 L、前悬 L_F、后悬 L_R 之和。它和轴距的关系是:

$$L_a = L/C$$

式中,C 为比例系数,其值在 0.52~0.66 之间,前置前驱汽车的 C 值为 0.62~0.66,后置后驱的 C 值为 0.52~0.56。

轿车宽度尺寸一方面由乘员必需的室内宽度和车门厚度来决定,另一方面要求保证能布置下电池、电机、车架、悬架、转向系和车轮等。轿车总宽 B_a 与车辆总长 L_a 之间有下述近似关系:

$$B_a = (L_a/3) + 195\text{mm} \pm 60\text{mm}$$

后座乘三人的轿车,B_a 不应小于 1410mm。后座两人或三人的布置,决定了安全带配置数量,但是中间头枕配置不是强制的,很多美系车后排三人座的中间座位并未配置头枕。此外,整车宽度还将影响电池箱的布置,一般来说,碰撞吸能区域需避开电池箱。因此,整车宽度应等于电池箱宽度加上门槛内部的变形区域宽度(考虑侧面碰撞测试相关法规)。

影响轿车总高 H_a 的因素有轴间底部离地高 h_m、地板及下部零件高 h_p、室内高 h_B 和车顶造型高度 h_f 等。轴间底部离地高 h_m 应大于最小离地间隙 h_{min}。电动汽车的设计大多将电池箱布置在地板之下,最小离地间隙测量点一般为电池箱最低位置。由座位高、乘员上身长和头部及头上部空间构成的室内高 h_B 一般在 1120~1380mm 之间。车顶造型高度 h_f 大约在 20~40mm 范围内变化。因此,前后排乘员人机校核之后,基本就能确定两个关键高度控制硬点,作为造型设计的约束条件。

(2）轴距 L

轴距对整备质量、汽车总长、汽车最小转弯直径、纵向通过半径均有影响。当轴距短时，上述各指标均减小。此外，轴距还对轴荷分配有影响。例如轴距过短时，会导致乘员舱空间减小，或后悬过长，同时也会影响电池的布置空间，使得电池容量配置下降；汽车上坡、制动或加速时轴荷转移过大，会降低汽车的制动性或操纵稳定性；同时车身纵向角振动增大，对平顺性不利。

在乘用车中，一般微型车（A00级）的轴距在2400mm以下；小型车（A0级）的轴距在2400~2550mm之间；紧凑型车（A级）的轴距在2550~2700mm之间；中型车（B级）的轴距在2700~2850mm之间；中大型车（C级）的轴距在2850~3000mm之间；豪华车（D级）的轴距在3000mm以上。原则上，对电池容量大的乘用车需取较长的轴距。对机动性要求高的乘用车跑车，轴距取得较短。同一级别的系列车型在平台化开发时，轴距变化推荐在0.4~0.6m的范围内选择。值得注意的是，轴距的微小变化，将影响整车轴荷分配，在高速或瞬态路面冲击时，悬架和整车的载荷情况会发生较大变化。曾经有企业平台化开发的车型，轴距改变后没有进行严格的校核计算，而发生后扭力梁断裂的严重后果。因此，在平台化改型设计时，整车和悬架模块都需要重新进行性能校核技术，避免在使用过程中出现问题。

（3）轮距

轮距指的是车轮在车辆支承平面（一般就是地面）上留下的轨迹的中心线之间的距离，分为前轮距 B_1 和后轮距 B_2。改变汽车轮距 B 会影响车厢或驾驶室的内部宽度、汽车宽度、总质量、侧倾刚度、最小转弯直径等。一般来说，轮距越宽，对车身造型和车厢的宽敞程度越有利，侧倾刚度越大，汽车横向稳定性变好，舒适性更好；但是汽车的总宽和总重会增加，最小转弯直径也会增加，导致汽车的比功率、比转矩下降，机动性下降。

受GB 1589—2016的限制，不包括后视镜，汽车宽度不得超过2.55m。在选取前轮距 B_1 时，需要考虑能够布置电池、车架、前悬架和前轮，并有足够的转向空间，且转向机构与车架、车轮之间有足够的运动间隙。在确定后轮距 B_2 时，需要考虑车架两纵梁之间的宽度、后悬宽度和轮胎宽度，并留有必要的空隙。设计时，轮距和轴距存在以下关系：

$$B = KL$$

式中，B 为轮距；L 为轴距；K 为比例系数，一般根据需求在0.55~0.64之间。

（4）前悬 L_F、后悬 L_R 以及通过性主要参数

前悬尺寸对汽车通过性、碰撞安全性和驾驶员视野等均有影响。前悬尺寸越大，汽车接近角越小，通过性变差，驾驶员视野变坏。长些的前悬有利于在发生碰撞时对乘员起到保护作用。电动汽车后置后驱的布置形式使得前舱具有更多的吸能空间，前悬的长度可以设计得更短一些。后悬尺寸对汽车通过性、追尾时的安全性、货箱或行李舱长度等有影响，并取决于轴距和轴荷的分配。后悬越长，汽车离去角越小，通过性降低；但是后悬太短又会使行李舱尺寸太小。其他通过性指标还包括最小离地间隙 h_{min}、接近角 γ_1、离去角 γ_2、纵向通过半径 ρ_1 等。轴距较长的车应设计合适的纵向通过半径，否则在进出车库口有刮蹭到电池箱的风险。

2. 主要质量参数

（1）整车整备质量 m_0，空载和满载

电动汽车整车整备质量指的是车上带有全部装备，包括随车工具、备胎等，加满液体，但

没有装货和载人时的整车质量。空载指的是整车整备质量加上一个乘员和一件行李的质量，为驾驶员日常驾驶时未坐乘客的质量；满载则为整车整备质量加上所有座位数量的乘员质量以及行李的质量，为车上坐满乘员和装满行李时的质量。乘员质量按68kg/人计算，行李质量按照7kg/人计算。如一辆五座的电动汽车，其整备质量为1200kg，空载时为1275kg，满载时为1575kg。

整车整备质量对汽车的制造成本和经济性均有影响，通常车企都追求在满足安全标准的前提下降低整备质量，提高载客量和载质量。空载和满载质量通常在整车性能开发时，作为输入参数来使用。例如，在进行悬架的力学校核时，需要计算悬架的瞬态冲击响应和疲劳性能，以校核悬架各部位材料在使用中的可靠性。进行瞬态冲击校核时，通常以电动汽车满载作为输入条件，分析路面3g~5g的冲击载荷下，悬架各部位的应力应变情况，检查是否超过材料的抗拉强度；在疲劳分析中，以日常行驶循环工况作为加载，此时以空载作为输入，检查悬架各部位的疲劳循环次数。

轻量化是当今电动汽车设计的一个关键技术，需要在设计中尽可能地降低整车整备质量。目前主要的措施是使用高强度轻质材料、应用一体化压铸技术、采用"化零为整"的局部结构优化设计、通过敏感性分析降低非敏感区域零件厚度以及采取变厚度辊压技术的应用等。

（2）轴荷分配

轴荷分配指的是汽车在空载或满载静止状态下，各车轴对支撑平面的垂直负荷，也可用占空载或满载总质量的百分比来表示。GB 1589—2016规定公路上使用的汽车单轴轴荷不得超过9t，主要针对的是大吨位货车，对于电动乘用车来说当然不会超过这个限值。从各轮胎磨损均匀和寿命相近考虑，各车轮的负荷应相差不大；从动力性和通过性考虑，驱动轴应具有较大的负荷；从操纵稳定性的角度考虑，转动轴的负荷不应过小。可见各性能对轴荷分配的要求存在一定的矛盾，要求设计时根据整车性能要求、使用条件等合理选择轴荷分配。相比传统燃油汽车，由于重量较大的电池箱配置在乘员舱下靠近汽车中间位置，电驱动系统的重量较发动机更小，因此电动汽车更容易按照1∶1的轴荷分配，使得整车具有更好的操纵稳定性。这也是很多人认为电动汽车更好开的一个关键因素。

3. 主要性能参数

电动汽车的整车性能包含动力性能、经济性能、驾驶性能、安全性、耐久可靠性、热管理性能、操纵稳定性、舒适性、气动性能、NVH性能、电器性能和车内空气质量等诸多方面。这些性能指标的提出，一般由整车性能集成部门和具体性能开发技术部门根据对标分析后的新车型定位来共同提出，后期再由性能开发部门分别落实，整车性能集成部门实施过程管理。性能开发是整车开发中工作量最大的开发工作，需要巨大的开发团队来协同完成，在企业中专业化程度最高。本节主要根据动力、底盘和车身各系统分类对其主要性能参数选取进行描述。整车性能集成开发的主要内容如图2-1所示。

（1）动力性能参数

动力性能是汽车的核心性能之一，在传统燃油汽车时代，发动机的性能几乎决定了汽车的技术先进程度和豪华等级。进入电动汽车时代后，由于驱动电机优异的外特性，低成本的电动汽车可拥有如同豪华级燃油车的动力性能。与传统燃油车类似，电动汽车的动力性能参数也包括最高车速v_{amax}、加速时间t、爬坡能力。

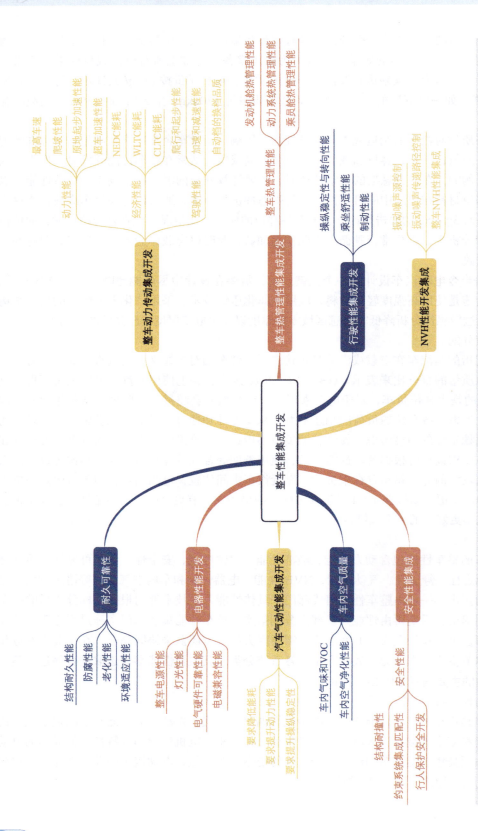

图 2-1 整车性能集成开发

1)最高车速 v_{amax}:由于大部分电动汽车都取消了变速器,因此只有单个减速比,而想要提高最高车速,就要降低减速比,带来的副作用就是百公里加速时间增加。因此,与燃油汽车相比,大部分电动汽车的最高车速都较低,不需要配置很高的后备功率。此外,受到电机峰值功率不持久、电机转速限制和电池性能的限值,一般情况下,电动乘用车的最高车速在140~200km/h之间。

2)加速时间 t:加速时间是指在平直良好的路面上,汽车从原地起步开始以最大加速度加速到一定车速所用的时间,一般取100km/h,即百公里加速时间。由于发动机需要达到一定的转速才能输出最大转矩,但电机的低速高扭特性使其在刚起步时就可以输出最大转矩,因此百公里加速时间更快。通常百公里加速时间小于4s的车辆即可以称得上超跑,但是这种现象在电动汽车上已经非常普遍。目前大部分电动汽车的百公里加速时间设计在4~10s之间。

3)上坡能力:通常用汽车满载时在良好路面上的最大坡度阻力系数 i_{max} 来表示汽车的上坡能力。因乘用车、货车的使用条件不同,对它们上坡能力的要求也不一样。通常要求货车能克服30%的坡度。

4)电驱动系统主要参数计算:在设计任务书阶段,需要对驱动电机进行初步选型,因此在该阶段要完成动力系统基本需求的计算,作为电机选取的依据。

首先,根据汽车行驶方程式,进行整车的动力性计算:

$$F_t = F_f + F_w + F_i + F_j \tag{2-1}$$

式中,F_t 为驱动力(N);F_f 为滚动阻力(N);F_w 为空气阻力(N);F_i 为坡度阻力(N);F_j 为加速阻力(N)。

滚动阻力 F_f 的计算公式为

$$F_f = Gf\cos\alpha \tag{2-2}$$

式中,G 为车辆重量(N);α 为道路坡度(°);f 为滚动阻力系数(N/kN),乘用车滚动阻力系数取值范围通常为0.015~0.02。

空气阻力 F_w 的计算公式为

$$F_w = \frac{C_D A}{21.15} u^2 \tag{2-3}$$

式中,C_D 为空气阻力系数;A 为迎风面积(m^2)。电动乘用车 C_D 值一般取0.28~0.41;A 一般取1.7~2.1。

坡度阻力 F_i 的计算公式为

$$F_i = G\sin\alpha \tag{2-4}$$

加速阻力 F_j 的计算公式为

$$F_j = \delta m \frac{du}{dt} \tag{2-5}$$

式中,δ 为汽车旋转质量换算系数;m 为整备质量(kg);$\frac{du}{dt}$ 为行驶加速度(m/s^2)。

为了使电动汽车的驱动电机输出最大功率与峰值转矩能够满足整车动力性需求,计算主要参数包括目标额定功率 P_e（kW）、目标峰值功率 P_m（kW）、目标额定转矩 T_e（N·m）。

① 额定功率。根据最高车速计算整车需求的额定功率 P_{ve}（kW）和持续爬坡度计算整车需求的额定功率 P_{ie}（kW），取较大的值为目标额定功率 P_e（kW）：

$$P_e = \max\{P_{ve}, P_{ie}\} \tag{2-6}$$

其中

$$P_{ve} = Gf\frac{u_m}{3600} + \frac{C_D A}{76140}u_m^3$$

$$P_{ie} = \left(Gf\cos\theta + \frac{C_D A u_{ic}^2}{21.15} + G\sin\theta\right)\frac{u_{ic}}{3600}$$

式中，u_m 为最高车速（km/h）；θ 为持续爬坡度（建议选三个不同常用值）；u_{ic} 为持续爬坡度对应的爬坡车速（km/h）。

② 峰值功率。根据最大爬坡度计算整车需求的峰值功率 P_{im}（kW）和加速性能计算整车需求的峰值功率 P_{um}（kW），取较大的值为目标峰值功率 P_m（kW）：

$$P_m = \max\{P_{im}, P_{um}\} \tag{2-7}$$

其中

$$P_{im} = \left(Gf\cos\beta + \frac{C_D A u_{im}^2}{21.15} + G\sin\beta + \delta m\frac{du}{dt}\right)\frac{u_{im}}{3600}$$

$$P_{um} = \left(Gf + \frac{C_D A u_{end}^2}{21.15} + \delta m\frac{du}{dt}\right)\frac{u_{end}}{3600}$$

式中，u_{im} 为最大爬坡度对应车速（km/h）；β 为最大爬坡度；u_{end} 为整车在加速过程末时刻对应的车速（km/h）。

③ 额定转矩。根据持续爬坡度计算整车需求的目标额定转矩 T_e（N·m）为

$$T_e = r\left(Gf\cos\theta + \frac{C_D A u_{ic}^2}{21.15} + G\sin\theta\right) \tag{2-8}$$

④ 峰值转矩。根据最大爬坡度计算整车需求的峰值转矩 T_{im}（N·m）和加速性能计算整车需求的峰值转矩 T_{um}（N·m），取较大的值为目标峰值转矩 T_m（N·m）：

$$T_m = \max\{T_{im}, T_{um}\} \tag{2-9}$$

其中

$$T_{im} = r\left(Gf\cos\beta + \frac{C_D A u_{im}^2}{21.15} + G\sin\beta + \delta m\frac{du}{dt}\right)$$

$$T_{um} = r\left(Gf + \frac{C_D A u_{end}^2}{21.15} + \delta m\frac{du}{dt}\right)$$

5）续驶里程与动力电池电量估算。续驶里程是电动汽车的重要指标，一般根据电动汽车的使用场景和目标客户需求来选择，市内代步的小型电动汽车的续驶里程在 100~300km，而目前主流的高配置中大型电动汽车续驶里程已达到 500~700km。续驶里程的选择决定了动力电池电量配置。

动力电池电量需求估算首先需要计算一定车速（一般取 90km/h）工况下的动力系统耗电量 $q(\text{kW}\cdot\text{h})$：

$$q = \frac{1}{3600^2} \int_0^t F_t u \mathrm{d}t \tag{2-10}$$

式中，t 为工况下的行驶时间（s）。

然后计算工况下的平均电耗 $e(\text{kW}\cdot\text{h/km})$：

$$e = \frac{q + q_f}{l} \tag{2-11}$$

式中，q_f 为工况下的整车电附件耗电量（$\text{kW}\cdot\text{h}$）；l 为工况下的行驶里程（km）。

最后，计算动力蓄电池包的电量 $Q(\text{kW}\cdot\text{h})$：

$$Q = eS \tag{2-12}$$

式中，S 为续驶里程（km）。

实际上，在配置动力电池电量时要高于估算的 Q 值，留有一定的余量。这是因为在实际使用中，低温环境会使得电池充放电倍率降低，急加速会增大放电电流，空调制热也会导致电量加速损耗；并且，动力电池在使用到一定年限后，电池衰竭加剧，电量也将明显降低。

（2）底盘主要性能参数

1）转向性能：转向性能主要包括转向轻便性、转向机动性和回正性能等。转向轻便性和回正性能等可以通过配置转向辅助系统来提升；而转向机动性的主要指标为最小转弯直径 $D_{\min}$，定义为转向盘至极限位置时，汽车前外转向轮轮辙中心在支承平面上的轨迹圆的直径。$D_{\min}$ 用来描述汽车转向机动性，是汽车转向能力和转向安全性能的一项重要指标。影响最小转弯直径的因素包括转向轮最大转角、汽车轴距、轮距等。转向轮最大转角越大，轴距越短；轮距越小和参与转向的车轮数越多时，最小转弯直径越小。对机动性要求高的汽车，$D_{\min}$ 应取小些。现在一些高端电动车型配置了后轮随动转向机构，降低了汽车的最小转弯直径，转向更为灵活，停车时也更为便利。

2）操纵稳定性能：操纵稳定性能包括直线操纵稳定性、转向操纵稳定性以及瞬态/变道操纵稳定性等。直线和转向操纵稳定性一般考虑加速度在 0.4g 以下的车辆响应；而瞬态/变道操纵稳定性则主要考虑侧向加速度大于 0.4g 的紧急情况。

① 直线操纵稳定性主要从驾驶舒适性的角度出发，要求汽车以 0.4g 减速度制动时，车身的前俯角不大于 1.5°。

② 转向操纵稳定性主要考虑转向时的稳定性，包括不足转向特性、横摆响应特性、侧倾特性、横向附着能力、转向盘力矩等。一般要求汽车以 0.4g 的向心加速度沿定圆等速行驶时，车身侧倾角控制在 3°以内，最大不允许超过 7°；汽车以 0.4g 的向心加速度沿定圆转向时，前后轮侧偏角之差 $\delta_1 - \delta_2$ 要求在 1°~3°之间。

③ 瞬态/变道操纵稳定性主要考量后轴跟随性、转向修正程度和极限轮胎抓地力等。

3）制动性参数：汽车制动性是指汽车在制动时，能在尽可能短的距离内停车且保持方向稳定，下长坡时能维持较低的安全车速并有在一定坡道上长期驻车的能力。目前常用制动距离、平均制动减速度和行车制动的踏板力及应急制动时的操纵力来评价制动效能。此外，还要求制动时汽车保持方向稳定性。

GB 7258—2017《机动车运行安全技术条件》对汽车制动性能提出了具体的测试方法和要求：汽车制动完全释放时间（从松开制动踏板到制动消除所需要的时间）对两轴汽车应小于或等于0.80s；乘用车50km/h车速下，空载检验制动距离应小于或等于19m，满载检验制动距离应小于或等于20m，实验通道宽度为2.5m[制动稳定性要求制动过程中机动车的任何部位（不计入车宽的部位除外）不超出规定宽度的试验通道的边缘线]。此外，GB 21670—2008《乘用车制动系统技术要求及试验方法》也对制动系统试验提出了更为详细的测试方案。

4）舒适性能：传统的舒适性能主要涉及垂直振动参数，与悬架的性能设计相关，包括频率和振动加速度等，此外悬架动挠度也是评价参数之一。随着汽车技术的发展以及电动汽车的普及，现在舒适性的含义已拓展到包括平顺性（振动、x向加速度、y向加速度等）、空气调节性能（温度、湿度等）、车内噪声、乘坐环境（活动空间、车门及通道宽度、内部设施等）、驾驶员的操作性能以及智能座舱的特殊舒适性配置（如零重力座椅）等内容。

（3）车身主要性能参数

车身的主要性能参数包括碰撞安全性、空气动力学、车身刚度、车身模态、轻量化等；进行性能选择时，要考虑的因素有足够的承载强度、低阻力、节能、安全、低重量、低成本等。

1）碰撞安全性能（被动安全性）：碰撞安全性能是电动汽车最为重要的性能之一，也是电动汽车的设计底线。碰撞安全性能主要涉及电动汽车的车身结构设计、约束系统设计、电池箱结构和高压电路设计以及电池单体的碰撞安全性能。目前，碰撞安全性设计依据主要有国家标准、中国新车评价规程（C-NCAP）和中国保险汽车安全指数（C-IASI）等，测试项目包括前碰撞、侧面碰撞、追尾碰撞、翻滚以及行人保护等。近年来，随着汽车智能化程度的不断提升，主动安全测试也越来越多地加入汽车安全评测中，因此，汽车安全性能不再是车身专有的性能指标。此外，C-IASI测试规程中还加入了低速碰撞中汽车的耐撞性和维修经济性测试。电动汽车也有其特殊的安全测试，主要涉及高压电安全和电池安全。

随着碰撞安全性能要求的日益严格，需要车身具有更强的结构，高强度钢材越来越多地应用在电动汽车上，铝合金、碳纤维复合材料等新材料也开始在高端车型上崭露头角，汽车制造工艺技术也不断提升。目前，热成形钢板抗拉强度已能达到2000MPa，碳纤维复合材料抗拉强度更是超过了3000MPa。

2）空气动力学性能：空气动力学性能决定了汽车在行驶过程中空气阻力的大小。空气阻力由形状阻力、干扰阻力、内部阻力、诱导阻力和摩擦阻力组成。

① 形状阻力是车身前部的正压力和车身后部的负压力所产生的压力差而引起的阻力。

② 干扰阻力是车身表面凸出的零件引起气流相互干扰而产生的阻力。

③ 内部阻力是乘员舱内通风的气流所造成的阻力。

④ 诱导阻力是由升力引起的阻力。

⑤ 摩擦阻力是由于空气的黏滞性在车身表面所产生的摩擦力。

车身造型是影响空气动力学性能的主要因素，而风阻系数C_D是评价空气动力学性能的关键参数。汽车的加速度与阻力系数有近似反比关系。风阻系数对于纯电动汽车的续驶里程影响很大，每降低 0.1 的风阻系数，就可以提高 10~15km 的续驶里程。如果通过增加电池容量提高续驶里程，则会增加电池箱重量及用电成本。目前市场上大部分电动汽车的风阻系数 C_D 在 0.2~0.35 之间。与传统燃油汽车不同的是，电动汽车没有了发动机、变速器等总成，前机舱空间可以大大压缩，缩小了车体的体积，并且因为降低了车头高度，空气阻力也得以降低。此外，由于电动汽车车身前部缩小，因此乘员舱空间得以扩大，车顶最高点可以较大幅度前移，从而提高空气动力学性能。由于电动汽车的轴距可以更大，后排乘客的坐姿更趋向于平躺，头部位置可以相应降低，因此车顶后部的高度可以适当降低，从而利于改进空气动力学性能。

3）车身刚度：刚度是指在施加不至于毁坏车身的普通外力时车身不容易变形的能力，也就是指恢复原形的弹性变形能力，是汽车车身设计的重要指标。车身刚度一般指的是车身的静刚度，即"汽车车身抵抗变形的能力"，包括弯曲刚度（N/mm）和扭转刚度（N·m/°）。车身刚度对车身的可靠性、安全性、操纵稳定性和 NVH 等性能均有影响，主要与车身的和制造工艺有关。立柱的刚度很大程度上决定了车身的整体刚度。

4）车身模态：车身模态主要决定了汽车的 VNH 性能。在行驶过程中，车身可以看作一个多自由度的振动系统，人们引入了模态这一概念对这种状态下的车身进行研究。模态是振动系统中的一种固有振动特性，包括频率、振型、阻尼。模态一般根据频率的大小进行排序，即按照"阶"进行排序。

（4）其他重要性能参数

除上述提及性能之外，电动汽车的 NVH 性能以及"电"相关性能参数也是总体设计时必须考虑的。

1）NVH 性能：NVH 是噪声（Noise）、振动（Vibration）和声振粗糙度（Harshness）的合称，是最重要的舒适性指标之一，也是电动汽车性能指标中综合程度最高的指标之一。由于电动汽车的振动和噪声可以来源于电机、传动系统、轮胎和路面激励、气动噪声、电器附件等诸多因素，因此 NVH 性能需要整车各系统优化配合来保障。一般通过结构声传递路径控制、车身灵敏度控制和空气声传递路径控制等方法来进行优化。前文介绍的车身模态，是影响 NVH 性能的关键参数之一。

2）电动汽车总电压：电动汽车总电压的确定和车辆类型及行驶性能有关。电压等级越低，获取同等功率的电流越大，电流过大会导致线路损耗变大，进而导致电能利用率下降。但电压等级越高，则对绝缘要求越高，会增加制造成本。目前我国电动汽车电压在 150~450V 之间，一般根据车辆总重量选择电压等级。

3）电能当量燃料消耗量：电能当量燃料消耗量（L/100km）是指根据 GB/T 37340—2019《电动汽车能耗折算方法》将电动汽车电能消耗量转化为燃料消耗量的方法，所计算出的电动汽车百公里电能消耗量折算为百公里燃料消耗量数值。电能消耗量与燃料消耗量是按照等量热值的方法进行折算，1kW·h 电能消耗量约合 0.1131L 汽油燃料消耗量。

第3章
详细设计阶段

> **本章导学**

　　设计任务书下发之后，新车型开发正式进入详细设计阶段。从整车开发的角度，详细设计阶段的主要工作包括整车集成设计、整车性能开发和整车功能开发三大板块。需要特别说明的是，上述三个板块并非从详细设计阶段才开始工作。实际上从市场调研阶段，各板块就开启了各自的工作，包括标杆车型选取与测试、性能目标制定、总布置草图绘制、初步功能方案目标制定等，与其他部门协同参与了设计任务书的制定工作。

　　整车集成设计属于横向开发内容，具有较强的技术综合性，也需要具备较好的管理能力和协调能力。整车集成设计的主要工作是整车总布置（包含整车构架开发、底盘总布置、车身总布置和整车模块化开发等内容）和整车性能集成。整车总布置的工作从制定设计任务书阶段就开始介入：前期阶段主要负责基本选型和总布置草图的绘制工作，并对新技术新配置的开发成本、周期、风险等进行综合评估，策划设计开发车型新技术新配置的应用；详细开发阶段主要负责三维模型的构建，并检查各阶段设计数据对模型进行更新，保证整车数据正确性；依据整车开发日程，策划实施车型开发各阶段的质量确认活动；后期还需要提供骡车试制、样车试制、小批量产等各阶段的技术支持。整车性能集成的工作在前期阶段负责设计整车性能目标并策划整车各性能目标分解，制定设计开发方案保证整车性能目标实现；同时，负责市场调查、竞品车型选择、性能目标制定、分解、验证和验收等工作；在详细开发阶段则负责处理性能维度开发中出现的复杂技术问题，性能集成平衡和交汇，还会负责性能开发工作推进、项目管理和协调，推进技术创新在项目中的应用；项目后期，开展性能目标验证及签收工作，通常的手段包括客观测试、主观评价等。有些企业将整车总布置划分到整车开发部门，将整车性能集成划分到整车集成部门，有些企业将性能集成作为整车总布置的一部分。

　　整车性能开发和功能开发属于纵向开发内容，具有较强的技术专业性。整车性能开发一般包括整车动力传动性能、电池充放电性能、整车热管理性能、行驶性能、NVH性能、主被动安全性能、整车气动性能、电器性能、耐久可靠性以及车内空气质量等诸多方面的内容。整车性能开发主要借助CAE等仿真工具或通过实车物理试验来开展。整车功能开发是随着近年来电动化和智能化趋势发展起来的，逐渐成为整车第三大开发板块。整车功能开发包括整车功能清单和目标构建、详细功能设计和功能评价等内容，覆盖电器拓扑及控制器硬件、SOA、智能座舱及智能驾驶多个软硬件层面。我们经常听到的"软件定义汽车"，某种意义上说的就是整车功能开发。

　　刚进入职场的汽车研发设计人员，一般是从整车性能开发和功能开发工作开始的，整车集成的工作则往往需要具备一定的开发经验后才能胜任。由于整车性能集成的工作更多是管理和解决复杂性能协调问题，本书不对此部分单独列章节来讲解，而是融汇到各开发板块中来进行描述。本章将从整车总布置、整车性能开发和整车功能开发三个部分来进行讲解。

第3章 详细设计阶段

👉 学习目标

序号	学习目标	知识点	学习要求
1	掌握整车总布置的基本内容	底盘总布置、车身总布置以及校核等内容	掌握
2	理解性能开发的基本内容	性能开发、功能开发、功能安全、预期功能安全和信息安全等定义和内容	理解

3.1 整车总布置

整车总布置（又称总体布置或总体设计）就是合理地将所有总成、零部件、驾驶员和乘员安放在车内有限的空间之内，并满足法律法规及标准等要求、企业车型定位、性能目标以及客户需求的工作，可以说是整个汽车设计中的顶层设计工作。整车总布置的任务类似于搭积木，将选好的积木模块（各总成选型）一块块搭建成一辆新车，搭建过程中检查哪些部位搭得不合理，实时进行修正。在详细设计的过程中，性能开发部门会通过仿真计算或试验对初始设计提出改进意见，再由总布置部门负责修改三维模型，之后再将改动的模型下发到各部门。这部分工作主要是由总布置工程师（Package Engineer）来完成的，开发前期需要总布置工程师具有丰富的开发经验来进行初始布局，避免后期出现过多问题；而开发过程中需要总布置工程师对各性能目标有深刻的理解，并有较好的协调能力，才能平衡各指标负责部门的综合需求。比如，被动安全工程师需要前舱具有足够的吸能空间，希望前悬长一点；但为了造型设计美观，前悬又不能太长，这就需要总布置工程师来协调被动安全部门和造型部门的各自需求。

3.1.1 平台化开发

在讲具体的总成布置之前，有必要聊一聊平台化开发的事情。所谓平台化开发，就是在开发过程中用相似或相同的动力传动系统、电池系统、底盘和车身结构等，承载不同车型的开发及生产制造，设计生产出从外形到功能各不相同的车型产品。在汽车平台化之前，汽车制造商需要为每一款车型单独开发车身、内饰、底盘、悬架、发动机、变速器等核心部件，由此带来高昂的研发成本、零部件采购成本以及重复投入的制造成本（如模具等）。平台化则很好地利用了汽车设计的"三化原则"（即标准化、通用化和系列化），同时充分发挥了经济学中的"边际成本"效应，让新车在开发过程中可以使用一些共同构架，利用这个构架可以在共用部分设计的基础上，衍生出外形和用途完全不同的车型，既节约了开发和制造成本，又能大幅降低开发周期（这也是为什么现在一些企业新车型可以在1~2年内完成开发的原因）。它是汽车从开发阶段到生产制造过程中的设计方法、设备基础、生产工艺、制造流程以及核心部件和质量控制的一整套体系。早期比较有名的燃油车平台有大众的MQB、福特的C1平台以及本田ACE白车身平台等。进入电动汽车时代后，平台化开发更是受到各大汽车企业的青睐。比如特斯拉的Model 3和Model Y，都是基于其新的开发平台，两款车型共享零部件多达75%。蔚来汽车基于NT1.0平台，在2017—2019年间完成了ES8、ES6和EC6三款主要车型的开发，并在2021年升级到NT2.0平台。理想汽车的L9、L8和L7等L系列产品也是大幅共享软硬件配置。小鹏汽车也建立了最新的第二代"Edward平台"，且将平台分为底盘、下底板、动力总成以及电子架构四个部分。电动汽车的市场竞争进入了白热化的时代，需要企业在更短的周期完成新产品研发，并以更低的成本打赢市场价格战。新平台的研发与投入对于车企来说至关重要，甚至是决定车企存亡的关键因素。

由于现在主流的电动汽车开发都是基于平台化和模块化，因此整车总布置便不再是从零开始的工作。比如，开发一款新车型时使用的是平台化的悬架模块，那么在布置的时候只要调整一下轴距和轮距；转向和制动基本沿用平台化模块；动力系统和电池也采用平台方案，只是在不同的电量配置需求下增大电池配置，重新优化电池箱体设计；最后就是根据车身造型优化人机，布置电器和线束。这样看来，总布置工作在平台化开发下变得简单了许多，后面的工作就是性能验证—调整—性能验证—调整……迭代几轮就完成任务了。但是，从另一个层面来说，总布置工程师可发挥的空间减小了，而平台本身的开发变得异常重要。企业会花更多的精力和投入在平台的开发上，而不是单个车型。这就对平台开发过程中的总布置工作有更高的要求，因为平台要有更好的"泛化"设计。这就好比，我们在做机器学习模型开发时，需要考虑模型应用的各种场景，使得开发的模型具有更好的泛化效果。而平台的开发，需要更多的创新，总布置工程师发挥的空间更大。比如，电动汽车从传统燃油汽车的前置后驱平台变迁到后置后驱的整体化驱动系统平台，就是一个技术革新，是对传统平台的颠覆。要做好总布置工程师的工作，需要多对标对比，多了解各总成和整车性能的需求和设计要求，积累顶层设计的开发经验，类似程序员中的系统工程师，开发时做到"胸有成竹"。

3.1.2 电动汽车整车坐标系

电动汽车整车坐标系的定义与传统燃油车基本一致（图 3-1），一般将前轮轴中心点作为整车坐标的原点，也有将保险杠最前点作为原点的（如通用汽车）；Z 方向的正方向为垂直地面（总布置图一般用前后轮心连线或者车身的下沿作为水平方向基准，地面不一定水平）指向车顶的方向；X 方向的正方向为从车头指向车尾，平行于水平地面的方向；Y 方向的正方向为指向车右侧的方向（也可根据 X 和 Z 方向通过右手原则来确定）。

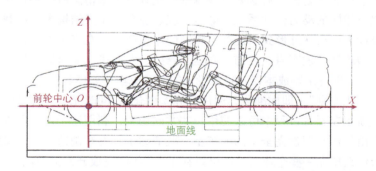

图 3-1 电动汽车整车坐标系

3.1.3 底盘总布置

电动汽车的底盘总布置（也叫作机械布置或者下车体布置），包含动力系统、传动系统、动力电池系统、高低压电气系统、悬架、转向、制动等系统的布置。动力系统的布置详见第 2 章，本节不再赘述。需要注意的是，纯电动汽车对悬置系统的隔振能力要求低于传统燃油车，但对悬置系统抗扭限位能力的要求远高于传统燃油汽车。基于这种考虑，工艺简单、可靠性好能并且提供大刚度的橡胶悬置更适合电动汽车。

（1）动力电池系统布置

电动汽车的动力电池的布置，主要考虑碰撞安全性、散热以及安装维修等要求。

1）碰撞安全性要求：电池箱要处于碰撞吸能区域之外；电池箱离地间隙不能过低，避免地面剐蹭。

2）散热要求：电池箱要有较好的散热性能，可利用行驶时气流的风冷效果，如效果不佳可采用水冷的方式。

3）安装维修要求：电池箱体要便于拆装，在电池模块出问题时便于维修更换。

4）其他要求：电池箱质量较大，布置时尽可能布置低一点，降低整车质心；电池箱密封效果要好，防止涉水时进水。

电动汽车的动力电池箱通常采用集中式布置方式，布置在汽车底盘的前后轴之间、地板之下。由于电池组的重量较大，布置在地板之下使得整车重心下降，拥有更好的高速稳定性；电池和车身之间的空间得到最大化利用，有利于优化车身设计，提高车辆的空气动力学性能和驾驶稳定性；将电池布置在乘员舱底部，有利于降低电池在汽车碰撞时的受损概率，只是在侧面碰撞中（特别是柱撞时）受损风险较大；集中式布置等电池箱体简化了生产工艺，降低了生产成本，提高了生产效率；此外，这种布置使得乘员舱地板更为平整，后排中间乘客不会感到不适，乘坐舒适性较好。

早期的电动汽车也有采用分散布置的方式，或是布置在中央通道内，这些多是"油改电"的方案，而非电动汽车正向设计，现在已基本被淘汰。目前，有将电池模组和地板做成一体的结构，轻量化效果更好，但缺点电池拆装不方便，不利于后期维护。

（2）高、低压电气系统布置

与传统燃油汽车不同，电动汽车有着复杂的高低压电气系统配置。其中，高压电气系统包括驱动电机、动力电池、充电系统、空调压缩机以及高压配电系统等；低压电气系统包括蓄电池、DC/DC变换器以及各种电子元器件（如各种控制器、继电器、熔断器）等。此外，电动汽车高低压线束遍及整车，线束成本已经占据了整车成本的近5%，越来越不容忽视。现在的电动汽车整车动力系统电压普遍在200~500V，布置时需要特别注意电安全。高低压系统的布置，主要考虑电安全、EMC电磁兼容性以及线束优化布置的要求。

1）电安全要求：总体来说，就是防止高压电对人的伤害和对其他电气零部件的干扰。高压电安全主要包括防触电安全、防水安全、防火阻燃、电气安全和充电安全；高压零部件及高压线束必须有警示标识；整车高压互锁；整车绝缘；车辆应具备主被动放电功能；满足IP等级要求以及涉水、浸水的相关要求；设计中应考虑电气间隙和爬电距离，减少高压对控制器和电子元器件的影响；主要零部件高压出线位置的碰撞安全防护（避免碰撞事故造成的高压安全问题）；碰撞事故发生后高压电要及时断路；此外，每个高压零部件都要满足自身的防触电、防水、防火阻燃、IP防护等级等要求。在进行总布置时，要根据上述要求合理布置高压零部件，隔离可能与人产生的接触，另外与低压零部件"保持距离"。

2）电磁兼容性要求：总体来说，就是限制车内和车外的电磁辐射。如GB/T 18387—2017《电动车辆的电磁场发射强度的限值和测量方法》中要求车辆以16km/h低速和70km/h高速模式满载运行时，电场强度和磁场强度在法规的限制范围内。此外，GB/T 37130—2018《车辆电磁场相对于人体曝露的测量方法》中要求人体所处车辆环境的低频磁场发射，频率范围为10～400Hz。降低电磁辐射主要是采用滤波、电磁屏蔽和接地等方式。在进行总布置的时候，主要考虑尽可能地将各功能电路集成，减少线缆用量；此外，将高低压系统、直交流系统、乘员舱和底盘，分区分层来布置电气系统，再分区域进行滤波、电磁屏蔽和接地处理。

3）线束布置：总体来说，线束布置主要也是从安全和电磁辐射的角度来考虑。从安全性来看，线束尽量采用隐藏式走向，特别是乘员舱内；线束走向时不能交叉，不能出现锐角布线（避免折断），避免悬空布置；避免底盘和车身运动造成线束受力；避免线束与车上尖锐零部件接触，如金属过孔、板材翻边处等；线束避免高温区域，如驱动电机等表面。从电磁辐射的要求来看，线束长度尽量短，环路面积尽可能小；高压线采用屏蔽线束，屏蔽层接地；低压线束走线远离高压线路，避免相互耦合干扰；高压电回路的回路面积尽可能小。除上述要求之外，线束布置要重复考虑节约成本的问题。目前先进线束布置方法主要从电气系统功能域和位置域来分区域布置，并且在信号传输部分，局部采用无线网络传输数据，最大限度地减少线束。采用上述方法有可能将线束成本降低50%，是未来整车成本优化的关键环节之一。

（3）悬架系统布置

如前文提及，各车企的悬架布置基本遵循平台化开发策略，选型主要对标Benchmark标杆车型，布置时主要根据车辆总体尺寸、前后舱空间以及其他总成尺寸来综合考虑。从悬架的选型来看，前悬架主流的形式为麦弗逊悬架和双叉臂悬架，后悬架的主要形式为扭转梁式悬架、多连杆悬架和双叉臂悬架等。悬架的选型一般与成本和车的级别定位有关，如低端车型普遍采用前麦弗逊后扭转梁式悬架的配置，中高端车型则采用前双叉臂后多连杆悬架为主，也有前后都用双叉臂悬架的。例如特斯拉采用的是前双叉臂悬架、后五连杆悬架。实际上电动汽车动力传动系统所占体积相比传统燃油汽车具有更紧凑的结构，给悬架的布置留出了更多的空间，其选用紧凑的麦弗逊悬架和扭转梁式悬架主要是从成本的角度来考虑。

现阶段，很多电动汽车采用了空气弹簧技术。此技术利用气泵制造压缩空气，将压缩空气引导至空气弹簧的内腔。通过调节空气的密度，可以灵活调整弹簧的硬度，进而改变车辆的离地高度。车辆的前方和后方都装配有高度感应器，悬架控制单元会依据这些感应器的反馈来判断车身的高低变化，进而调控气泵和空气路径分配阀，改变弹簧刚度。因此，与传统的钢制弹簧悬架相比，其驾驶体验更为优越。电动汽车由于舍弃了传动的发动机，原本被发动机声浪所掩盖的轮胎和路面噪声就更为突出。与传统的钢制弹簧实体连接构造不同，空气弹簧采纳了空气内腔设计，能够隔绝行驶中大部分从地面传递上来的噪声，从而改善乘车舒适度。此外，在高速行驶时，电控悬架底盘ECU会自动判断为高速行驶状态，主动提升车辆底盘高度，以降低风阻系数和整车重心。同时，提高空气弹簧刚度和阻尼刚度，增强车辆对路面反馈的响应能力，显著提升车辆加速性能以及高速操控的稳定性。当车辆通过转向和道路传感器时，底盘ECU会识别出车辆处于弯道行驶状态。在极短的时间内，ECU会根据弯道情况实时独立地调整四个空气弹簧的刚度和减振器阻尼系数，以增强车辆过弯时的侧向支撑性能。当车辆急速连续弯道行驶时，空气悬架的效果更为显著。

悬架布置时首先要明确哪些悬架的控制硬点连接在车身上，哪些悬架的控制硬点连接在副车架上。将这些点布置在副车架上会花费更多的成本和增加整车的重量，但是能提高对前束和车轮外倾的控制精度，提高过滤振动噪声的能力。例如，中高级电动汽车通常都将控制外倾和前束连杆上的设计硬点和主横向摆臂的设计硬点布置在副车架上。此外，在满足布置的几何约束的前提下，主横向摆臂越长越好；俯视方向上尽量与后轴平行，在保护四驱时与后轴的夹角越小越好。同时保证后悬架的侧倾中心高在 80～150mm 的范围内。对于车轮外倾控制臂和前束调节杆的布置，在满足布置的条件下，长度和方向主要根据悬架的运动学关系来决定。此外，后悬架的布置会影响到电池箱的布置空间，在总布置时需综合考虑。

（4）转向系统布置

电动汽车多采用电助力转向系统（EPS）与齿轮齿条式机械转向器或整体式机械转向器相结合的方式，利用助力电机产生的动力协调驾驶员进行动力转向。除了电动助力转向外，部分高端轿车会采用更为先进的线控转向系统（SBW），取消了传统的机械连接，完全依靠电信号来传递信息。线控转向系统具有更高的灵活性和可定制性，但目前仍需要解决一些技术难题，如安全性、可靠性和成本问题。

电动汽车转向系统的布置主要从以下几个方面来考虑，与燃油汽车基本相同。

1）人机工程：转向盘中心点及转向管柱布置角度的确定，不遮挡驾驶员视野。

2）碰撞安全：采用压溃式转向盘管柱。

3）运动干涉：转向系统随前悬运动时杆系的几何运动关系，要求变形尽可能小。

（5）制动系统布置

电动汽车制动系统与传统燃油汽车最大的区别在于广泛应用的线控制动系统和能量回收技术。线控制动系统的特点是：用电子系统来提供动力源，以电机为动力源，解决了传统的真空助力器制动系统的真空依赖问题；引入了电控单元和多种传感器，用电子元件替代传统制动系统中的部分机械元件，即用综合制动模块取代传统制动系统中的助力器、压力调节器和防抱死制动系统（ABS）模块，使得制动系统实现电控化，可作为智能驾驶的关键执行器；保留了技术成熟的液压部分（EHB 型线控制动，Electro-hydraulic Brake），可以在电子助力失效时提供备用制动，确保车辆安全。电动汽车的制动能量回收不仅能够提高能量利用率，把原本会被浪费掉的能量合理利用起来，延长汽车的续驶里程，而且可以减少基础制动系统的消耗磨损和制动热量，降低噪声，缓解热衰退，从而优化汽车的制动性能，提高制动稳定性，增加制动器使用寿命，改善整车动力学的控制性能。

电动汽车的线控制动减少了制动踏板到车轮间的机械结构，更加优化了前舱空间。布置时主要考虑制动控制系统的布置、车轮制动模块的电机布置以及合理化布置液压管路等（类似燃油车制动系统管路布置）。需要注意的是，在布置制动系统管路时要避免雨水腐蚀；控制模块要能抵抗电磁干扰，稳定工作。

3.1.4 车身总布置

车身布置设计是对车身外形、前后舱、行李舱、前后围、地板、车窗、内饰总成和部件（仪表盘、座椅和操纵机构等）以及备胎等，在满足整车布置和造型要求下进行尺寸控制和布局（电池箱布置也可以算到车身总布置中）；此外，将驾驶员和乘员布置在车内并进行校核的工作，也是车身总布置的一个重要组成部分。简单来说，车身总布置可以描述为根据几个关键断面的设计，保证车内各总成和零部件能有足够空间放置，并保证满足人机要求。车身总布置并不是封闭开展的工作，它是在整车总布置统一要求下进行的，通常由整车总布置、车身、底盘、电机以及附属设备等部门的设计人员协同完成。车身总布置工作内容包括构建车身主体框架结构、确定主要断面的设计、定义主要的配合尺寸、分析造型的工程可行性、指导详细三维数据的设计、反映整车构件刚度分布状况、定义各部分构件的力学特性指标等。

（1）关键断面布置

如图3-2所示，在进行车身总布置时，往往会根据多个关键断面来检查各总成和零部件的布置是否符合要求。一般来说，要求布置的零部件之间不产生干涉，并留有足够的空间，这是从碰撞安全性、人机工程、运动干涉、散热和安装维修的需求来考虑的。空间留多少，是由平台化开发指导的范围或车企内部经验总结（一般由各性能开发部门提出需求）给出的规范来选取的。关键断面的布置工作决定了一批车身外形的硬点，给造型设计提供了约束空间。

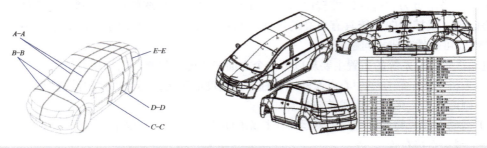

图3-2 前舱关键断面

以前机舱断面为例（图3-3），从 X 方向布置来看，保险杠蒙皮到保险杠横梁之间的距离、保险杠到纵梁间的吸能盒长度、纵梁长度减去电机等刚性部件 x 向长度等，分别意味着行人保护的吸能空间（还需要保险杠的变形来吸收能量）、低速碰撞的吸能空间以及高速碰撞的吸能空间。从 Z 向来看，有前机舱舱盖与舱内刚性部件的距离要求，前机舱舱盖前沿与支架的距离要求等，这些也是考虑行人碰撞安全测试的需求；此外，Z 向上还需重点考虑前悬架跳动时与其他零部件总成的干涉，以及转向杆系的变形情况。Y 向则主要考虑转向系与其他零部件总成的干涉，以及轮胎转向包络线范围内是否有干涉等。以上布置融合了车身总布置和底盘总布置的问题，正如前面说到的，总布置是一个多部门协同的工作。

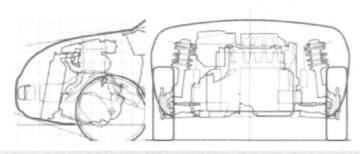

图3-3 前机舱断面

（2）乘员舱空间的布置

乘员舱空间布置，主要通过人机工程设计来布置与乘员相关的车内空间，如仪表板、中控和操纵机构位置，以及驾驶员的视野等。乘员舱布置的要求，通常是以乘员舒适性为主要性能指标。布置时将座椅调至最靠下、最靠后的位置，这时把假人放置在座椅上时，假人胯点（躯干和大腿相连接的旋转点）的位置即为H点。放置好假人后（图3-4a），需要完成以下工作：

1)坐姿舒适性布置:实际上就是面向舒适性的人机校核,主要考虑髋关节、膝关节和踝关节的角度,需在舒适角度范围之内(图3-4b)。如布置后舒适性参数无法满足,则可通过调整踏板位置、角度、座椅安装位置等方式来进行优化。

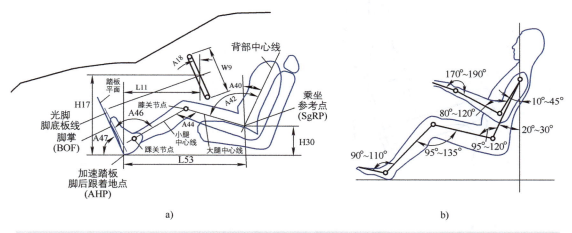

图3-4 乘员人机布置

2)操控机构布置:通过将假人手臂调整至操控转向盘的位置,检查肩部和手肘的角度,确保驾驶时手臂的舒适性;将换档机构调整到不同位置,检查假人手臂是否能正常操纵;检查踏板的踩踏范围是否合适,以及其他功能按键是否能正常触及等。

3)视野校核:仪表板和中控是否处于假人视野范围,没有遮挡。此外,还需绘制驾驶员视野椭圆,确定驾驶员视野范围。

4)Z向和Y向空间的确定:Z向空间的确定,假人按前面描述的方法放置在前后排座椅上(图3-5a),从假人H点算起,以与铅垂线呈8°画一条765mm的线段,线段上端则为头顶位置。此外,头顶和车顶内饰之间还需留有100~135mm的距离。再加上内饰厚度、车顶覆盖件材料厚度,基本就确定了前后排车顶的造型控制硬点位置了(后排乘员头顶空间和造型产生分歧时,可采用将后排座椅靠背角度调大等方式来解决)。从Y向来看,主要考虑假人与车门内饰之间的距离(图3-5b),重点从乘员侧面碰撞安全防护的角度出发,要留有足够的空间。近年来,汽车安全测试规程中开始推出远端乘员保护的相关测试,当驾驶员和前排乘客之间距离过近时,有可能因为相互碰撞造成二次伤害,这时需要在前排座椅中间布置一个气囊来降低上述伤害的风险。

(3)电动汽车的非承载式车身

从正向设计的角度,很多人认为非承载式车身更适用于电动汽车。非承载式车身的汽车具有刚性架,车身本体悬置于车架上并通过弹性元件连接。同时,电动汽车的所有核心部件,如动力系统、电池系统、悬架系统、制动系统等都集成在平板式的底盘上实现底盘一体化(图3-6),形成一个类似滑板的结构(因此也将一体化底盘叫作"滑板底盘")。底盘一体化技术能够降低成本,缩短研发周期,使得上下车身可以独立开发,不受传统发动机、变速器等的限制,可以减少零部件数量,降低复杂度,提高生产效率;底盘一体化技术可以适配多种车型,满足多元化需求,可根据不同车型的需求,调整电池容量、电机功率、轴距长度等参数,实现产品迭代创新;由于车身地板更加平整,为上车舱预留了更多的空间,因此可以增大乘员和行李的空间，提升乘坐舒适性。

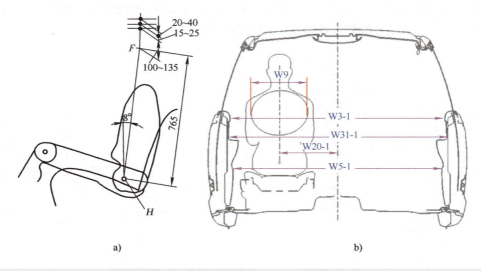

图 3-5 乘员 Z 向和 Y 向空间的确认

图 3-6 一体化底盘和非承载式车身

3.1.5 总布置图绘制

绘制总布置图，就是把整车外廓尺寸、坐标系、底盘各总成及附件、车身附件、前后排乘员人机校核等画到一个总的二维图中。总布置要有明确的标尺，各总成的安装位置、尺寸、角度等都能在总布置图上体现。特斯拉总布置如图 3-7 所示。

总布置图的绘制，一般有三个版本。

1）第一个版本是总布置概念草图，主要是为了给造型提供工程依据，给下一步设计提供指导。总布置草图的绘制开始于项目预研阶段，根据新产品的规划，对竞品车进行扫描分析，根据前机舱初步布置数据得出初步的整车限制尺寸和人机工程目标；依照相应的法律法规要求，并根据现有产品，尽可能地在满足通用化的要求下确定车身总布置方案。

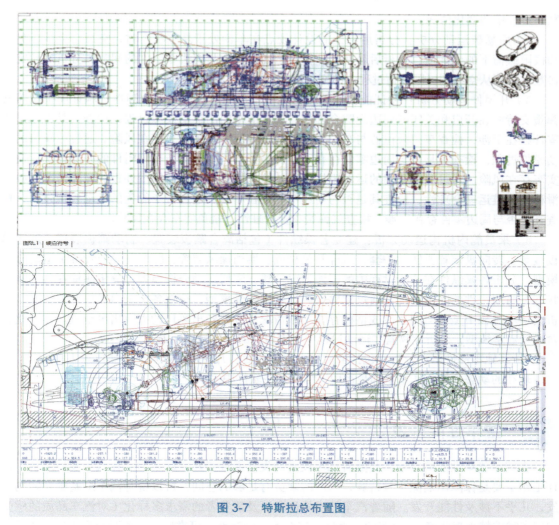

图 3-7 特斯拉总布置图

2）第二版总布置图开始于造型冻结阶段，输入完整的 CAS 数据，根据底盘确定的空、半、满三状态下的轮心位置，在第一版总布置图的基础上绘制第二版总布置图。

3）第三版总布置图开始于 A 面冻结阶段，根据冻结后的 A 面数据完善第二版总布置图，完善相关尺寸列表并归档。

3.1.6 动态校核

前面所述的总布置内容基本都是静态校核，即检查各总成或乘员布置到车内是否会产生干涉。而动态校核，则需考虑车内部件在运动过程中的干涉问题，包括两方面内容：从整车角度出发进行运动学正确性的校核；对于与有相对运动的部件或零件进行运动干涉校核。动态校核主要开展以下分析工作：

1）前悬架运动分析：分析前悬架的设计硬点在车辆处于悬空状态时，空载、半载、满载和极限载荷下的坐标值；分析前悬架零部件在运动过程中与周边零部件的间隙；分析前轮定位参数在车辆从空载到极限载荷过程中的变化情况；分析驱动轴空间角度在车辆的从空载到极限载荷过程中的变化情况。

2）后悬架运动分析：分析后悬架的设计硬点在车辆处于悬空状态时，空载、半载、满载和极限载荷下的坐标值；分析后悬架零部件在运动过程中与周边零部件的间隙；分析后轮定位参数在车辆从空载到极限载荷过程中的变化情况。

3）开闭件运动分析：验证前机舱盖运动过程中与周边件的间隙合理性；验证前机舱盖气弹簧支持杆在开启和关闭时周边间隙合理性。通过前车门的运动模拟过程，检查其是否与周边零件存在干涉，检查车门限位器与车门附件的间隙情况，避免实车存在风险。通过后车门的运动模拟过程，检查其是否与周边零件存在干涉，检查车门限位器与车门附件的间隙情况，避免实车存在风险。通过对滑移门的运动模拟过程，检查滑移门内饰与侧围外板的间隙情况，检查滑移门铰链运动合理性，检查其是否与周边零件存在干涉。通过行李舱盖的运动模拟过程，检查其是否与周边零件存在干涉，检查气弹簧布置合理性，避免实车存在风险。

4）乘员舱内机构运动分析：建立各操纵件（包括离合踏板装置、制动踏板装置、加速踏板装置、转向盘装置及转向护套、组合开关总成、换挡操纵装置、驻车制动装置等）运动分析模型，分析各操纵件在使用过程中的干涉情况。建立座椅运动分析模型，分析座椅在各个调节状态下与周边件的间隙情况。通过建立空调出风口数学模型，校核各空调出风口调节情况，分析其运动过程中是否与周边件或格栅存在干涉情况，分析各出风口的大致出风范围。建立储物盒运动数学模型，分析储物盒在运动过程中与周边件的间隙情况，避免干涉。

5）其他零部件运动分析：包括前后刮水器、前后门升窗机构以及充电插口等。

现在的动态校核工作基本都是运用三维模型在软件中完成。

3.2 整车性能开发

人们对整车性能的重视，是随着汽车技术的发展而逐步建立起来的。在汽车发展之初，设计工作主要是保障车辆能正常行驶，车内的乘员有足够的空间，可以说是汽车最基础功能的开发，几乎不涉及性能开发。随着汽车技术的进步以及消费者的需求多样化（对汽车品质的感受和用车需求越来越明确），汽车的动力性、安全性、经济性、可靠性等性能开始成为汽车产品的核心竞争力。近年来，电动汽车发展迅猛，新的性能需求孕育而生，如续驶里程、电池充放电性能、轻量化与智能化等新的内容成为汽车开发中不可忽视的性能要求。此外，一些企业逐渐建立了自己的品牌形象，而品牌形象实际上就是建立在产品的外观基因和性能基因基础上的。有的企业以卓越的操控性能作为产品的性能基因，有的企业以驾乘舒适性作为产品的性能基因，有的企业又以领先的智能化水平作为其产品的性能基因。汽车作为充分市场竞争型产品，受成本的限制，没有哪个企业能成为"五边形战士"，所以需要打造性能基因作为亮点和卖点。

性能开发的工作，从性能集成开始，在设计任务书中制定各项性能指标，作为详细开发阶段的目标。整车各项性能已经见第2章。本节主要探讨整车性能开发是如何实现的，有哪些手段，需要注意哪些问题。

3.2.1 "集成"的意义

"集成"在性能开发中具有重要的意义。我们知道，汽车是一个由成千上万个零件组成的产品，改变其中一个小零件，就可能会产生"牵一发而动全身"的效应。汽车的各种性能相互关联，有共生的，有互斥的，所以在开发过程当中往往需要多部门协作，对于为解决不同性能需求造成的设计冲突，还需要"平衡"设计。下面举几个例子来说明。

首先拿悬架开裂的问题来做案例。某整车企业设计一款"油改电"车型，电动汽车的整车重量较之燃油版本有所增加，加之地板下增加了动力电池箱体，整车离地间隙相比原燃油车型下降了不少。为了避免电池在行驶过程中磕碰地面，工程师把后悬架调硬了。最终导致原来的后悬架设计无法满足新的载荷要求，不可避免地出现了材料失效的情况。整个过程涉及了整车通过性能、整车耐久性能、操纵稳定性（悬架刚度）等。这个案例可以描述为，为了开发一款新的电动汽车，改变了动力传动系统配置，影响了整车通过性能，工程师们试图通过改变操纵稳定性重要参数解决通过性问题，结果损失了整车耐久性能。因此，整车性能是环环相扣的，绝不是拆东墙补西墙能解决的问题。事实上我们在设计悬架系统的时候，需要将平顺性、操纵稳定性等作为底盘行驶系需考虑的问题；同时，作为承受冲击载荷的零部件，必须考虑结构的强度和耐久性能。这就要求开发过程中，这几个性能相关部门在为提升各自性能指标而修改悬架设计的时候，应开展性能"集成"开发，综合考虑，讨论出一个平衡的方案。

再讲一个轻量化的例子。轻量化在很多人眼中就是这里减点重量，那里减个零件，但事实上，轻量化的过程非常复杂，因为每个可能被"减肥"的零部件，都影响着好几个性能指标。比如说要做底盘的轻量化，最大的"肥肉"在悬架几个臂上，假设采用铝合金替换掉原来的钢制摆臂，那么重量减轻了，簧下质量降低了，操纵稳定性可能更好了，但强度可能达不到要求，影响抗冲击能力和耐久性能。又比如要做车身的轻量化，那就得综合考虑结构刚强度、碰撞安全性能和 NVH 性能几大性能，通常的做法是由结构分析组做基于刚强度的敏感性分析，列出不敏感结构并提出减重方案，再由碰撞安全组和 NVH 组验证方案是否可行，来回迭代几次开展性能"集成"开发，最终确定轻量化方案。

有些性能指标天生就是相冲突的，比如底盘的平顺性和操纵稳定性，说白了就是底盘调校到底是偏舒适还是偏运动，用在悬架的设计上就是"软"和"硬"的问题。对于定位舒适风格的悬架设计，在调校时要有较好的避振效果，车身动作控制舒缓，那么就把悬架刚度调得低一点。而对于运动风格的悬架设计，需要路感清晰，转向时侧倾角小，急加速时车身俯仰小，车身动作要求稳定而紧凑，这就意味着悬架行程要小，悬架刚度要大，阻尼也大。那么如何调到一个平衡点，就需要将平顺性和操纵稳定性这两个性能"集成"来开发。

希望同学们养成一个性能"集成"的考虑问题习惯，不能"头痛医头，脚痛医脚"，要学会与不同部门合作，综合考虑汽车各方面性能。

3.2.2 性能开发主要方法和工具

性能开发，主要是通过虚拟仿真和物理试验相结合的手段来实现的。虚拟仿真主要借助计算机辅助工程（Computer Aided Engineering，CAE）工具，物理试验则依靠各门类的测试场地、设备和工具。

1. CAE 技术应用

CAE 是用计算机辅助求解复杂工程和产品结构强度、刚度、动力响应、热传导、三维多体接触、弹塑性等力学性能的分析计算以及结构性能的优化设计等问题的一种近似数值分析方法（图 3-8）。当今汽车设计特别是性能开发非常依赖 CAE 技术，它最重要的作用就是代替物理试验，减小开发成本。拿碰撞安全性能开发为例，需要针对正面碰撞（100%，40% 偏置，25% 偏置)、侧面碰撞、后碰撞、翻滚、行人安全、低速碰撞耐撞性和维修经济性等要求来进行开发，开发过程往往要经历几轮迭代才能获得比较满意的结果。如果开发过程都拿物理试验来测试，样车的损耗和高昂的试验费用会让企业无法承担。使用CAE技术，可以在开发过程中不断迭代优化，不产生物料和试验成本，待设计分析基本满足要求后再开展物理试验来验证设计，可以大大降低成本。此外，物理测试过程中各零件的应力应变情况，材料失效的模式、发生时刻等都无法详细获取，缺少开发过程中很有价值的一些信息。CAE技术不仅节约成本，还能对开发过程中的设计问题进行很好的追溯，掌握各项性能相关的细节末梢，能更好地帮助工程师来改进设计。

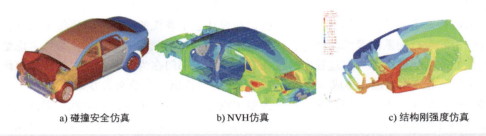

a) 碰撞安全仿真　　　　　b) NVH仿真　　　　　c) 结构刚强度仿真

图3-8　CAE仿真案例

　　CAE仿真涉及汽车产品开发的各个方面，运用有限元、多体动力学以及电磁相关理论等，开展整车和零部件的整车动力学、底盘操纵稳定性、结构刚强度、主被动安全、NVH、疲劳耐久、空气动力学、热仿真和热管理、动力性、经济性以及电磁兼容性等各方面的仿真开发工作；在制造方面，从模具开发到工艺仿真设计再到产线优化设计，CAE可以说无所不能，真正实现了从零部件到整车、从设计到制造的全过程应用。近年来，随着计算机技术的不断进步，中央处理单元（CPU）运算速度越来越快，图形处理单元（GPU）算力越来越强，加之超算的加持，一些原来需要算一整天的模型现在很快就能得到结果，有助于设计的多次迭代优化，缩短了开发周期。

　　CAE仿真的主要输入为整车数模、BOM、供应商性能参数以及系统工况。CAE仿真过程包括模型建立（前处理）、模型求解计算（计算）和计算结果处理分析（后处理）。这个过程有时候需要多个软件多个模型来分阶段实施或者直接开展耦合计算。以悬架系统开发过程中的力学校核为例，需要首先建立悬架系统各零部件的有限元网格（柔性体），然后在ADAMS软件中建立悬架的多体动力学仿真模型，根据分析的瞬态冲击工况计算出几个连接位置的力与力矩；在Nastran中将前面获得的力与力矩加载在悬架连接位置，根据连接与空间关系设置约束条件，最终获取悬架各零部件上的应力应变分布。有时，一些模型是由供应商来提供的，比如在做乘员保护仿真时，整车碰撞加速度来源于整车企业自己做的整车碰撞仿真结果，而约束系统的一些关键参数，包括气囊的设计参数、安全带的设计参数甚至座椅的设计参数等，需要由供应商来提供，共同建立乘员仿真模型，再来开展设计分析计算；也可以由整车企业直接把碰撞波形给到约束系统供应商，由供应商来做匹配。现在有很多专门做CAE外包的咨询公司，整车企业有时候会把一部分性能开发的工作外包给咨询机构来完成，以减少自己对专门人员的投入。

　　CAE仿真可以理解为一个虚拟验证的过程，在产品设计过程中，验证产品能否满足预定的目标设定。在这个过程中，又能提供很详细的过程数据信息帮助产品改进。但是，CAE仿真主要面向的是客观评价的性能，需要有明确量化的、数值化的指标来进行对标；而对于一些主观评价的性能指标，CAE仿真还不能很好地胜任。比如我们之前提到过的舒适性能，这是一个关乎个体感受的问题，如座椅是否舒适、悬架调校得是否舒适，还需要通过人去实际感受，无法去量化。另外一个例子就是在调试转向系统的时候，工程师要花很长时间设置转向回正、转向助力等性能，这个回正力矩给多大，助力给多少，最后反馈出来的是驾驶员对转向盘的输出感受，也是很难去量化的内容，所以做转向系统标定需要大量的实车试验去完成，并且需要有经验的标定工程师才能标出比较好的结果。因此，在真实的性能开发工作中，仿真和试验是相辅相成的，缺一不可。

CAE技术在未来将会有更广阔的发展空间。目前大部分法规测试还是由物理试验来进行，但复杂的试验流程和并不全面的测试工况，可能无法满足未来电动汽车发展不断进步的性能需求。比如，辅助驾驶技术，现在测试的工况非常简单，测试工具也相对单一，无法反映出实际道路交通中复杂的场景；比如碰撞安全测试，现在的假人用的多是国外身材标准的、标准坐姿的假人模型，无法反映出真实碰撞中不同身材、不同坐姿的驾驶员的保护效果。所以，在未来的法规测试中，虚拟测试有可能会替代现有的部分物理测试项目，或者作为补充和延伸来评价电动汽车的各种性能。上面提及的被动安全测试，在中国新车评价规程（C-NCAP）和中国保险汽车安全指数（C-IASI）测评体系中，正在讨论部分采用虚拟测试的评测方式。

2. 性能开发试验

性能开发试验，包含产品开发过程中的物理试验，以及进入市场之前的法规测试等，贯穿整个新车开发的过程。试验的开展，离不开样车的试制。样车试制的几个阶段详见第2章，样车试制的主要目的有三个：为工程试验和认证提供合格的样品车；在样车试制过程中对产品设计和工艺设计进行验证；针对高风险的产品设计和工艺问题制订改进计划或备用方案。可见，除了为性能试验服务，样车试制还需为设计验证、生产评估和安全评估等提供支撑。整车企业需要建立完善的试验体系，围绕产品的各项性能要求，从正向设计的角度出发，明确试验样本数量，制定试验开展的时间节点。简单来说，就是明确做哪些试验、怎么做、做多少。因为试验费用（包含样车）是新车开发成本的大头，需要尽量科学合理地优化安排，能用CAE解决的就尽量不采用物理试验。

试验类别不同，需要配置不同的场地和设备。试验场地根据需要有大、中、小型：比如耐久性能试验，需要5万km的耐久测试，并且配置高速跑道，这就需要大型试验场地；智能网联测试，要配置丰富的交通场景，为保障安全性又只能在封闭场地进行，因此需要更大的试验场地；碰撞安全试验，需要足够长的跑道来加速，所以需要中等大小的场地；而如排放试验或零部件试验，一般要求的场地就小一些。不同类型的试验，需要不同的测试设备，一些高精尖的测试设备，动辄上千万元，不是每个企业都能自己承担的。因此，试验场地、设备，可以借助测试机构的专业配置，整车企业只需承担相应的试验费用，而不需要进行重复建设。一些主要的试验介绍如下。

（1）室内试验

1）电池包性能测试：包括安全性测试、电池容量测试、循环寿命测试以及充放电过程的温度测试等。电池包安全性是评估其可靠性的首要指标，测试包括单体短路、过充电、过放电、温度升高、外力打击等，目的是评估电池包是否足够安全。容量测试用于评估电池的放电容量和充电容量，这是电池的核心参数，也是掌握电池使用寿命和充放电特性的关键。循环寿命是评价电池寿命的重要指标，它可以反映电池在实际使用情况下的充放电特性。通过模拟实际使用过程，可以评估电池包的使用寿命。温度是电池充电和放电过程中一个重要的影响因素，测试温度特性可以了解电池在不同环境下的使用特性。

2）碰撞安全试验：碰撞安全试验包括整车碰撞、滑台碰撞试验以及行人碰撞安全试验。整车碰撞试验分高速碰撞和低速碰撞，高速碰撞包括100%正面碰撞、40%偏置正面碰撞、25%小偏置正面碰撞、侧面车-车碰撞、侧面柱碰撞和追尾碰撞等，低速碰撞试验包括低速耐撞性和维修经济性等；滑台试验主要测试乘员保护性能，包括鞭打测试，以及约束系统开发相关测试；翻滚性能试验包括顶盖抗压、侧翻、滚翻等测试；行人碰撞试验主要采用子系统冲击器来测试车辆前部结构的行人友好性设计。值得一提的是，碰撞安全试验大多是破坏性测试，前期开发主要依靠CAE手段。

3）整车高低温环境试验：用于检测和评估汽车在不同温度环境下的性能和耐用性。实验室内一般有精密温度控制的高低温环境舱、整车四通道的道路模拟试验台、四驱转鼓和测功系统，能模拟各种极端气候条件，包括酷热、寒冷和温度变化剧烈的环境，旨在全面地模拟汽车可能遇到的各种实际工况，以保证整车、系统及零部件在振动、高低温、日照、湿度、粉尘等环境条件下的整车性能、经济性、可靠性和耐久性能，并能开展异响评价及性能衰减评价。

4）整车强化腐蚀性试验：强化腐蚀试验是通过模拟各种自然环境条件，如盐雾、湿热、水汽和大气腐蚀等，对汽车部件进行测试。实验室由高低温环境舱、整车盐雾舱、零部件盐雾舱、试验控制间和试验检查间组成，可模拟包括高温高湿环境、临海的盐水影响、东北冬季的融雪盐影响，以及雨天内腔进水、用户洗车过程等导致进水的腐蚀环境。

5）NVH试验：NVH试验涉及振动和噪声，相关实验室有用于测试动力传动和底盘NVH性能的四驱转鼓消声实验室，用于整车和零部件隔吸声性能的隔声套组实验室，用于测试高低温环境NVH性能的整车高低温消声室；用于声音诊断、评价和设计的声品质实验室；此外，还有用于振声传递函数测试的模态消声实验室和高低温环境NVH性能测试的实验室等。

6）K&C试验主要模拟整车在实际道路上的转向、制动、加速、弹跳、侧倾等组合的一些工况，测量分析车辆准静态下的悬架和转向的运动学特性和柔性变形特性。

（2）室外试验

1）整车耐久试验：汽车耐久试验场中有一系列专门修建的试验道路，例如高速跑道、扭曲路、石块路、卵石路、鱼鳞坑、搓板路、砂石路、乡村土路等，每一种道路都使车辆受到独特的载荷输入。一些路面被设计来再现各种路面不均匀性，例如路面补块、裂缝、冻胀、坑洼、路面下沉、路桥接缝、铁路等。不同的厂家往往会有不同的试验里程和时间标准，从几千千米到几万千米，几个星期到几个月不等。图3-9展示了某整车试验场的试验道路分布图。

2）整车操纵稳定性客观试验：主要运用测试工具来测试底盘的操纵稳定性，获取量化输出参数，评价悬架、转向和制动的各项性能。测试内容包括原地转向、低速滚动转向、转向盘中间位置转向、双移线、扫频转向、斜坡制动、稳态回转以及动静态踏板感试验测试。

3）整车平顺稳定性客观试验：主要运用测试工具来测试底盘的平顺性能。测试内容主要包括长波路输入行驶试验、高速路输入行驶试验、比利时路面试验和脉冲输入行驶试验。

4）主观评价试验：主观评价是通过测试人员主观感受，对测试性能进行评价的测试。测试内容包括整车平顺性、操纵稳定性、转向特性和NVH特性等动态性能，以及车型外观、内饰品质、人机品质（空间、气味、温度、操纵机构等）、智能座舱品质等静态性能。主观评价会制定详细的评分细则和评分项目,试验完成后一般会绘制雷达图来直观展现评价结果,如图 3-10 所示。

图 3-9 试验道路分布图

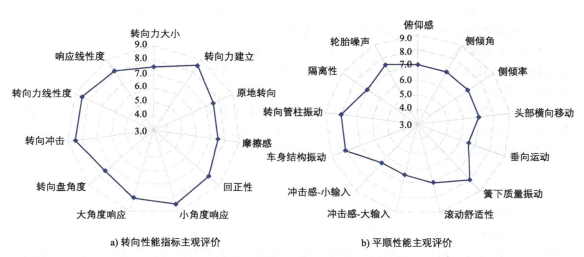

图 3-10 某车型主观评价雷达图举例

3.3 整车功能开发

整车功能开发,是随着汽车电动化和智能化不断发展壮大孕育而生的整车第三大开发板块。在燃油车时代也有功能开发,但内容比较简单,一般是电器的控制和机械装置的执行。简单来说,可以理解为定义按什么按钮,实现什么功能的工作。之前的功能基本是实现汽车能正常驾驶的基本功能,偶尔有一些驾驶员舒适性的功能。但随着电动汽车功能越来越复杂,功能开发地位提高了,甚至很多人喊出了"软件定义汽车"的口号。那么,功能开发作为一个新兴领域,它具体是干什么的呢?

3.3.1 功能的定义

功能开发首先需要定义每个子模块的具体功能是什么。下面以汽车座椅的功能进化历程为例,来看看什么是功能定义。

1)基础机械功能:早期汽车的座椅,只是一个固定的座位,它的基本功能就是提供驾驶员乘坐。随着人们对驾驶舒适性要求的提升,座椅开始具备了手动调节功能,通过旋钮和拉动扳手等操作,使得座椅能前后、上下甚至对腰部支撑进行调节。这个阶段,所有的功能都是基于机械机构的。

2)电动座椅功能:在这个阶段,手动调节升级成为电动调节,乘员只需要动手指按调节键就能实现座椅位置的调节,省力又方便。随着用户对舒适性要求的提升,这个阶段开始有了座椅加热和座椅通风的功能。

3)自动调节座椅功能:长途旅行中通常需要轮换开车,每次更换都需要重新调节座椅,按来按去比较麻烦,于是座椅开始有记忆功能,也就是自动调节功能。在这个阶段,用户可以存储下自己调好的座椅姿态,下次只需按一个键就能调节到适合自己的座椅位置。

4)智能化座椅调节功能:上述阶段还需要人来按键,现在已经可以实现汽车熄火后座椅自动调节到靠后位置方便乘员下车。进入智能座舱时代,更是能通过车机系统的手势控制,或者人脸识别来智能化地调整座椅到乘员满意的位置。

5)服务型座椅智能调节:这个阶段,智能化程度更高,座椅的控制已经可以在人还没上车时就实现。比如冬天时客户在办公室设置好18点下班取车,座椅系统在17:50将座椅调整到驾驶员满意的坐姿,并自动开启座椅加热功能,这样客户上车时一切都准备妥当了。

通过这个案例,我们可以看到,功能的开发是随着消费者的需求逐步提升的,汽车智能化程度越高,功能的内容也越来越复杂。这个案例中我们还只是提及了功能的定义,实际上功能开发要依据功能的定义,通过硬件和软件配置来实现。

3.3.2 整车功能清单

整车功能清单,就是把汽车所有的功能集中列到一个文件中,作为功能开发的管理工具,将用户需求和软件甚至整车开发串联起来。整车功能清单包含销售配置表、工程配置表、功能清单、功能增长表、BOM等内容。下面仍然以座椅为例,来看看各部分的具体内容(表3-1)。

表3-1 功能清单举例

名称	内容	解释
销售配置表	零重力座椅功能	告诉销售者该车有零重力座椅这个配置
工程配置表	零重力座椅功能配置数量:只布置在第二排或前排乘客侧	工程配置表,用来告诉开发工程师要具体开发一个什么样的座椅加热功能,是市场、工程及采购等部门达成一致的重要文档
	零重力座椅类型:完全躺平式	
	零重力座椅调节至各位置的效果图	

(续)

名称	内容	解释
功能清单	零重力座椅的位置调节功能	告诉功能开发人员、系统及 ECU 软件开发人员零重力座椅有哪些功能，应当如何去设计系统和软件
	零重力座椅的加热和通风功能	
	零重力座椅的按摩功能	
	零重力座椅的语音控制功能	
功能增长表	零重力座椅在整车开发各个阶段应当实现什么功能，如在首次装车阶段可实现手动调节和加热按摩等功能；在智能车机开发完成后能实现语音控制和自动调节功能	无论是硬件开发还是软件开发，都不是一次达成的，而且还要同步其他系统的开发，增长表就是给大家一个统一的开发节奏从而保证质量及交付时间
BOM	零重力座椅的零件编号、材料、安装数量、3D 数据等相关信息	告诉开发人员、供应商以及工厂等开发生产部门这个零部件是什么样子，如何供货及安装等

传统的整车功能清单构建方式，是从零部件功能汇总到整车功能，是自下而上的功能整合方式。而随着域控制的拓展、面向服务的软件架构（SOA）的应用、智能座舱和智能驾驶的兴起，功能清单的构建将朝着自上而下的方式（顶层设计为先）或平行交叉（多系统共享功能）的功能构架发展。

3.3.3 整车功能的实现

整车功能的实现，简单来说就是根据功能清单的要求，配置硬件、接口和软件。还是以 3.3.1 中介绍的座椅功能为例，电动座椅功能作为最基础的功能，放在域控制器来进行控制；自动调节座椅功能则放在中央控制器中来控制，通过存储功能调用域控制来实现座椅一键调节；而智能化座椅调节功能则放在车机系统（如安卓系统）中来控制，通过调用中央控制器，实现座椅智能化调节；而服务型座椅智能调节功能既可以通过车机控制，也可通过手机 App 与车机通信来控制。

在实际开发中，整车企业的角色依然可以是"拿来主义"，由供应商提供具有基础功能的硬件和软件，再由整车企业把这些不同的功能或系统整合在一起。不过，整车企业需要自己来开发应用层软件，掌握整车核心技术，然后运用汽车开放系统架构（Automotive Open System Architecture，AUTOSAR）软件来与供应商协同开发实现整车各功能。未来的整车功能会越来越复杂，这就需要整车企业做好顶层设计，才能确保各部分功能达成。有些企业开始应用数字孪生、增强现实等新的技术手段来开展整车功能开发，如沃尔沃采用虚拟视觉化的方式进行研究、建模、原型设计和用户测试来验证想法，而在现实世界中重现这些想法的成本太高，甚至几乎不可能。如图 3-11 所示，沃尔沃工程师借助 Unity 的实时 3D 技术，可以根据驾驶员的反应，测试不同位置上的车载显示屏。用户体验（UX）研究人员可以实时调整显示屏的类型和位置，以优化座舱内的信息分配。

图 3-11 沃尔沃的 Unity 实时 3D 技术

3.3.4 功能安全、预期功能安全与信息安全

如果说电动汽车的发展孕育出了整车功能开发，那么智能网联技术的发展则孕育出了功能安全、预期功能安全与信息安全三大安全体系（图 3-12）。

图 3-12 智能汽车时代的三大安全体系

1. 功能安全

汽车功能安全指的是不存在由电子电气系统的功能异常表现引起的危害而导致不合理的风险，属于汽车操作安全体系下的人身安全，它关注的危害是指因 E/E 系统的故障行为引起的，包括对驾驶员或者路人或周边车辆内人员（注意不仅是驾驶员）的人身危害。按照功能安全的分析方法和开发流程，仅能保证稳定地实现需求定义之初设定的软件的功能，至于功能定义得好不好或者功能的性能好不好都不在功能安全的考虑范畴内。典型的 E/E 失效包括 ECU 通信中断、通信时延过大、标志位翻转等，还包括电源中断等故障；但是不包括因为强光导致摄像头致盲、因为大雾导致的摄像头致盲，以及因为水雾或者结霜导致的传感器致盲或者性能下降。

ISO 26262 是从电子、电气及可编程器件功能安全基本标准 IEC 61508 派生出来的一项汽车功能安全标准，其给出了整个汽车电子电气产品功能安全的技术体系框架。中国在 ISO 26262 标准基础上，于 2017 年发布了对应的国标 GB/T 34590—2017《道路车辆 功能安全》，并于 2022 年进行了更新。同时各单项技术的功能安全标准还包括：

1）GB 18384—2020《电动汽车安全要求》。
2）GB/T 24549—2020《燃料电池电动汽车 安全要求》。
3）GB 38031—2020《电动汽车用动力蓄电池安全要求》。
4）GB/T 39086—2020《电动汽车用电池管理系统功能安全要求及试验方法》。

5）GB/T 43254—2023《电动汽车用驱动电机系统功能安全要求及试验方法》。

6）GB 17675—2021《汽车转向系 基本要求》（附录 B：功能安全要求）。

7）GB 21670—2008《乘用车制动系统技术要求及试验方法》（附录 D：对复合电子车辆控制系统安全方面的特殊要求）。

8）GB/T 39901—2021《乘用车自动紧急制动系统（AEBS）性能要求及试验方法》。

按照 ISO 26262 PART4/PART5 的定义，功能安全分析大概分为如下几个步骤：

1）危害分析和风险评估（Hazard Analysis and Risk Assessment，HARA）：从要分析功能的顶层出发（整车层面），分析如果发生 E/E 失效可能会造成什么样的危害。例如，对于一个车道居中控制功能而言，很容易想到的危害就是"非预期转向"，即系统在超出用户预期的情况下发生错误，如错误的方向或者错误的转向幅度、错误的转向力等。

2）风险评估：按照暴露度（Exposure，E）、严重度（Severity，S）、可控性（Controllable，C）三个维度对危害事件进行评分，得到每个危害事件对应的危害等级。

3）故障树分析（Failure Tree Analysis，FTA）：按照失效传递准则（与/或/非）对某一个危害事件进行危害等级分解。例如，一个 ASILC 等级的危害可以被系统的不同环节分别承担，变成 ASILB of C（例如感知环节）加上 ASILA of C（例如规划控制或者决策环节）。

4）在故障树的叶子节点得到一个一个的安全目标（Safety Goal，SG）：举个例子，假设我们要开发一个 L2+ 功能，它因为功能的局限性不能够在所有的路段开放（因为所有路段开放意味着我们评价非预期转向这个危害的时候很容易将其评为 E4/S3/C1，那么它就是一个 ASILD 的危害，而现在鲜有能全链路达到 ASILD 级别的智能驾驶系统），于是我们需要一个电子围栏功能，这个功能需要能够识别自车所在的环境从而判断功能是否能够开启，即自动驾驶运行设计域（ODD）判断的功能。为了能把危害降到 ASILB，那么这个 ODD 判断的功能也要能够做到 ASILB 的级别。假设我们的算法是利用这样一套逻辑来识别是否自车在 ODD 里：①自车行驶的车道没有相邻的对向车道或者有对向车道但是对向车道被隔离栏隔离；②道路类型是国道或者以上级别的道路；③道路的限速不超过 100km/h。假设第一条无对向车道是通过视觉算法来识别的，那么通过这一套算法，到底有多少没有对向车道隔离栏的道路也被错误地识别为功能的 ODD，从而错误地允许功能开启，这是功能安全无能为力的。

2. 预期功能安全

预期功能安全的定义为不存在由于预期功能不足或人为的合理可预见的误用所引起的危害而由此危害造成的不合理风险。预期功能安全技术属于智能网联汽车技术的一部分，对应的标准为 ISO 21448。预期功能安全主要将风险划分为 4 个区域，如图 3-13 所示。

针对如上 4 个区域，预期功能安全的目标是将区域 2 和区域 3 的风险降低到可以接受的低水平。预期功能安全是对功能安全强有力的补充，因为它是从功能总体的效用出发，而不仅仅是系统的 E/E 失效入手分析潜在风险的，但是业内并没有系统性地分析缩小区域 3 的方法论，更多的是 OEM 或者 Tire1（一级供应商）对于过往项目的总结和积累。试想，如果一个未知的不安全被发现了，它便从区域 3 挪到了区域 2，然后加一些预防措施就可以从区域 2 挪到区域 1，问题是如何发现系统未知的不安全的部分。而当下大量的神经网络算法的引入（感知和规划模块）把这件事变得更加复杂。行业内共识只有两个方法：一个是大规模的实车泛化测试；另一个是高逼真度的闭环仿真和数采回灌。

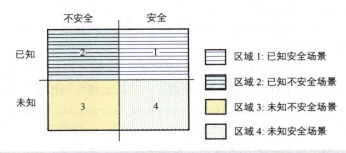

图 3-13 预期功能安全 4 个区域（ISO 21448：2022）

3. 信息安全

信息安全指的是规避重要信息泄露、被篡改、盗窃或遗失。信息安全同样属于智能网联汽车技术的一部分，对应的标准有 ISO/SAE 21434 和 SAE J3061。信息安全和功能安全最大的不同点就是在于功能安全针对的是架构客观存在的结构是否达到一定的安全等级，以及它是否实现了我们的安全需求；而在信息安全中最主要的诉求是要保护资产免受黑客的攻击。

4. 案例

下面以激光雷达为案例来说明功能安全、预期功能安全与信息安全等具体工作和差别。

（1）功能安全分析：ISO 26262

1）安全目标：防止激光雷达错误输出至下游模块。

2）安全 ASIL：B。

3）FTTI：10s。

4）安全状态：一旦激光雷达出现异常输出，就直接进入待机模式，并进行输出值与机器学习典型值比较。如果与典型案例类似，则在之后恢复激光雷达功能。

（2）预期功能安全分析：ISO 21448

造成激光雷达异常输出的原因可能有：环境因素、器件可靠性因素、安全规格书不足、性能不足或功能缺陷、信息安全类攻击。

从以上原因中找寻各个可能，举例子，查出因为天气原因及环境因素欠佳，造成此类异常，而后分解到硬件传感器的时间，这一块不要和功能安全耦合在一起，分开独立进行，降低预期功能安全风险即可，与故障容错时间间隔关系不大。

（3）信息安全分析：ISO 21434

黑客攻击激光雷达，是利用激光雷达系统在完整性和保密性上的漏洞。从软件上解决的方法是，在整车上域控制器前端做重点防护，在激光雷达上用速度比较快的加密算法，增加通信以太网应用层和数据链路层。从硬件上解决的方法是，做好硬件安全模块（Hardware Security Module，HSM），通过升级内存和 CPU 来提升硬件响应速度。

5. 三者的差别

综上，功能安全、预期功能安全与信息安全的差别在于：

1）功能安全与预期功能安全的区别在于，前者的危害情况是由系统本身的电子电器系统的故障行为造成的，而后者的危害情况是由于系统的功能性不足以及合理的可预见的误操作造成的。

2）功能安全与信息安全技术视角不同，前者是为了保障功能按照设计要求正常进行，尽量减少因系统设计问题导致的功能失效，同时也尽可能地保证功能按照预期功能实现。

3）信息安全的主要工作是防止并可以抵御外界攻击，使得系统正常运行，不产生财产损失，同时不会对个人的隐私和安全造成一定的影响。

4）成熟度不同，汽车功能安全的发挥已经有数十年的积累，而汽车信息安全随着汽车技术发展，如今依然处于研究阶段。

第4章
制造工艺和全过程成本控制

👉 本章导学

前面几章介绍了电动汽车的开发过程和具体开发内容。作为一名合格的汽车开发设计工程师,还需要深刻了解电动汽车的制造工艺,并且在设计过程中时刻考虑成本的控制。否则,所设计的电动汽车可能无法制造出来,或者即便造出来也无法满足设计要求,并且成本过高,使得产品失去市场竞争力。举个例子,假设企业在现有车型基础上要做一个轻量化的工作,要求尽量控制成本;于是通过结构、安全和NVH部门的通力合作之后,决定将某个结构件进行轻量化处理,从原来抗拉强度为500MPa、厚2mm的材料换成抗拉强度为1000MPa、厚1.2mm的材料,然后通过各种CAE分析验证该设计在性能上的合理性,并且从钢锭的价格来看成本也未增加;但是制造部门并不同意这一方案,因为换成高强度钢之后,由于该结构件形状比较复杂,冲压时回弹比原来材料大,导致形状无法保证,原有的模具无法使用;换一套模具的价格,远远超出了成本预算,结果该方案最终无法落地。这个例子告诉我们,不懂制造工艺和成本的工程师很容易造成未知的设计风险,这在质量管理的教科书中也经常被强调。本章我们将主要介绍电动汽车整车制造主要工艺,并对全过程成本控制进行讲述,希望帮助同学们建立一个完整的工程师思维框架。

👉 学习目标

序号	学习目标	知识点	学习要求
1	理解电动汽车制造工艺的基本内容	整车冲压、焊装、涂装和总装工艺;三电系统制造工艺;新工艺等	理解
2	理解成本的基本概念和电动汽车成本控制的一般手段	电动汽车成本的主要构成;全过程成本控制基本概念;车身、底盘和电子电器的降本方案	理解

4.1 电动汽车制造工艺

电动汽车主要的制造工艺包括整车四大制造工艺——冲压、焊装、涂装和总装;三电系统的制造工艺;以及尺寸工程、新兴的一体化压铸工艺和数字化制造技术等。

4.1.1 冲压工艺

冲压是指将金属材料坯料通过压力机或冲床进行剪裁、冲裁、折弯等操作,形成各种形状的零部件或整车车身面板的过程。冲压是汽车生产的一个工艺环节,它决定了车身的强度、刚度和平整度等重要性能。冲压制造的流程一般包括卷材的供应、模具准备、冲压生产、冲压件质量检测和装箱入库。

在冲压制造技术方面,新能源汽车与传统燃油汽车没有本质差异,只是新能源汽车车身会使用更多的轻质材料，如铝合金、碳纤维复合材料等。这些材料比传统钢材更轻，能够显著降低车身重量，从而提高新能源汽车的能效和续驶里程。

在汽车车身零部件制造中，冷冲压技术、热成形冲压技术和液压成形技术是三种重要的金属成形技术，它们在原理、特点以及应用上存在明显的差异。

1）冷冲压技术是利用压力机在常温下对金属板材进行冲压加工，以获得所需形状和尺寸的零部件。其基本原理是利用压力机的压力作用，使金属板材在模具的形状和尺寸下发生塑性变形，从而得到所需的零部件形状，如侧围、左/右前翼子板、四门、顶盖、行李舱板、地板、前围板等。

2）热成形冲压技术是一种将金属板材加热至一定温度后进行冲压加工的方法。其基本原理是：将金属板材加热至一定温度来改变钢的晶粒结构，从而提高材料的塑性；通过压力机对模具施加压力使金属板材发生塑性变形，从而得到所需的零部件形状，如车身纵梁、B柱加强板等。

3）液压成形技术是一种利用液体介质传递压力，使材料在模具中发生变形，从而获得所需形状和尺寸的成形技术。其基本原理是将液体介质作为凸模或凹模，省去一般模具费用和加工时间，而且液体作为凸模可以成形很多刚性凸模无法成形的复杂零件。液压成形可以加工各种复杂形状的零部件，可以整体成形轴线为二维或三维曲线的异型截面空心零件，如扭力梁等。三种成形技术生产的零件示例如图4-1所示。

汽车发动机舱盖内板
冷冲压成形

汽车B柱加强板
热成形

汽车车身结构件
液压成形

图4-1 三类成形技术生产的零件示例

冷冲压技术、热成形冲压技术和液压成形技术在汽车车身零部件制造中都有各自的应用领域和优势。冷冲压技术以其高效率、高精度和高成本效益的特点成为汽车制造中的主流成形技术；热成形冲压技术适用于特定形状和材料的零部件制造；液压成形技术则在一些特殊应用场景中表现出色。这些技术在汽车制造领域将继续发挥重要作用，推动汽车制造技术的不断进步。

4.1.2 焊装工艺

焊装工艺通常是指在汽车车身制造过程中，将冲压成形的汽车车身结构件和覆盖件，用焊接加工的方式将其组合成结构件或汽车白车身的工艺过程。焊装的质量直接影响着车身的强度和刚度。整个车身结构由冲压件和压铸件彼此连接起来，如果连接质量不过关，可能会导致车身钣金变形开裂、产生异响，严重的会影响车身刚度和强度，危害人身安全。

在焊装制造技术方面，新能源汽车与传统汽车也没有本质差异，但由于轻质材料广泛应用，相应的连接工艺也必然从传统的点焊和弧焊为主、胶接为辅的传统方式逐步向熔化焊接、机械连接和胶接等多种新型连接工艺转变，适用于新材料的车身连接工艺（比如激光焊接、铆接、复合连接等）在不断发展和成熟。

焊装车间主要负责将车身零部件进行连接和组装，形成完整的汽车白车身。焊装车间的首要任务是进行车身焊接，使车身零部件通过焊接牢固连接，形成稳定和坚固的车身结构。如

图 4-2 所示，焊装并不是传统意义上的焊接，还包含使零部件连接的螺接工艺、铆接工艺、胶接工艺和包边工艺等。

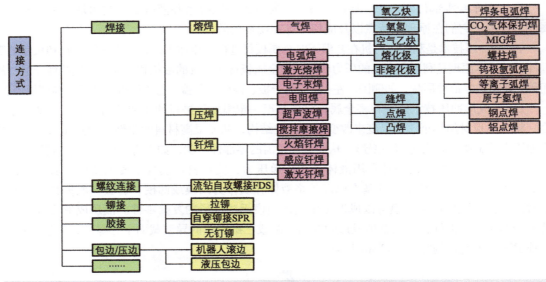

图 4-2　车身主要连接方式

由于电阻焊具有快速、高效、变形小、无需或少需辅助材料、易于掌握、易于实现机械化和自动化的优点，而且对于低碳钢薄壳结构的零部件特别适用，因此在车身装焊中电阻焊应用最多，其次是电弧焊和气焊。

随着汽车的行业发展，以及新工艺新技术的应用，出现了很多新型的连接形式，如激光钎焊、流钻自攻螺接（Flow Drill Screw，FDS）、自穿铆接（Self Piercing Riveting，SPR）等。

焊装工艺直接影响汽车的车身强度。在做碰撞安全开发的过程中，曾经出现过由于企业焊点数据丢失了一个，正好在 A 柱的位置，因此 CAE 仿真过程中总是会出现 A 柱出现弯折的问题。工程师对实车白车身全部检查了一遍才找出来问题所在——一个焊点。当然，这个案例一方面告诉我们做事情要细心，另外也说明了焊点对于整车强度的重要性，一个不合格的焊点，可能就导致整车不能通过法规测试。

4.1.3　涂装工艺

涂装是指对已经组装好的车身进行涂漆和表面处理的过程。涂装的目的是保护车身表面免受腐蚀和紫外线辐射，同时也能提高车身的美观度和耐久性。涂装主要包含以下工序：漆前预处置和底漆、喷漆工艺、烘干工艺等，全程都需要一定量的化学试剂设置和细腻的工艺参数限制，对油漆及各项加工开发的要求都很高。

在涂装制造技术方面，新能源汽车与传统汽车也没有本质差异，同样由于车身轻量化材料应用，轻质材料的物理性质和热稳定性与钢材不同，因此需要采用不同的涂装工艺和涂料配方。

涂装是将涂料均匀涂布到基体表面，形成连续、致密、均匀涂膜的操作。一般包括前处理、涂着、固化成膜等主要工序。前处理的目的是去除工件表面的油污和锈蚀，并形成稳定的转化膜，使涂膜能够与基体牢固结合，提升涂膜的耐蚀性和装饰性。涂着是借助于一定的技术和设备，将涂料均匀地涂布在基体表面。此时涂膜还不具备需要的机械强度和理化性能，还需要通过一定的物理或化学过程进行固化，才能得到所需要的涂层。

汽车涂装是指对各种类型的汽车的车身和零部件的涂漆和装饰。对于整车工厂的涂装车间而言，其主要作用就是对焊接后的白车身进行涂装前处理、电泳涂装及烘干、密封胶涂布及烘干、油漆喷涂及烘干等多个工序的加工，使车身满足防水、防腐蚀、NVH等多项性能指标，并且具备所需的色彩和良好的外观商品性。

4.1.4 总装工艺

总装是指将车身和各种零部件装配成整车和调试的过程。汽车总装工艺是汽车制造的最后环节，也是关键环节。它涉及将数千个零部件组装在一起，形成一辆完整的汽车。这个过程需要保证每个零部件都能准确安装到相应的位置。总装质量直接影响整车的性能和可靠性。由于总装所装配零部件较多，工艺复杂，零部件形状各异，实现机械化、自动化经济性低，因此总装是汽车制造四大工艺中员工最多、工位最多的车间。

新能源汽车与传统燃油汽车虽然存在差异，但大体结构类似。因此总装制造工艺大多类似，比如类似的产线布置，类似的输送线、单机设备和辅助设备，类似的工艺流程。因此新能源汽车与传统燃油汽车混线生产比较常见。

新能源汽车的动力系统一般都是内置电池组件，而其核心是由驱动电机、调整装置及动力源共同构成的电力驱动系统，这也是区别于传统燃油汽车的根本所在。由于结构的差异，新能源汽车与传统的汽车总装制造相比存在一些特殊的考虑因素。

1）动力系统装配：新能源汽车的核心差异在在动力系统。纯电动车型不需要组装发动机变速器，取而代之的是结构相对简单的电机和减速器。而插电式混合动力汽车的动力总成不仅有发动机，同时有电机、发电机、变速器，占用的机舱空间更多，结构复杂装配难度更大。电池、电机、电控的装配技术要求较高，如电池的装配需要精确的定位和严格的安全防护措施，操作人员需要具备相关资质，操作时须采取高压防护措施，确保安全操作。

2）电气线路连接：新能源汽车三电系统通过高压线束连接。高压线束系统的装配对环境清洁度要求较高，同样需要操作人员具备相关资质，操作时须采取高压防护措施。

3）整车质量检测：新能源汽车的制造还需要符合特定法规和标准的要求，如根据《新能源汽车生产企业及产品准入管理规定》（工信部令第39号），在生产过程中需要进行一系列高压安全性能检测，如绝缘检测、电位均衡检测、耐电压检测、充放电检测等。

4.1.5 动力电池制造工艺

动力电池是新能源汽车的关键部件，本质上是一个电能存储装置，通过电能和化学能的相互转换来实现电能存储和释放。以磷酸铁锂电池为例，其制造工艺分为三大工段：一是极片制作；二是电芯制作；三是电池组装。在锂电池生产工艺中，极片制作是基础，电芯制作是核心，电池组装关系到锂电池成品质量。锂电池生产工艺流程具体环节包含正极拉浆、负极拉浆、正极片、负极片、钢壳装配、注液及检测以及包装等。

电池箱体是电池包的重要组成部分，其基本结构包括外壳、隔离层、电池单元、电池管理系统、冷却系统、连接件和绝缘件等组件。这些组件相互配合，共同构成了一个安全、可靠的电池箱体，用于储存和释放电能，如图4-3所示。在选材上，轻质合金箱体是目前电池包箱体轻量化的主要用材；在结构设计上，箱体的耐撞结构、加强筋和内部模组隔板是设计时考虑的重要因素。

电池箱体技术及设计特点主要包括以下几个方面：

1）结构强度和防护性能：电池箱体应具备足够的结构强度，能够承受外部冲击和振动，并能有效防止水分、灰尘等对电池的影响。常见的材料包括铝合金、不锈钢等高强度材料，并且需要进行密封处理以提高防护性能。

2）散热性能：电池在充放电过程中会产生热量，如果热量无法有效散发，会导致电池温度升高，影响电池寿命和安全性。因此，电池箱体需要具备良好的散热性能，可以通过设置散热孔、散热器等方式提高散热效果。

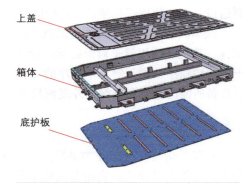

图 4-3　箱体结构示意图

3）空间利用率：电池箱体的设计应充分考虑空间的利用率，尽量减少占用空间，提高能量密度。可以采用层叠式设计、折叠式设计等方式来增加电池容量。

4）维护和检修方便性：电池箱体应具备便于维护和检修的特点，方便更换电池、连接线等部件。常见的设计包括可拆卸式盖板、易于拆卸的结构等。

5）系统集成性：电池箱体应与整个系统集成良好，方便与其他组件进行连接和通信。可以设置插接器、接口等装置，以实现电池与其他设备的连接。

6）安全性能：电池箱体应具备一定的安全性能，能够防止电池过充电、过放电、短路等异常情况的发生。常见的安全设计包括保护电路、防爆阀等。

4.1.6　驱动电机制造工艺

电机作为新能源汽车的动力源，是将电能转化为机械能的关键部件。电机主要由定子、转子、轴承和端盖等部分组成。电机制造工艺包括铁心制作、线圈绕制、组装和测试等环节。

电机的制造主要分为两大部分：第一部分为电机原材料（铁心、磁钢等）的制造工艺；第二部分为转子总成、定子总成的装配。

铁心的主要制造工艺有：冲片、冲裁、黏结固化、叠压。

绕组的主要制造工艺有：插绝缘纸、绕线、嵌线、整线、焊线。

磁钢的主要制造工艺有：融化及研磨、压制及磁化、烧结、机械加工、镀层、磁化。

转子总成的主要制造工艺有：硅钢片堆叠、插磁钢、点胶、铁心叠放、铁心压装、圆螺母锁紧、圆螺母豁牙、磁钢固化、动平衡测试、充磁、清洁及涂防锈油。

4.1.7　电控系统制造工艺

电控系统是新能源汽车的指挥中心，主要负责对电池、电机等部件进行监控和控制。电控系统的制造包括硬件、软件、集成和测试等环节。其中硬件制造内容包括IGBT制造、驱动/控制板制造、总成组装等环节。

电机控制器壳体通常采用铸铝壳体，少量商用车控制器外壳采用钣金拼焊箱体。铸铝外壳又分为高压铸造和重力浇铸两种工艺实现形式。高压铸造的壳体壁厚在2.5~4mm之间，重力浇铸的壳体壁厚在4~6mm。高压铸造工艺模具费是重力浇铸模具费的2倍多，但产品重量轻，用料少，生产效率高，后期机加费用少，适合大批量生产。重力浇铸产品重量大，生产效率低，后期机加成本高，适合小批量试制阶段。

绝缘栅双极晶体管（IGBT）是重要的电力电子核心器件，其可靠性是决定整个装置安全运行的重要因素。IGBT 采取了叠层封装技术，该技术不但提高了封装密度，同时也缩短了芯片之间导线的互连长度，从而提高了器件的运行速率。传统硅基功率模块封装存在寄生参数过高、散热效率差的问题，这主要是由于传统封装采用了引线键合和单边散热技术，针对这两大问题，SiC 功率模块封装在结构上采用了无引线互连（wireless interconnection）和双面散热（double-side cooling）技术，同时选用了导热系数更好的衬底材料，并尝试在模块结构中集成去耦电容、温度/电流传感器以及驱动电路等，研发出了多种不同的模块封装技术。

4.1.8 车身压铸工艺

传统的车身制造工艺中，冲压和焊接流程是分开的。车身压铸则将冲压和焊接流程合并，使用大吨位压铸机，将多个铝合金零部件高度集成，向模具中倒入液态金属，一次成形压铸为单个或少数几个大型铝铸件。大型压铸机进行一体化压铸一次成形，省略了由多个部件焊接的过程，从而直接压铸得到一个完整的车身部件，同时减少了涂胶环节，极大地简化了车身整体生产流程。集成化制造方式实现了多个零部件的一次性成形，实现了轻量化、生产工序、精度等的革新。

压铸是一种在高压下将液态或半液态合金快速压入模具型腔中，并在压力作用下凝固，从而获得铸件的生产工艺。其基本原理是利用高压将金属液高速流入精密金属模具型腔内，金属液在压力作用下冷却凝固成铸件（图4-4）。

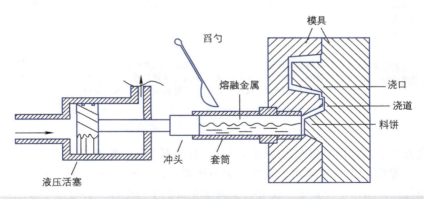

图 4-4　压铸工艺流程图

在压铸过程中，首先闭合模具型腔，然后将金属液通过压室上的注液孔向模具进浇口注入。接着，压射冲头向前推进，金属液被压入模具型腔。在金属液完全进入型腔后，模具前后模分离，顶针顶出铸件，完成整个压铸过程。

压铸工艺的压射部分是使用液压系统的能量来推动冲头，从而将熔融金属推进模具型腔。熔融金属进入模具型腔前通过一个称为流道的流动通道以及一个横截面积更小的称为浇口的部分。浇口有加速金属流动的作用，同时它也使得流道系统可以轻易与铸件脱离。

压铸过程基于两种方式：一种是热室压铸；另一种是冷室压铸。热室和冷室的区别在于，压铸机的射料系统是否浸泡在金属溶液里。根据压射冲头加压方向的不同，压铸机可分为卧式与立式。

一体化压铸技术是压铸技术的新变革，通过将原本设计中需要组装的多个独立的零件重新设计，并使用超大型压铸机一次压铸成型，直接获得完整的零部件，实现原有功能，如图4-5所示。汽车的传统制造工艺，主要包括冲压、焊装、涂装、总装4个环节。一体化压铸技术是对传统汽车制造工艺的革新，可以实现车身轻量化，节省成本，提高效率，缩短供应链，缩短整车的制造时间和运输时间，减少人工和机器人，扩大制造规模。

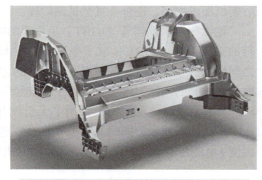

图4-5 一体化压铸后地板总成

4.1.9 尺寸工程

尺寸工程在汽车行业具有十分广泛的应用，是一个覆盖产品设计、工装设计、零部件制造和装配全过程的概念（图4-6）。

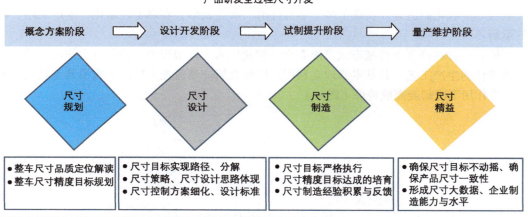

图4-6 汽车产品尺寸开发流程图

1）概念方案阶段：研究整车尺寸配合公差，并根据工艺、制造能力制定目标公差。

2）设计开发阶段：建立整车、零部件定位体系，建立尺寸公差定义及公差三维模拟仿真分析（虚拟制造），制作定位系统、尺寸公差科学完善的工程图样，并根据工程图样进一步延伸管控模具设计、夹具设计、检具设计和测量方案等。

3）试制提升阶段：评估零部件尺寸、工装状态、过程控制能力，并解决试生产、量产车型综合尺寸问题。

4）量产维护阶段：确保量产整车尺寸的一致性，量产数据的一致性管理及量产数据的监控等。

4.1.10 制造数字化

目前制造业关注的不仅仅是制造和管理制造本身，而是贯穿于产品制造的全生命周期管控，制造上下游产业链高度协同，以提供更加柔性、多样的产品服务体验。图4-7展示了汽车制造数字化转型愿景。

第4章 制造工艺和全过程成本控制

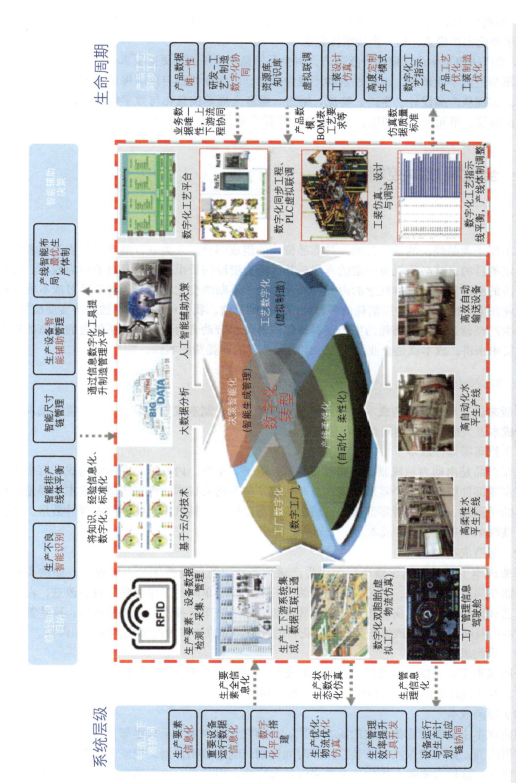

图 4-7 汽车制造数字化转型愿景

1）制造模式的改变需求。随着中国市场竞争加大，更多顾客追求个性化需求，需要发展小批次平准化生产模式，提升产线柔性化水平。

2）研产供销全生命周期提升竞争力，对企业信息化水平提出更高要求。

汽车制造数字化转型，以柔性自动产线为基础，以企业流程与组织保证为前提，通过产品数字化，实现从产品设计、生产、物流、销售、服务全周期信息化与数字化管控；通过工厂数字化，设备层、单元层、车间层、企业层和上下游企业的生产与管理高效协同。

4.2 全过程成本控制

4.2.1 成本的定义

成本属于商品经济的价值范畴，是商品价值的组成部分。人类进行生产经营活动或者需要达到一定的目的，就必须耗费一定的资源，其所耗费资源的货币表现以及对象称为成本。随着商品经济的不断发展，成本概念的内涵和外延都处于不断的变化之中。经济学界对成本的认识是指企业在生产经营过程中所消耗的各种经济资源的价值。我们可以将成本的经济实质概括为：企业在生产经营过程中所消耗的生产资料转移的价值和劳动者为自己劳动所创造的价值的货币体现，简单来讲，成本就是企业为实现一定的经济目的而耗费的本钱。

4.2.2 成本的分类

一般来说，汽车产品的成本包括：汽车零部件成本、制造成本、采购成本、物流成本和工程研发成本五大成本以及期间费用和税费等。

（1）汽车零部件成本

汽车产品是由动力总成驱动、底盘、空调、电子、车身、内外饰几大系统构成。每个系统又由众多零部件组成，各个零部件成本总和构成了整车物料成本。汽车零部件成本主要是指构成汽车的子系统、总成或者零部件的价格成本。可以根据一辆汽车上使用的零部件数量，来计算获得该汽车本身的零部件成本。

（2）制造成本

制造成本主要是指汽车整车厂为了生产该款车所进行的制造工艺上的投资，如购买机器人，油漆车间制造或改造，工艺设备的安装与升级，总装车间的工序调整和设备改造，白车身车间工艺和设备调整，厂房的建造、调整和升级，制造该车所投入的人工成本等，这些都属于制造成本的范畴。为生产该款车型所需要花费的投资，都应该作为汽车成本的一项内容。

（3）采购成本

采购成本主要是指在零部件定点采购时支付给供应商的模具费用，以及一些零部件因黑匣子设计、专利设计等额外支付给供应商的开发费用。

（4）物流成本

物流成本主要是指物流运输的成本费用。一辆汽车至少由几千种零部件组成，有很多汽车零部件供应商。如何确保汽车总装厂按照时间计划、制造节拍计划，把成千上万个零件总装成一辆辆汽车，这就需要强大的物流系统来保证和完成。很显然，这些都离不开陆运、海运甚至空运等多种形式的物流运输来确保物料能够准时到达,不影响制造计划。这些物流运输费用也是汽车成本的一项内容。

(5)工程研发成本

工程研发成本是指工程研发团队为研制一款汽车所需要花费的工程研发费用。根据使用目的和内容,工程研发成本可进一步细化为:人力资源成本、设备使用成本、工程设计与验证的材料成本、试验验证成本、工程车辆制造成本、出差成本。

汽车成本主要包含上述五大成本内容,但是这五大成本并不是单独孤立并存的,如图4-8所示。工程研发成本是构成汽车成本的核心要素,它直接影响到材料成本、制造成本、采购成本和物流成本的高低,是辩证制约的关系。一味减少和压低工程研发成本,或者不对工程研发成本进行控制都是不正确、不合理的。这里需要一个度的把握,需要项目管理和控制。

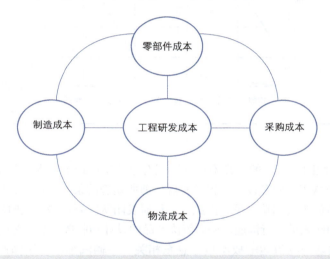

图4-8 汽车成本主要构成示意图

(6)期间费用

企业生产经营过程中各部门都会产生费用,销售部门产生的费用计入销售费用;管理部门产生的费用计入管理费用;为筹集生产经营所需资金、因为财务收支产生的费用计入财务费用,如利息净支出、汇总净损失、金融机构手续费等。销售费用、管理费用、财务费用统称为期间费用,与生产成本不同,期间费用一般不能计入特定核算对象,主要通过一定的分摊方法计入各产品中,通过预算管理来控制。

(7)税费

税费包含增值税、消费税税金及附加、所得税等,税费均按政府税收政策测算和缴纳。增值税指销项税;消费税税金及附加包含消费税、城市维护建设税、城镇土地使用税、资源税和教育费附加等;所得税指企业所得税。

4.2.3 成本管理在汽车设计中的重要性

新车型开发过程中,汽车的配置、性能、零部件技术及工艺方案、供应商选择等影响新车型成本的关键要素,在新车型开发阶段已经确定。如图4-9所示,80%左右的成本被确定在设计阶段,设计阶段成本一旦确定,后面的成本降低就比较困难,从设计源头开展技术降成本是一个相对简单易行的方式。

工程研发费用的多少有时会约束工程研发产品的质量水平。

1）如果汽车公司投入不足的工程研发成本，那么势必会造成工程设计时没有费用支持去做细致全面的设计优化、试验验证等工作，致使汽车的质量不高。这样的汽车导致售后质量问题频出，客户抱怨很多，工程团队需要再次投入人力、物力进行研究分析，进行工程更改，会造成单价材料成本、采购成本等费用的大幅增加。

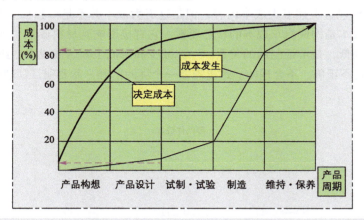

图 4-9　汽车产品开发周期成本

2）如果工程研发团队设计的产品不是基于现有总装生产线工艺水平基础，也势必会造成一款车型一套设备，两款车型两套设备，很难实现目前所期望的柔性生产线，即一条生产线多款平台车型共同生产制造的先进制造水平。因此，工程研发团队需要花费一定时间和精力对制造工艺进行检查，与制造团队人员进行沟通，协商解决产品的设计和制造安装工艺的匹配与优化。

3）工程研发团队与物流运输成本也是息息相关。一辆汽车不仅用国产汽车零部件，也可能会使用国外零部件，其物流运输成本会比国内供应商成本高。如果工程研发团队与物流、采购和财务合作，对国外、国内供应商在价格、能力和运输等方面进行综合比较与分析，势必能够尽最大化控制汽车的材料成本、物流成本。

为了能够占据更多市场份额，汽车企业需要加快推出高质量、功能全、价格低的新产品。从发展实际情况来看，约80%的汽车产品成本是由汽车开发设计环节决定的，因此在此期间要十分关注产品的成本管理。进入制造阶段后，所产生的成本变动因素比较多，汽车产品生产改进成本空间缩小。因此，如何设计高性价比的汽车产品，是一个从新车型立项之初就需要思考和解决的问题。

4.2.4　全过程成本管理

全过程成本管理是一种全面考虑企业生产经营全过程的成本管理方式，它不仅局限于传统的生产成本核算，还涵盖了从原材料采购到产品销售和售后服务等各个环节的成本核算与控制。全过程成本管理旨在实现对企业全过程的成本管理，综合记录、分析和优化企业各项成本，为企业提供全面且准确的成本数据，为决策提供有效支持，促进企业的可持续发展。其综合性、连续性和系统性的管理方式，使企业能够更好地控制成本、优化资源配置，从而实现可持续发展和持续增长。图4-10展示了某车企的成本策划内容，图4-11展示了某车企的成本管理主要工作内容。

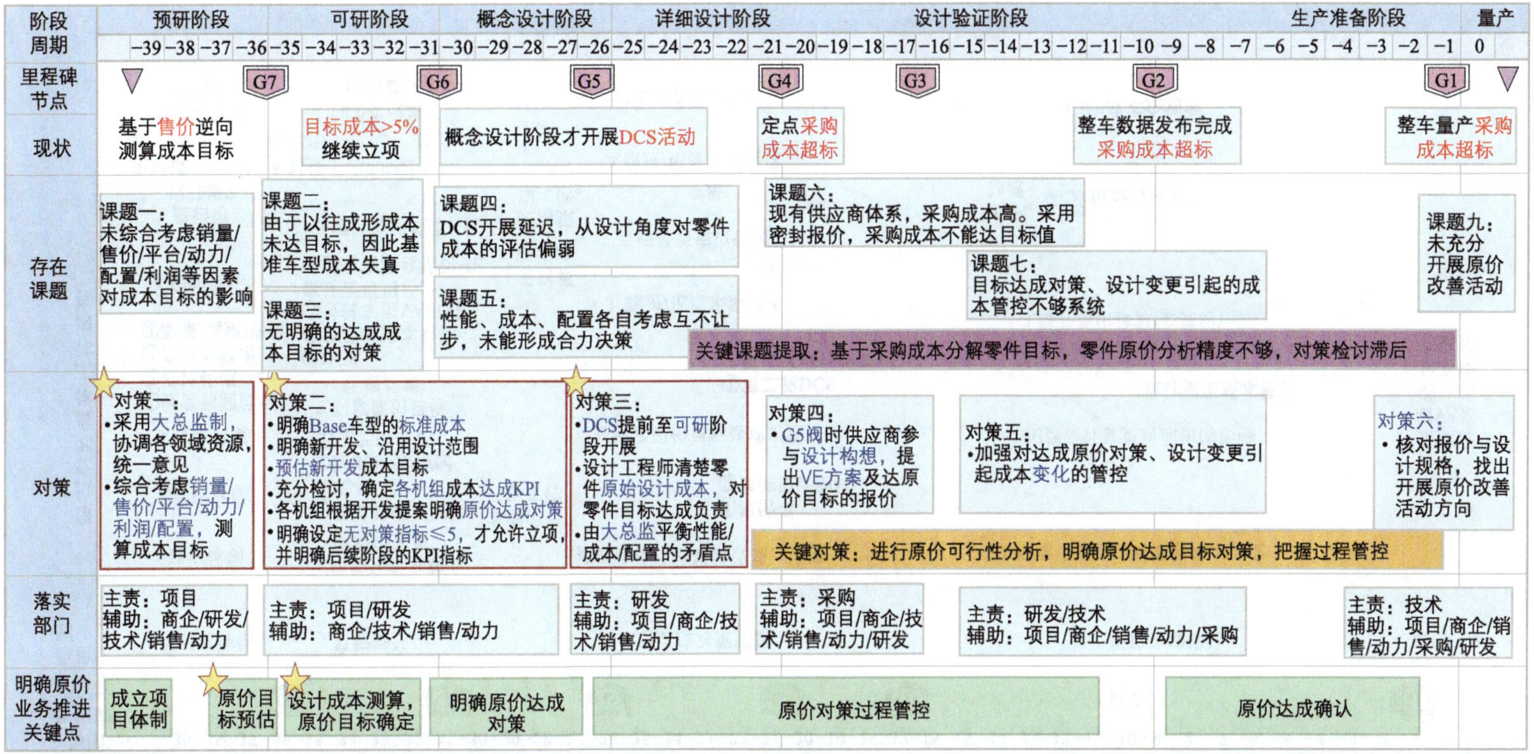

图 4-10 某企业车型成本策划（原价企划）现状及对策分析

电动汽车设计与制造

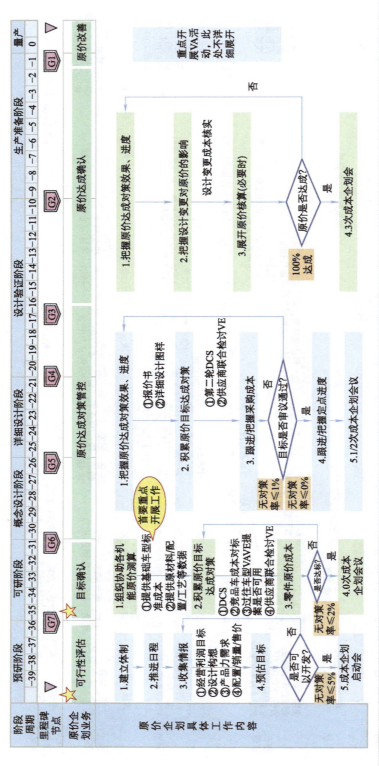

图4-11 某企业车型全过程成本管理工作内容

4.2.5 技术降本的主要手段

作为汽车设计工程师，我们主要从技术上来实现成本的控制（图 4-12）。降本整体策略在于消除过剩功能、多余零部件、多余加工和多余的表面处理；减少零部件个数、材料用料、加工部位、加工时间；变更材料规格、零部件结构、加工精度、表面处理和零部件供应商等方式来实现。实际上在从产品定位、整车集成到功能开发和性能开发，每一步都需要考虑上述问题。

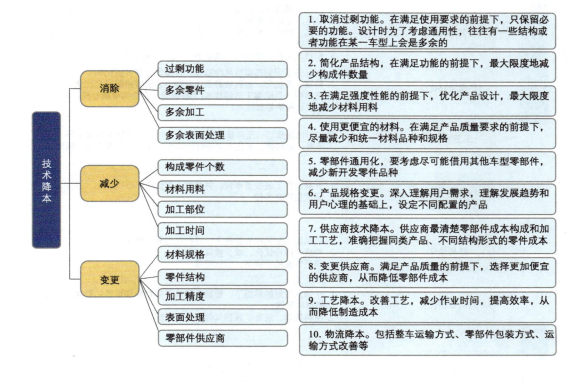

图 4-12　降本整体策略

（1）车身降本方案

车身的降本主要通过白车身和内外饰降本来实现，一般方法是优化结构、材料、工艺以及供应链优化，主要通过轻量化和结构优化的设计来实现（图 4-13）。

（2）底盘降本方案

底盘的降本主要与车身的降本方式类似，一般方法也是优化结构、材料、工艺以及供应链优化，主要通过轻量化和结构优化的设计来实现（图 4-14）。

（3）电子电器降本方案

电器的降本主要方法是通过最大化沿用、取消过剩功能和性能、材料规格优化、结构优化等方式来实现。另外，如前面章节介绍的，对线束的优化具有较好的降本效果（图 4-15）。

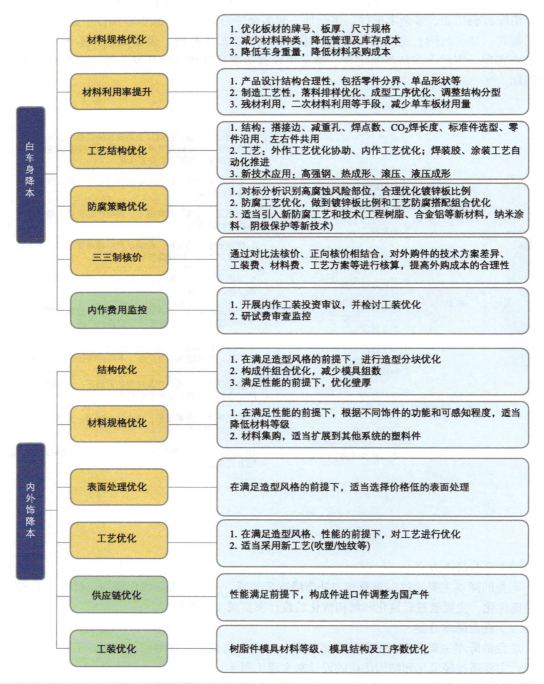

图 4-13　车身降本策略

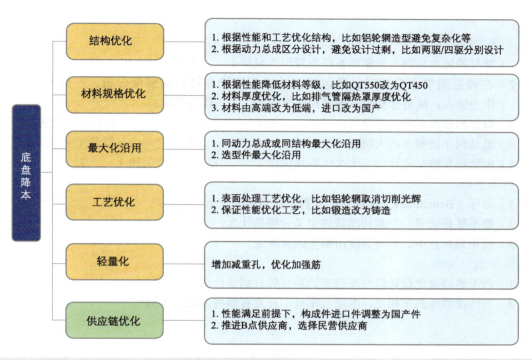

图 4-14　底盘降本策略

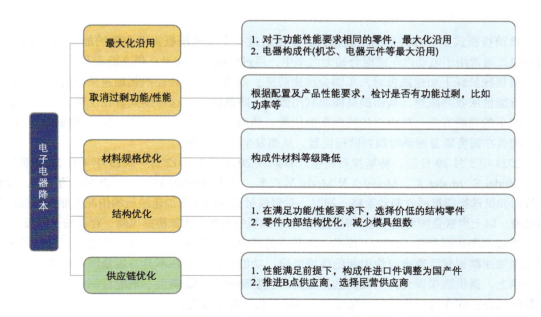

图 4-15　电子电器降本策略

习　题

1. 填空题

1）常见的纯电动汽车电驱动系统布置形式包括（　　）、（　　）以及（　　）。
2）在做悬架受力分析时，考虑瞬态冲击下结构和材料的强度分析，一般采用整车的（　　）作为输入；疲劳分析时一般采用整车的（　　）作为输入。
3）智能网联汽车的发展孕育出了（　　）、（　　）与（　　）三个新的安全主题。
4）电动汽车的整车四大制造工艺包括（　　）、（　　）、（　　）以及（　　）。
5）电动汽车整车设计的三大主体模块包括（　　）、（　　）和（　　）。

2. 简答题

1）对标（Benchmark）分析中样车拆解的目的是什么？
2）整车整备质量、空载和满载的定义分别是什么？
3）汽车总布置中，车身高度由哪些因素决定？

3. 开放讨论题

1）汽车的轻量化设计给汽车带来的利与弊分别是什么？
2）与传统燃油汽车相比，电动汽车整车开发有哪些方面的不同？

拓展阅读

案例 1：特斯拉单踏板模式

单踏板模式是一种特殊的驾驶模式，是指通过一个加速踏板实现车辆的加速和减速操作，这种模式通常用于电动汽车或混合动力汽车中，通过回收制动能量来提高能源利用效率。

当驾驶员踩下加速踏板时，车辆会加速前进；而当驾驶员轻轻抬起加速踏板时，车辆会自动进行能量回收并减速，从而提高能源利用效率，降低能耗。这种模式旨在让驾驶员更加适应电动汽车的驾驶方式，减少对传统汽车的依赖。然而，一些车主担心这种单一踏板模式可能导致驾驶员在需要紧急制动时误判踏板位置，从而发生意外事故。

2023 年 5 月 29 日起，特斯拉召回生产日期在 2019 年 1 月 12 日—2023 年 4 月 24 日期间的部分 Model S、Model X、Model 3 及 Model Y 汽车，共计 1104622 辆。召回范围内的车辆，没有允许驾驶员选择能量回收制动策略；同时，对驾驶员长时间深踩加速踏板的情况可能没有提供足够提醒。以上因素叠加可能增加长时间误踩加速踏板的概率，增加碰撞风险，存在安全隐患。

通过汽车远程升级（OTA）技术，为召回范围内的车辆推送新开发的功能，以降低因长时间深踩加速踏板导致速度过快引起的碰撞风险。功能包括：①在不具备能量回收制动强度选择的车辆上，提供选项以允许驾驶员选择能量回收制动强度；②调整车辆能量回收制动策略的出厂默认状态；③在驾驶员长时间深度踩下加速踏板时发出提醒。

案例 2：新车型开发与整车布置

为适应国内市场的快速变化，很多车企都会同时布局多种技术路线，如比亚迪同时开发

EV 和 PHEV 车型，广汽、长安等都通过不同品牌线同时布局 PHEV、REEV、EV 等各种类型车型。整车设计需与产品系列的规划紧密联系起来，通过平台架构的搭建满足多种能源形式的开发需求，如未做兼容开发或布置预留，则有可能导致新增开发代价大、周期长等问题。

以下车体开发为例，某公司一直生产 EV 车型，随着混合动力（简称混动）车型市场份额的持续增长，公司计划推出 REEV 车型来拉动产品销量，如图Ⅰ-1 所示。基础车型为两驱前驱车型，项目团队制定了开发代价最小的方案，主要方案如下：① REEV 车型维持两驱前驱方案不变；②前机舱空间需满足增程器布置要求而加长前纵梁，匹配悬置、悬架、A 值、转向系统布置重新开发；③前地板增加纵梁吊挂电池，削弱门槛梁，匹配电池、排气、油管、线束布置重新开发；④后地板匹配排气布置重新开发。在选择空间影响相对较小的 REEV 路线时，仍然无法避免产生下车体大部分零部件全新开发、整车尺寸加长的问题，开发代价与全新开发下车体没有明显差异，导致公司决策不再按此方案开发混动车型，而是选择重新规划平台架构，延后上市混动车型的方案。

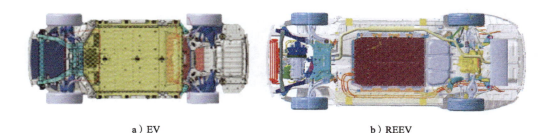

a）EV　　　　　　　　　　b）REEV

图Ⅰ-1　某公司 EV 车型与 REEV 车型底盘总布置

第 2 部分
三电系统设计

第 5 章 电驱动系统设计

☞ 本章导学

本章主要介绍不同电驱动系统（单电机直驱、单电机+变速器、轮边电机驱动、轮毂电机驱动等）的优缺点和设计要点，并在介绍单电机驱动系统（电机和变速器）工作特性的基础上，详细阐述根据整车的动力性能要求对电机和变速器关键参数进行匹配计算的基本思路和方法。

☞ 学习目标

序号	学习目标	知识点	学习要求
1	理解不同构型电驱动系统的优缺点	不同电驱动形式的优缺点	理解
2	掌握驱动电机的工作特性及其与整车动力性能的关系	电驱动系统基本设计要求与思路	掌握
3	掌握电机及变速器关键参数的匹配计算方法	电驱动系统关键参数匹配计算	掌握

5.1 基本设计要求与思路

5.1.1 电驱动系统基本设计要求与思路

1. 驱动电机的设计要求

由于车用驱动电机比一般工业电动机的使用条件要更为恶劣，因此对车用驱动电机的要求更高，主要体现在以下几个方面：

1）低速时能恒定地输出大转矩，以适应车辆的起动、加速、爬坡和频繁起停等工况；基速以上可以恒定功率运行，以适应最高车速和超车等要求。

2）有较强的过载能力，可以承受 3~4 倍的过载，以满足高强度加速与较重负荷爬坡的要求。

3）在整个运行范围内都要有较高效率，有利于节省电能，延长续驶里程。

4）能够高效回收制动反馈的能量，提高使用效率。

5）要求结构紧凑、体积小、质量小、功率密度高。采用高电压、高转速有利于减小电机及其功率变换器的尺寸和质量。

6）有良好的耐高温、耐潮湿能力和高可靠性。

7）要求结构简单，使用维护方便，能够实现大规模生产，价格适中。

目前，按照结构和工作原理的不同，驱动电机主要有交流异步电机、永磁同步电机、无刷直流电机、开关磁阻电机等。因此车用电机的选取应充分考虑各种电机的优缺点，并综合分析车辆的动力需求和续驶里程，从而选择最适合的电机，以实现最佳的性能。

2. 传动系统的设计要求与思路

电动机的特性接近于理想驱动特性，理论上可以直接用于驱动电动汽车，但要达到整车的动力性和经济运行的性能指标，对电动机的负载能力、高效率区范围有极高的要求，符合这种要求的电动机的设计和制造成本目前还很高。因此，目前的多数电动汽车的驱动系统为电动机匹配了机械传动机构，以满足整车的动力性要求，并可减轻电动机的负荷，提高复杂行驶工况下的运行效率，有利于获得较大的续驶里程。

对于电动汽车，主要考虑传动系统的传动比，理论上需要满足以下要求：
1）最小传动比应保证能够实现设计要求实现的最高车速。
2）最小传动比应保证使车辆以最高车速工作在驱动电机的恒功率区间。
3）最大传动比应满足车辆的爬坡度和加速的附着力要求。

5.1.2 动力系统布置形式选取

1. 不同驱动形式的优缺点

纯电动汽车主要由驱动电机、动力蓄电池组、控制系统等组成。其结构形式多样，布置灵活。目前，常见的纯电动汽车动力系统有5种构型。

1）图 5-1 所示的构型最接近传统内燃机汽车，因此设计和改装难度最小。而且因为保留了变速器，可以选择相对较小的驱动电机作为动力源；离合器的存在也可以降低换档过程中的控制难度。然而，这一构型占用的底盘空间较大，不利于搭载很多的电池，因此早期采用此方案的纯电动乘用车的续驶里程一般都不长。公交车、货车等大型商用车常采用这种方案，以使用更小的驱动电机满足重载需求。

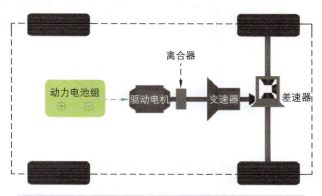

图 5-1　单电机+变速器驱动

2）图 5-2 所示的构型去掉了变速器和离合器，直接将电驱动系统集成到了前轴上（又被称为集成式电驱动桥），给底盘留出了较大的空间。这一方案构型简单，零部件数量少，但电驱动系统都集中到了前轴，集成设计难度增加，而且由于是单电机驱动，因此电机的功率和转矩会有所增加。

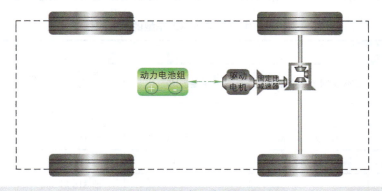

图 5-2　单电机直接驱动

与传统燃油汽车相似，单电机驱动结构又可以分为前置驱动（简称前驱）和后置驱动（简称后驱）。传统燃油汽车多采用前驱，而主流纯电动汽车如特斯拉 Model 3、小鹏 P7 等多采用后驱。电动汽车取消了油箱的设计，在座位下方加入了电池板，重心后移，采用前驱设计可以提高车辆的转向能力，但会导致车辆容易打滑，而采用后驱设计则可以提高车辆的抓地性和爬坡能力。通常而言，电动汽车采用后驱设计可以提高驱动效率。

相较于多电机驱动，单电机驱动技术成熟，结构稳定，成本低，电机控制策略简单且效率高，但是单电机驱动对电机要求较高，会导致电机尺寸偏大，质量较大，影响电机效率和车辆的续驶里程。

3）图 5-3 所示为前后轴双电机独立驱动的形式。这种驱动形式能充分利用轮胎的附着能力，具有非常好的动力性能。由于使用了两台驱动电机，因此单台电机可以小型化，且可以灵活选择不同类型的电机作为前驱或后驱电机，以达到降低成本、优化性能的目的。同时，这种驱动形式的电动汽车前后轴的轴荷分配更加均匀，有利于提升整车的操纵稳定性能。但这种驱动形式需要协调控制两台电机的动力输出，控制难度增加。此外，由于前后轴都集成了电驱动系统，占用了动力蓄电池组的布置空间。

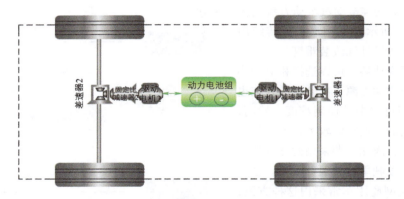

图 5-3 双电机前后轴独立驱动

双电机驱动通过将单台电机分解为两台电机，降低了电机的质量和制造成本。通过两台电机的协调配合，扩大了电驱动系统的高效率范围，从而满足了电动汽车在低速重载、低速轻载、高速轻载等不同工况下的性能需求。目前主流电动汽车车型中，特斯拉 Model S、蔚来 ES8 等均采用了双电机驱动，性能表现相当出色。主流双电机驱动车型的参数配置见表 5-1。

表 5-1 主流双电机驱动车型的参数配置

参数	特斯拉 Model S	特斯拉 Model S Plaid 版	赛力斯问界 M9	蔚来 ES8
电机类型	前永磁同步后交流异步	永磁同步	前交流异步后永磁同步	前永磁同步后交流异步
额定功率 /kW	—	—	前 40 后 70	前 70 后 60
峰值功率 /kW	前 193 后 300	前 250 后 250×2	前 165 后 200	前 180 后 300
最高转速 /(r/min)	18000	20000	17482	前 16000 后 15000
峰值转矩 /N·m	—	—	前 315 后 360	前 350 后 500

4）图 5-4 所示为双电机双侧独立驱动的形式。这个方案最大的优点是省去了差速器，从而降低了传动系统的复杂度，增大了动力电池组的布置空间。由于这种驱动形式能对左右侧车轮进行独立控制，因此在弯道行驶时，双侧电机能根据内外侧车轮的载荷情况，通过合理分配两侧车轮驱动力实现地面附着力的最大利用。然而这种构型对双侧电机的动力学协调控制提出了很高的要求，如果控制不好，会极大地影响整车的操纵稳定性和安全性。

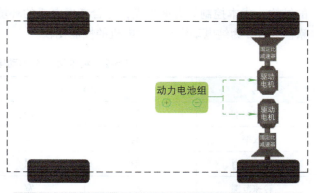

图 5-4　双电机双侧独立驱动

5）图 5-5 所示的构型采用轮毂电机的四轮独立驱动形式，将动力传递路径缩减到了最短，提升了驱动和再生制动的效率，并最大限度地节省了底盘空间，有利于整车总布置的优化和乘员舱空间的扩大。该方案在动力、操纵性能以及整车布置等方面都是所有方案中最优的，但其存在如下缺点：①由于使用四台电机单独驱动每个车轮，各电机协调控制的难度较大；②由于结构紧凑，其在结构设计、热管理、电磁兼容以及振动控制等方面也存在一些技术难题。

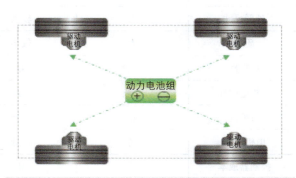

图 5-5　轮毂电机四轮独立驱动

2. 布置方案设计

在实际设计过程中，兼顾空间和轴荷匹配、高压安全等方面，关键部件的布置显得特别重要。一方面，这些部件大部分工作在高压状态，如果布置在容易变形或者磕碰的地方，可能会造成系统漏电，对人员安全造成极大威胁；另一方面，这些部件普遍质量较大，如果不进行整车特别是底盘的动力、操控性能的全面分析，部件质量分布不合理，对整车的性能和安全同样会造成很大的隐患。

5.1.3　驱动电机关键参数匹配计算

电动机是一种将电能转换为机械能的设备，被广泛应用于各种机械和工业系统中。在汽车行业中，电动机最主要的应用就是作为电动汽车的动力源，通过接收动力电池组或超级电容器供能实现车辆的驱动。

按照结构和工作原理不同，目前的电动汽车中常用的驱动电机包括直流电机、交流异步电机、永磁同步电机、无刷直流电机和开关磁阻电机等几种。电机的主要组成部分包括转子、定子、轴承、端盖等，通过电源在电机内部产生磁场，使转子在定子中运动，从而产生所需的机械能。不同类型的电机其内部结构和控制方式会有所不同，但所有电机都需要相应的控制器来控制电流和电压，以保证电机的安全和高效运行。

电机类型的选择不仅要考虑电机的转矩特性和效率，还要从电动汽车设计目标、驱动系统的结构、成本控制等方面出发，综合考虑电机的环境适应性、可维护性、结构强度及成本等因素。表 5-2 为纯电动汽车驱动电机的性能比较。

表 5-2 纯电动汽车驱动电机的性能比较

参数	直流电机	交流感应电机	永磁同步电机	开关磁阻电机
功率密度	低	较高	最高	高
效率	较高	高	最高	较高
过载能力	一般	强	较强	强
转速范围	窄	宽	宽	很宽
功率范围	宽	宽	小	宽
外形尺寸	大	较大	小	小
质量	大	较小	小	小
可靠性	一般	好	较好	好
结构坚固性	一般	好	一般	好
可控性	好	较好	较好	较好
电机成本	高	较低	高	低
控制器成本	低	高	高	较低

从表 5-2 可以看出，各类型电机都有其各自的优缺点。直流电机控制简单，最早在电动汽车中获得应用。随着电机技术和控制理论的发展，直流电机转速低、过载能力弱和功率密度低等缺点越来越突出，应用越来越少，交流异步电机和永磁同步电机的性能越来越满足纯电动汽车驱动系统的性能要求。开关磁阻电机由于转矩脉动和噪声严重，当前只适合应用在转矩脉动和噪声要求较低的场合。目前更适合作为电动汽车驱动电机的是感应电机和永磁同步电机。相比于交流感应电机，永磁同步电机具有体积小、响应快、功率密度高和效率高的特点，更适用于纯电动汽车。

驱动电机是纯电动汽车唯一的动力来源，直接决定了车辆的动力性能。车用电机一般存在额定和峰值两种工作特性。额定工作特性对应的是电机长时间工作后处于热平衡的情况，反映的是电机长时间工作的能力。相反，峰值工作特性反映的是电机的短时工作能力，长时间处于峰值工作状态会导致电机或电机控制器发生过温失效。如图 5-6 所示，在现代电机控制算法的控制下，电机的额定工作特性和峰值工作特性均可表现出低速恒转矩、高速恒功率的特点，能与车辆的行驶阻力特性实现很好的匹配。在对驱动电机进行匹配计算时，需要重点关注的参数有峰值转矩 T_{max}、最高转速 n_{max}、峰值功率 P_{max}、额定转矩 T_e、额定功率 P_e。

车辆的动力性能通常可由两个车速之间的加速时间 t_a、一定车速下的最大爬坡度 i_{max}、短时最高车速 $v_{max,1}$ 和持续最高车速 $v_{max,2}$ 四个指标反映。其中，加速时间 t_a、最大爬坡度 i_{max} 和短时最高车速 $v_{max,1}$ 取决于电机的峰值转矩和峰值功率；持续最高车速 $v_{max,2}$ 则由电机的额定功率决定。

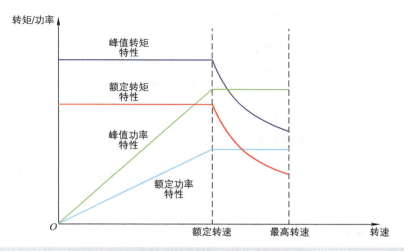

图 5-6　电机的额定工作特性和峰值工作特性曲线

（1）最大爬坡度确定峰值驱动力和峰值功率

根据最大爬坡度的要求，电机参数应同时满足式（5-1）和式（5-2）。

$$F_{\max} \geq mgf\cos i_{\mathrm{p}} + mg\sin i_{\mathrm{p}} + \frac{C_{\mathrm{d}}Av_{\mathrm{p}}^{2}}{21.15} \tag{5-1}$$

$$P_{\max} \geq \left(\frac{mgf\cos i_{\mathrm{p}}}{3600} + \frac{mg\sin i_{\mathrm{p}}}{3600} + \frac{C_{\mathrm{d}}Av_{\mathrm{p}}^{2}}{76140}\right)v_{\mathrm{p}} \tag{5-2}$$

式中，i_{p} 为道路坡度值；v_{p} 为最大坡度上行驶时的设计车速；m 为整车质量；A 为迎风面积；C_{d} 为风阻系数；f 为滚动阻力系数；$P_{\max}$ 为电机的峰值功率；$F_{\max}$ 为车轮处的峰值驱动力，且

$$F_{\max} = \frac{T_{\max}i_{g(1)}i_{0}\eta_{\mathrm{t}}}{r} \tag{5-3}$$

式中，i_{0} 为主减速器传动比；$i_{g(1)}$ 为变速器最低档传动比；η_{t} 为传动效率；r 为车轮半径。

式（5-1）表明电驱动系统输出的最大驱动力应不小于车辆在最大坡度上行驶时的阻力；式（5-2）表明电机的峰值功率应不小于最大坡度上行驶时的阻力功率。图 5-7 显示了式（5-1）和式（5-2）中的约束关系。车型 A 的行驶阻力在其达到设计爬坡车速（32km/h）前就已大于电驱动系统所能提供的峰值驱动力，故其最大爬坡度主要受电驱动系统所能提供的峰值驱动力限制；车型 B 的行驶阻力在达到设计爬坡车速（40km/h）前已大于电机峰值功率对应的驱动力，故其最大爬坡度主要受电驱动系统的峰值功率限制。因此，在匹配驱动电机时，应同时考虑在最大坡度上行驶时电机的峰值功率和电驱动系统应提供的峰值驱动力。

（2）短时最高车速确定峰值功率和最高转速

根据短时最高车速的要求，电机参数应满足如下关系式：

$$\frac{n_{\max}}{i_{g}i_{g(\max)}} \geq \frac{30v_{\max,1}}{3.6\pi r} \tag{5-4}$$

$$P_{\max} \geq \frac{C_{\mathrm{d}}Av_{\max,1}^{3}}{76140} + \frac{mgfv_{\max,1}}{3600} \tag{5-5}$$

式中，$i_{g(\max)}$ 为变速器的最高档传动比。

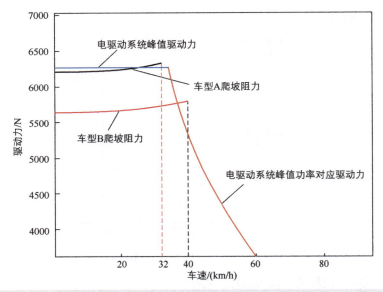

图 5-7 最大爬坡度限制原理

式（5-4）对电驱动系统的最高输出转速提出了要求；式（5-5）则给出了短时最高车速行驶时电机应提供的功率，由于只需短时间工作，因此此功率为峰值功率。

由图 5-8 可以看到，车型 A 的驱动力和阻力在车速为 120km/h 时达到平衡，因此车型 A 的最高车速被电机峰值功率限制；车型 B 中电机峰值转速对应的车速为 135km/h，因此车型 B 的最高车速被电机最高转速限制。由此可知，在对短时最高车速进行匹配计算时，应主要考虑驱动电机的最高转速和峰值功率。

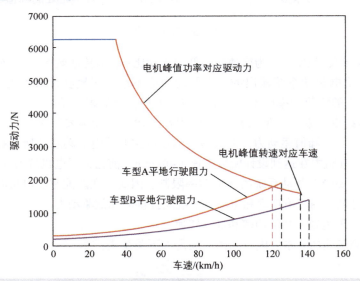

图 5-8 最高车速限制原理

（3）加速能力计算

与最大爬坡度和最高车速不同，一定车速区间内的加速时间这一动力性能指标无法对驱动电机各参数提出独立的要求，而只能建立起其与各相关参数的耦合关系。加速过程中，电机会

从恒转矩区进入恒功率区，对于只配备固定速比减速器的电动汽车，其加速时间的表达式为

$$t_1 = \int_0^{v_z} \frac{\delta m}{F_{\max} - mgf - \frac{C_d A v^2}{21.15}} \frac{\mathrm{d}v}{3.6} \qquad (5\text{-}6)$$

$$t_2 = \int_{v_z}^{100} \frac{\delta m}{\frac{3600 P_{\max}}{v} - mgf - \frac{C_d A v^2}{21.15}} \frac{\mathrm{d}v}{3.6} \qquad (5\text{-}7)$$

$$t_a = t_1 + t_2 \qquad (5\text{-}8)$$

$$v_z = \frac{3600 P_{\max}}{F_{\max}} \qquad (5\text{-}9)$$

式中，v_z 为电机恒转矩 - 恒功率区的转折车速；δ 为回转质量换算系数。

由式（5-6）~式（5-9）可知，加速时间可写成电驱动系统峰值输出驱动力和峰值功率两个变量的函数：

$$t_a = f(F_{\max}, P_{\max}) \qquad (5\text{-}10)$$

由式（5-3）、式（5-6）、式（5-7）可知，电机工作在恒转矩区时的加速时间受电机峰值转矩和传动比的影响；电机工作在恒功率区时，加速时间与传动比无关，只与电机的峰值功率有关。对于配备有多档变速器的电驱动系统而言，如果换档控制策略以加速性能最优为原则确定，则加速时间的表达式与只匹配固定速比减速器的电驱动系统相同。下面以两档电驱动系统（二档传动比为1）为例进行简要分析。

图 5-9 所示为某两档电驱动系统在车轮处输出的最大驱动力随车速的变化关系。v_{z2} 为变速器工作在二档时电机额定转速对应的车速（即电机恒转矩 - 恒功率区的转折车速）。当换档车速选择在 v_{z2} 以下时（如 60km/h），电驱动系统输出的驱动力在换档瞬间下降，如图 5-9 中箭头所示，因此加速时间将延长。若将换档车速推迟到 v_{z2} 以后（如 80km/h），电驱动系统输出的驱动力不会在换档点下降，整车能获得最好的加速性能；此时车轮处最大驱动力曲线的转折车速与档位无关，因此加速时间仍可采用式（5-7）~式（5-9）进行计算。也就是说，无论电驱动系统是否配备变速器，加速总时间可统一采用式（5-10）进行分析和计算。

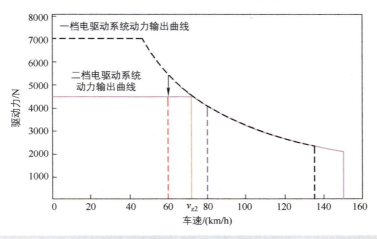

图 5-9　某两档电驱动系统输出驱动力随车速变化关系

下面以最常用的加速性能指标——百公里加速时间为例进行分析，计算中所使用的参数见表5-3。

表5-3 某乘用车整车参数列表

参数	数值	参数	数值
质量（m）	1250	传动效率（η_t）	0.96
车轮滚动半径（r）	0.365	滚动阻力系数（f）	0.013
迎风面积（A）	3.03	风阻系数（C_d）	0.35
回转质量换算系数（δ）	1.05		

如图5-10所示，首先给定峰值功率P_{max}，以相等间隔改变峰值驱动力F_{max}（由电机峰值转矩和最大传动比决定），计算加速过程中车速的变化和$0 \rightarrow 100 km/h$的加速总时间，结果如图5-11和图5-12所示。

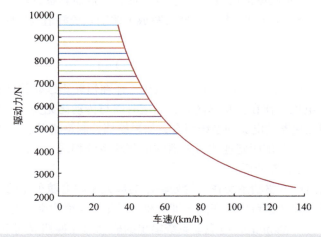

图5-10 峰值功率一定、等间隔增加峰值驱动力时电驱动系统的输出外特性曲线

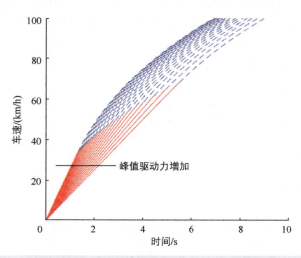

图5-11 变峰值驱动力加速车速变化曲线

从图 5-11 可以看到，随着峰值驱动力增大，恒转矩加速（实线部分）时间缩短，恒功率加速（虚线部分）时间延长，总加速时间缩短，但峰值驱动力增大到一定程度以后，速度变化曲线变得很密集，总加速时间的改善越来越不明显，这一点也可以在图 5-12 中看到。可见一味地增大峰值驱动力并不能持续提升电动汽车的加速性能，因为当峰值驱动力达到一定程度后，恒转矩加速时间的占比越来越小，其所带来的总加速时间的改善也越来越不明显。

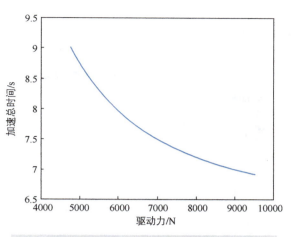

图 5-12　变峰值驱动力加速总时间

驱动力大于路面附着极限后会导致车轮打滑，恶化加速和操控性能，所以峰值驱动力并不能无限增大。为了更直观地体现峰值驱动力的上限值，可以根据式（5-11）将其替换成起步最大加速度 $a_{0,\max}$。良好路面的附着系数在 $0.8\sim1$ 之间，所以在匹配计算时，单电机驱动车辆的 $a_{0,\max}$ 通常不超过 $0.5g$（考虑一定的加速轴荷转移，前驱车型应取更小的值），全驱车型应尽量不超过 $0.8g$。

$$F_{\max} - mgf = ma_{0,\max} \tag{5-11}$$

另一方面，如图 5-13 所示，给定峰值驱动力 $F_{\max}$，等间隔改变峰值功率 $P_{\max}$，对 $0\to 100\mathrm{km/h}$ 的加速时间进行计算，结果如图 5-14 和图 5-15 所示。可以看到，峰值功率对总加速时间的影响与峰值驱动力相似：随着峰值功率的增加，总加速时间逐渐减小，但减小程度越来越低。这是由于峰值驱动力恒定时，增大峰值功率相当于延长了恒驱动力加速的时间，从而提升了加速性能；但当峰值功率增大到一定程度后，恒功率区的驱动力越来越接近峰值驱动力，因此对加速性能的改善作用越来越有限。

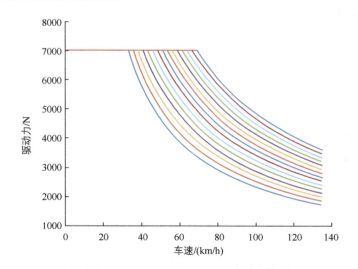

图 5-13　峰值驱动力一定、等间隔增加峰值功率时电驱动系统的输出外特性曲线

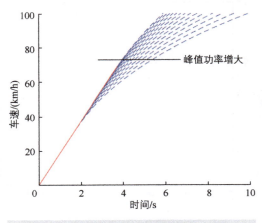

图 5-14 变峰值功率加速车速变化曲线

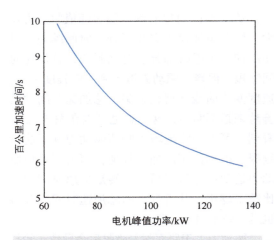

图 5-15 变峰值功率加速总时间变化

综合上述分析可知,加速总时间 t_a 随 $a_{0,\max}$ 和 $P_{\max}$ 两个变量的增大而非线性减小,且减小程度逐渐降低,因此二元函数 $f(a_{0,\max}, P_{\max})$ 所构成的曲面应向坐标轴 $a_{0,\max}$ 和 $P_{\max}$ 的大端弯曲,其示例形状如图 5-16 所示。将图 5-16 中的曲面向 $a_{0,\max}$-$P_{\max}$ 平面投影,可得到图 5-17 所示的总加速时间等高线,从中可筛选出满足加速时间要求并兼顾电驱动系统成本的最佳参数组合。如图 5-17 所示,若百公里加速时间的设计指标为 10s,则画圈区域内的设计为可能的最佳设计。

最大起步加速度和峰值功率确定后,可由式(5-12)和式(5-13)确定电机的峰值转矩和峰值功率应满足的条件:

$$\frac{T_{\max} i_g i_{0(1)} \eta_t}{r} - mgf \geq ma_{0,\max} \tag{5-12}$$

$$P_{\max} \geq P_{加速} \tag{5-13}$$

式中,η_t 为传动效率。

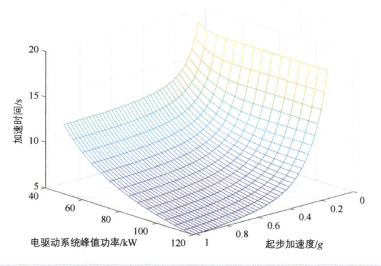

图 5-16 总加速时间随起步加速度和电驱动系统峰值功率的变化关系

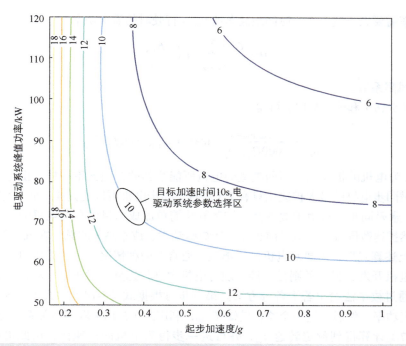

图 5-17　总加速时间等高线

（4）电机峰值参数综合分析

结合上文所述最大爬坡度、最高车速和加速时间的要求，可得到电机峰值参数的确定公式为

$$P_{max} \geqslant \max(P_{加速}, P_{爬坡}, P_{最高车速}) \tag{5-14}$$

$$\frac{T_{max} i_g i_{g(1)} \eta_t}{r} \geqslant \max(ma_{0,max} + mgf, F_{爬坡}) \tag{5-15}$$

将式（5-15）和式（5-4）相乘，整理可得：

$$T_{max} n_{max} \geqslant \frac{30 v_{max,1} i_{g(max)}}{3.6 \pi \eta_t i_{g(1)}} \max(ma_{0,max} + mgf, F_{爬坡}) \tag{5-16}$$

式（5-16）的含义可理解为：峰值转矩和最高转速的乘积满足该式的电机，通过一定的传动比配置，就能满足整车动力性能需求。对于仅配置固定速比减速器的电动汽车，式（5-16）一定程度上实现了电机峰值参数与传动比匹配计算过程的解耦。也就是说，在考虑电机峰值参数的可能情况时，可以暂时不必考虑传动比的大小。若匹配了多档变速器，这一条件更加容易满足，因为 $\frac{i_{g(max)}}{i_{g(1)}} < 1$。

（5）额定参数及传动比计算

需要确定的电机额定参数主要包括额定转速和额定功率，额定转矩可由这两个参数直接计算得到。

电机的额定转速可由其峰值功率和峰值转矩估算得到

$$n_e = \frac{9549 P_{max}}{T_{max}} \tag{5-17}$$

额定功率需要大于或等于长时间最高车速 $v_{max,2}$ 行驶时的需求功率

$$P_e \geq \frac{C_d A v_{max,2}^3}{76140} + \frac{mgfv_{max,2}}{3600} \quad (5\text{-}18)$$

式中，C_d 为风阻系数。

联立式（5-16）和式（5-17）可得

$$\frac{n_{max}}{n_e} \geq \frac{v_{max,1} i_{g(max)}}{3600 P_{max} \eta_t i_{g(1)}} \max(ma_{0,max} + mgf, F_{爬坡}) \quad (5\text{-}19)$$

式中，n_{max}/n_e 为电机的扩速比。不同类型的电机所能达到的扩速比不一样。由电机领域相关文献可知，永磁同步电机的最大扩速比只有 2.5 左右，异步电机可以达到 4，而开关磁阻电机最高可以达到 6。永磁同步电机由于效率高、控制算法简单而成为目前车用电机的主流选择；开关磁阻电机虽然扩速范围较宽，但目前还存在转矩脉动大、成本高等问题，在汽车领域应用较少。

在得到上述算式后，需要对电机进行选型。通常有两种情况：一种是电机厂商根据客户需求重新进行电机开发；另一种则是直接在现有电机中进行选型。对于第一种情况，需要根据上述关系式，通过枚举法给出若干备选方案。第一步可根据式（5-14）和式（5-18）分别确定峰值功率和额定功率，然后选定一个峰值转矩 T_{max0}，利用式（5-16）取等号关系可计算得到 n_{max0}，通过式（5-17）计算得到额定转速 n_{e0}，并可进一步得到电机的扩速比，由此电机参数（P_{max}, P_e, T_{max0}, n_{max0}, n_{e0}, $\frac{n_{max0}}{n_{e0}}$）基准方案确定。第二步等间距增大或减小 T_{max0}，得到例如 $1.3T_{max0}$、$1.2T_{max0}$、$1.1T_{max0}$、$0.9T_{max0}$、$0.8T_{max0}$、$0.7T_{max0}$ 等不同方案，提交给电机厂商，根据实际设计难度和成本等因素进行方案确定与优化。

与第一种情况一样，第二种情况也可以先确定电机的额定功率和峰值功率。根据这两个参数和不等式（5-16）可筛选出可能的电机型号。

在选定电机后，传动比可由下式确定

$$\frac{3.6\pi n_{max}}{30 v_{max,1} i_{g(max)}} \geq i_0 \geq \frac{r}{T_{max} \eta_t i_{g(1)}} \max(ma_{0,max} + mgf, F_{爬坡}) \quad (5\text{-}20)$$

在不匹配多档位变速器电机也能满足要求的情况下，式（5-20）中的 $i_{g(max)}$ 和 $i_{g(1)}$ 的值均为 1，可得到主减速比 i_0 的范围。车用减速机构通常使用齿轮作为主要零件，根据得到的主减速比范围，结合机械设计中齿轮传动的基本原理，选取合适的齿数比可得到确切的传动比。但是如果电机的转速范围不够宽，无法同时满足式（5-16）和式（5-19），则需要对设计进行改进。一种方案是增大电机的峰值功率，但这会造成电机功率的过设计（因为车辆的动力性能指标并不需要这么大的电机功率），如果增大过多，并不可取。另一种方案则是匹配多档变速器，结合式（5-16）和式（5-19）可以得到变速器最高档和最低档的比值：

$$\frac{i_{g(1)}}{i_{g(max)}} \geq \max\left[\frac{3600 P_{max} \eta_t \eta_{max}}{v_{max,1} n_e \max(ma_{0,max} + mgf, F_{爬坡})}, \frac{3.6\pi T_{max} n_{max}}{30 v_{max,1} \max(ma_{0,max} + mgf, F_{爬坡})}\right] \quad (5\text{-}21)$$

档位的数量需要结合所选电机的扩速比确定，根据图 5-16 的档位切换原则，换档车速应选择在高档位额定转速对应的车速之上，以保证最优的加速性能，因此低档位最高转速对应的车速就应大于高档位额定转速对应的车速，因此相邻档位传动比比值应小于选定电机的扩速比。例如

选定的电机为一款扩速比为 2 的永磁同步电机,为了留有一定的换档车速重叠空间,则相邻档位之间的最大传动比应选择在 1.7 左右,最后根据式(5-21)右边的计算值和选定的最大传动比间隔,确定档位数和各档之间的传动比。需要说明的是,虽然匹配变速器可以减小驱动电机的转矩和功率,但由于增加了一个部件,系统集成难度增加,所以需要综合考虑是否匹配变速器。

由上述计算公式可确定各参数的组合关系,这个组合关系确定了各参数的一个取值空间。理论上来说,只要在这个取值空间内都是可以选择的设计参数。但还需要考虑其他的一些因素,比如设计加工难度、质量和体积、成本等。所以,在匹配设计过程中,可以在这个取值空间内找到多组可行的设计,从多个维度去选出最合理的设计。在确定最终方案之后,还需要将所有参数代入进行校核,得到车辆最终能达到的动力性能指标。

5.2 整车控制系统设计

5.2.1 整车控制系统的主要功能

整车控制系统(Vehicle Control Unit, VCU)作为电动汽车的"大脑",从全局角度协调电池、电机和高压配电箱等部件的工作,以满足驾驶员的驾驶需求,并实现优良的动力性、经济性、可靠性和安全性。典型的电动汽车整车控制系统架构如图 5-18 所示。

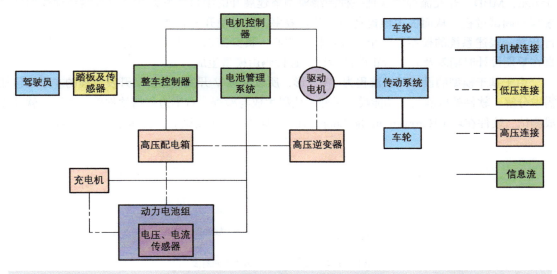

图 5-18 典型的电动汽车整车控制系统架构

整车控制器的主要功能包括:

1)高压上下电管理:整车控制器接收到驾驶员输入的车辆起动、关闭或充电信号以及电池管理系统和电机控制器等的状态反馈信号后,通过控制总正、总负、预充和充电等继电器的开闭,实现高压电路在正常或非正常情况时的上、下电管理。

2)行驶模式管理:电动汽车在行驶过程中会存在前进、后退、空档等多种档位操作模式,以及驱动、滑行、制动等多种驱动控制模式。行驶模式管理模块的主要功能就是根据驾驶员输入的操作对行驶模式进行判断,进而对车辆进行相应的控制。

3）驱动转矩管理：将驾驶员踩下的加速踏板开度解析为驱动电机的目标转矩指令，该指令在经过电池、电机、传动系等最大输出能力的修正后，通过 CAN 总线下发给电机控制器，控制电机输出相应的转矩。

4）制动能量回馈控制：对电制动力和机械制动力在总制动力中的分配比例进行控制。

5）电动附件管理：管理电动空调、PTC 暖风、电子水泵和油泵等电气化附件的工作。

6）续驶里程估计：基于电池能量状态、行驶工况和附件能量消耗等信息，估计电动汽车的剩余续驶里程。

7）安全管理（故障诊断与容错控制）：在检测到动力系统发生故障后，采用冗余信息或其他控制策略对部件进行降级控制，防止损坏零部件或威胁人身安全。

8）网络管理：电动汽车上的控制单元除了 VCU 之外，还包括电机控制器、电池管理系统、仪表控制器、DC/DC 控制器等。这些控制单元通过多条 CAN 总线进行信息交互。VCU 通过网络管理实现了这些信息的有序可靠交互。

下面将重点针对高低压上下电管理、行驶模式管理、驱动转矩管理和制动能量回馈控制等功能进行详细介绍。

5.2.2 整车控制系统的开发流程

包括整车控制器在内的现代汽车控制器的软件开发多采用基于模型的设计（Model Based Design，MBD）开发流程，这是一种围绕模型搭建展开的项目开发方法，可以避免烦琐的代码编写和调试过程，从而极大地提高项目开发效率，同时使开发者能够更快捷、以更少的成本进行开发。表述系统的模型是整个开发流程的中心，贯穿需求、设计、实施与测试，可以通过仿真在早期设计时期就及时进行正确性验证，且代码由模型生成。

由于基于模型的设计开发流程为"V"形，所以又称 V 开发流程。V 开发流程的左半边包括需求分解、软件架构确定、功能模块搭建、代码生成与检查，右半边包括软件单元测试、软件集成测试、硬件在环（Hardware-in-the-Loop，HiL）测试、实车测试等，具体流程如图 5-19 所示。

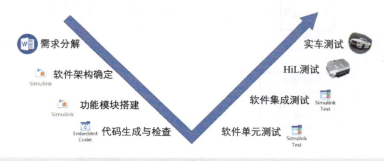

图 5-19　汽车整车控制系统 V 开发流程

1）需求分解：根据整车功能需求将控制器功能划分为不同功能模块，为软件功能模块搭建提供指导。

2）软件架构确定：确定每个功能模块的输入、输出信号及模块间的关系。

3）功能模块搭建：根据分解后的功能需求，搭建功能模块，过程中需要遵守通用建模规范、命名规则，并编写设计文档。

4）代码生成与检查：检查搭建的功能模块是否可以生成代码。

5）软件单元测试：编写测试用例，对软件功能模块进行测试，并生成测试报告。

6）软件集成测试：编写测试用例，对整套软件进行测试，并生成测试报告。

7）HiL 测试：将通过测试的软件生成可执行文件并下载到控制器中，搭建试验台架，对控制器的功能进行测试。

8）实车测试：将控制器安装到实车上，测试是否可以完成预期的功能和性能。

5.2.3　VCU 主要功能模块设计

1. 上下电管理策略设计

上下电管理模块根据检测到的钥匙信号，对高低压上下电的时序过程进行管控。一个典型上电过程的管控流程图如图 5-20 所示，包括如下几个主要的步骤：

1）VCU 被钥匙信号唤醒后，进行自检并将继电器状态初始化。

2）自检完成后通过硬线引脚控制各个低压继电器按顺序闭合，期间计时监测各低压继电器状态和闭合所用时间。

3）所有低压继电器在规定时间内按顺序闭合，则判断低压上电成功；若超时，则判断低压继电器故障。

4）低压上电成功后，进入高压上电功能。VCU 通过 CAN 总线向 BMS 发送高压上电请求，同时监测 BMS 发送的高压上电状态位。

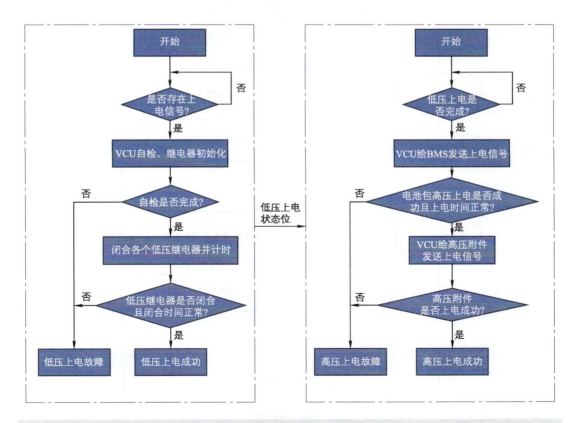

图 5-20　典型上电过程的管控流程图

5）在规定时间内，若 BMS 反馈的高压上电状态位为 1，即判断电池包上电成功；若超时或高压上电状态位为 0，即判断电池包上电失败。

6）电池包上电后，VCU 通过 CAN 总线向各高压附件发送高压上电请求。若各高压附件反馈上电成功，则判断整个高压上电过程完成；否则，判断高压上电失败。

2. 整车模式管理策略设计

根据钥匙位置、充电枪信号及车辆状态，可将整车模式细分为上电模式（ON）、下电模式（OFF）、行车模式（Start）和充电模式（Charge）。

1）上电模式：根据钥匙 ON 档位置控制行车模式下的正常上电，并对上电过程中的预充电过程、高压继电器状况和整车状况进行监控。

2）下电模式：根据钥匙 OFF 档位置、充电枪信号及紧急下电信号控制行车模式下的正常下电、充电模式下的正常下电和紧急下电功能。

3）行车模式：根据钥匙 Start 档位置及车辆状况，控制车辆的前进、后退、驱动、制动等行车模式，并对行车过程中的踏板信号、转矩信号，能量回收过程中的电池状态等关键信号进行监控。

4）充电模式：根据对充电枪信号的判断控制高压上电，对充电过程中的电池状态进行监测，并禁止对电机等其他高压部件上电和禁止车辆驱动行驶。

整车模式切换过程流程图如图 5-21 所示。

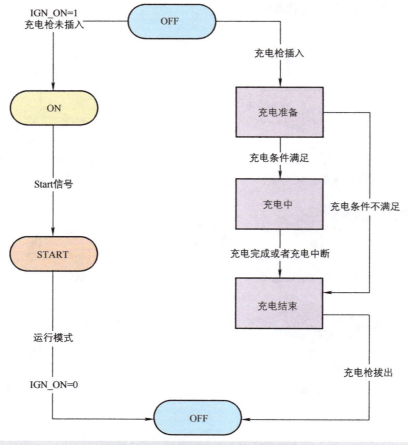

图 5-21 整车模式切换过程流程图

进入 Start 模式之后，根据档位的不同，整车的行驶模式可进一步划分为空（N）档、前进（D）档、后退（R）档和驻车（P）档四种模式。这四种模式之间的切换逻辑遵循图 5-22 所示的状态机。

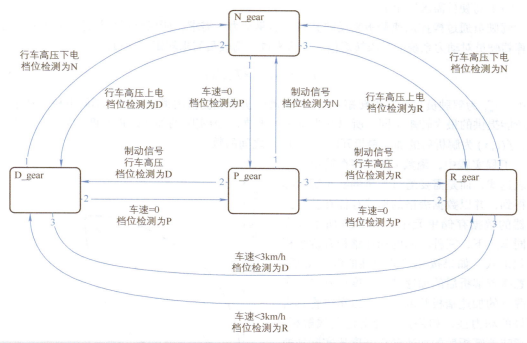

图 5-22　整车行驶模式档位切换状态机

在前进和后退模式中，根据加速踏板和制动踏板信号的不同，可分为驱动、制动和滑行三种不同的模式。三种模式之间的切换逻辑遵循图 5-23 所示的状态机。

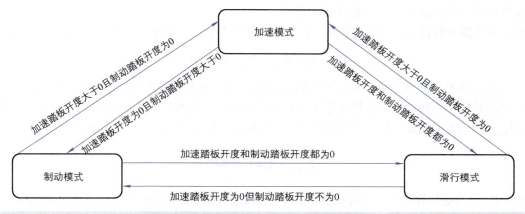

图 5-23　驱动制动和滑行模式切换状态机

在滑行模式下，电动汽车可通过电机反拖制动来回收滑行过程中的动能。制动力矩越大，回收的能量越多，电动汽车的能耗越低。但制动力矩过大会使车辆产生明显的拖拽感，影响乘坐舒适性。因此，需要合理标定滑行过程中电机的制动力矩。通常，将滑行过程中的制动减速度标定在 0.15g 以下时，不会对乘员造成明显的拖拽感。

3. 驱动控制策略设计

整车驱动控制策略主要包括驾驶员需求转矩解析和转矩修正两个模块。接下来将具体介绍这两个模块的设计原理。

（1）驾驶员需求转矩解析

驾驶员通过操控加速踏板来反映其对车辆驱动力的需求，所以可根据加速踏板开度大小来计算驾驶员对动力系统的需求转矩值。一般来说，驾驶员需求转矩可通过式（5-22）进行计算。

$$T_{m1}^* = f(\tau, v) \times T_{max}(v) \tag{5-22}$$

式中，T_{m1}^* 为驾驶员目标需求转矩；T_{max} 为驱动电机所能提供的最大转矩，不同电机转速下，电机所能提供的最大转矩不同，所以其为车速的函数；τ 为实际的加速踏板开度，为 0~1 之间的数；$f(\tau, v)$ 为解析后的加速踏板开度，为 0~1 之间的数。

工程实践中，函数 f 并不存在简单的解析表达式，而是需要通过大量的实车试验标定得到，并以数据表格的形式存储在整车控制器的数据存储单元中。图 5-24 所示为在相同车速下，三种不同的加速踏板开度解析函数形式。如果按照"动力性曲线"解析，则意味着解析后的加速踏板开度比驾驶员实际踩下的加速踏板开度大，所以车辆将具有更好的动力性；如果按照经济性曲线解析，则意味着解析后的加速踏板开度比实际加速踏板开度小，所以车辆具有更好的经济性。

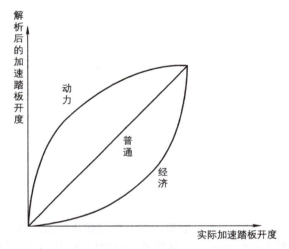

图 5-24 加速踏板负荷率曲线

（2）需求转矩修正

根据加速踏板深度计算出驾驶员的目标需求转矩后，需根据电池、电机和传动系统的最大输出能力对目标转矩进行修正，以确保各部件不会过载工作。具体的修正见式（5-23）。

$$T_{m2}^* = \min\{T_{b,max}, T_{m,max}, T_{tr,max}, T_{m1}^*\} \tag{5-23}$$

式中，$T_{tr,max}$ 为传动系统允许输出的最大转矩；$T_{m,max}$ 为电机控制器实时反馈给整车控制器的电机最大许用转矩，一般由电机控制器根据电机的当前转速、电机和电机控制器的当前温度计算得到；$T_{b,max}$ 为动力电池最大输出能力对应的许用转矩，可由式（5-24）进行计算。

$$T_{b,max} = 9549 \frac{P_{b,max} \eta_m}{n_m} \tag{5-24}$$

式中，$P_{b,max}$ 为电池管理系统实时反馈给整车控制器的电池最大许用功率，一般由电池管理系统根据电池当前的荷电状态、温度计算得到；η_m 为电机当前的效率，可根据电机当前的工作转速和转矩查效率表得到；n_m 为电机当前的转速。

4. 制动能量回收控制策略设计

电动汽车可以利用车载电机将车辆滑行或制动过程中损失的动能转化为化学能储存在电池中。所以在电动汽车的制动过程中，存在电制动和机械制动两种制动形式。如何将总制动力在电制动和机械制动中进行分配,对制动能量回收效率和制动安全都十分重要。下面将从制动性能基本理论出发,介绍两种不同的制动能量回收控制策略及其设计原理。

(1)制动性能

1)制动力。制动过程中的车轮受力如图 5-25a 所示。图中制动器与金属盘压紧产生制动力矩 T_b,F_b 为制动力矩 T_b 引起的路面对车轮的切向反作用力。忽略滚动阻力和风阻,由力矩平衡关系可得地面制动力的大小为

$$F_b = \frac{T_b}{r_d} \tag{5-25}$$

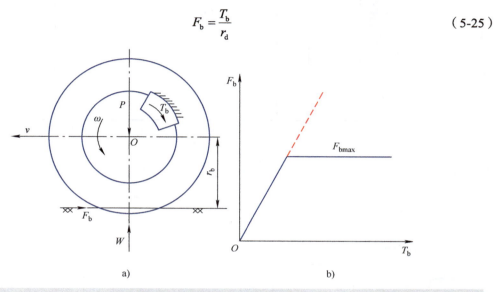

图 5-25 制动力矩和制动力

同时,如图 5-25b 所示,F_b 的大小受限于路面附着系数 μ,最大地面制动力由式(5-26)决定。

$$F_{bmax} = \mu W \tag{5-26}$$

式中,W 为车轮上的垂向载荷。

当地面制动力超过路面附着极限时,车轮将发生滑移,可用滑移率 s 表示滑移的剧烈程度。同一路面情况下的滑移率与路面附着系数之间的关系如图 5-26 所示。

2)前后轴制动力分配。车辆制动时整车重心会前移,其受力情况如图 5-27 所示。假设车辆制动时的加速度大小为 j,则有:

$$j = \frac{F_{bf} + F_{br}}{M} \tag{5-27}$$

由力矩平衡关系可计算得到前后轴铅垂方向的载荷 W_f 和 W_r:

$$W_f = \frac{Mg}{L}\left(L_b + h_g \frac{j}{g}\right) \tag{5-28}$$

$$W_r = \frac{Mg}{L}\left(L_a - h_g \frac{j}{g}\right) \tag{5-29}$$

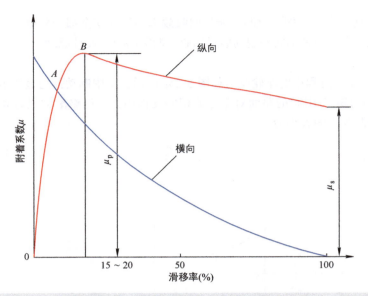

图 5-26 附着系数与滑移率之间的关系

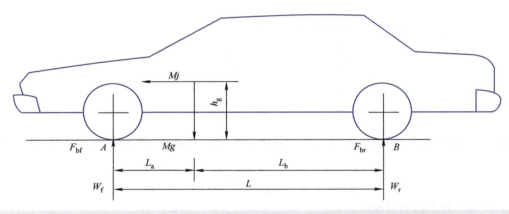

图 5-27 车辆制动时的受力图

前、后轮同时抱死时的前、后轮制动力 F_{bf} 和 F_{br} 的关系曲线被称为理想制动力分配曲线。在附着系数为 μ 的路面上,前、后轮同时抱死时,前、后轮制动力分别等于各自的附着力,因此有

$$\frac{F_{bf}}{F_{br}} = \frac{\mu W_f}{\mu W_r} = \frac{L_b + h_g j/g}{L_a - h_g j/g} \qquad (5\text{-}30)$$

同时,前、后轮制动力之和等于车辆的附着力

$$\frac{F_{bf} + F_{br}}{M} = \frac{(W_f + W_r)\mu}{M} = g\mu \qquad (5\text{-}31)$$

联立式(5-30)和式(5-31)即可得到不同路面附着系数下的理想制动力分配关系。利用作图法,可将这些理想的制动力分配曲线(I 曲线)全部画出来,如图 5-28 所示。

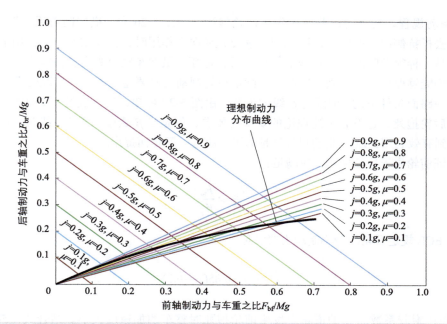

图 5-28 前、后轮的理想制动力分配曲线

通常,两轴汽车的前、后制动器制动力之比为一固定的比值。用 β 表示前制动器制动力与总制动力的比值,则可得前、后制动器制动力之比为

$$\frac{F_{bf}}{F_{br}} = \frac{\beta}{1-\beta} \quad (5\text{-}32)$$

由式(5-32)确定的直线为实际的前、后制动器制动力分配曲线,简称 β 线,如图 5-29 所示。

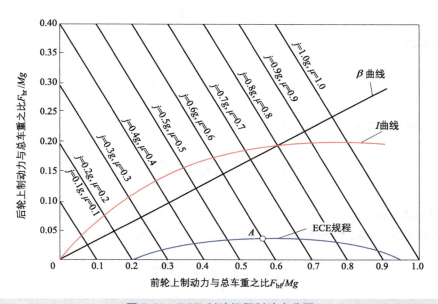

图 5-29 ECE 制动规程制动力分配

3）制动规程。制动时，若后轮先于前轮抱死，由图 5-26 中"横向附着系数"曲线可知，后轮会失去抵抗侧向力的能力，因此当车辆受到横向力作用时，会在惯性力的作用下不断加速侧滑，这是一种很危险的情况；若前轮先于后轮抱死，虽然车辆会失去转向能力，但在惯性力的作用下仍能够保持直线行驶，因此在分配前后轮制动力时要避免第一种情况的发生。图 5-29 所示为某一路面条件下的 I 曲线与 β 线的关系。由图 5-29 可知，当 β 线处于 I 曲线下方时，前轮将先于后轮抱死，这符合上述理论的安全性要求；但是当 β 线远低于 I 曲线时，后轮的制动能力得不到有效利用，ECE 制动规程便是为了解决这一问题而提出的。

要保证前轮先于后轮抱死，应满足：

$$\frac{F_{bf}}{W_f} \geq \frac{F_{br}}{W_r} \tag{5-33}$$

同时 ECE 规定后轮的最小制动力要满足

$$\frac{j}{g} \geq 0.1 + 0.85(\mu - 0.2) \tag{5-34}$$

式中，j 为在附着系数为 μ 的道路上发生前轮抱死时整车的加速度大小。结合式（5-27）~式（5-29），计算得到前、后轮制动力分配比例的下限，如图 5-29 中 ECE 规程曲线所示。因此，前、后轮制动力的分配比例须落在 I 曲线与 ECE 制动规程曲线之间。

4）制动性能分析

① f 线和 r 线。当前轮抱死时，前、后轮制动力的关系随路面附着系数的变化可由下列推导过程得到。

由式（5-26）和式（5-28）可得前轮上的制动力为

$$F_{bf} = \frac{Mg\mu}{L}\left(L_b + \frac{j}{g}h_g\right) \tag{5-35}$$

将式（5-27）代入式（5-35）可得

$$F_{bf} = \frac{Mg\mu}{L}\left(L_b + \frac{F_{bf} + F_{br}}{Mg}h_g\right) \tag{5-36}$$

将式（5-36）化简为 F_{bf} 和 F_{br} 的一次函数：

$$F_{br} = \frac{L - \mu h_g}{\mu h_g}F_{bf} - \frac{MgL_b}{h_g} \tag{5-37}$$

取不同的路面附着系数 μ 值，即可得到图 5-30 中的 f 线。

同理可得后轮抱死时不同路面附着系数下的前、后轮制动力关系为

$$F_{br} = \frac{\mu h_g}{L + \mu h_g}F_{bf} + \frac{\mu MgL_a}{L + \mu h_g} \tag{5-38}$$

得到的 r 线如图 5-30 所示。

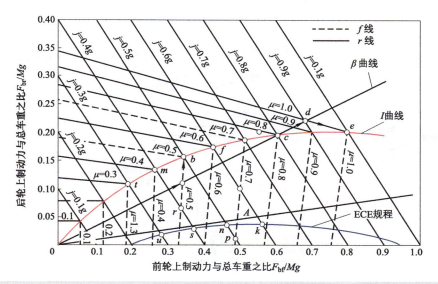

图 5-30　制动力分配曲线

② 前轮的最大可用制动力。制动过程中的前、后制动器制动力分配情况为：如图 5-30 所示，当 $\mu=0.5$ 时，踩下制动踏板后，前、后制动器制动力的分配比例沿 β 线上升至 a 点，触碰到 $\mu=0.5$ 的 f 线，前轮抱死，若继续踩深踏板，制动力分配点会沿 f 线移动至 b 点，前后轮同时抱死，此时汽车的制动减速度达到最大值 $0.5g$；当 $\mu=1.0$ 时，踩下制动踏板后，制动力分配点沿 β 线上升至 d 点，触碰到 $\mu=1.0$ 的 r 线，后轮抱死，继续踩深踏板，制动力沿 r 线到达 e 点，此时前、后轮同时抱死，汽车的制动减速度达到最大值 $1.0g$；当 $\mu=0.8$ 时，踩下制动踏板，前后制动力沿 β 线上升至 c 点，前、后轮同时抱死，制动减速度达到最大值 $0.8g$。

（2）再生制动控制策略的设计原理

再生制动的加入使得车辆的制动系统变得复杂，主要问题是前、后轴的制动力分配和在总制动力中电制动力与机械制动力的分配。这里介绍两种再生制动系统及其控制策略的设计：一种是并联式再生制动系统，其结构和控制过程简单，但前、后轴的机械制动力只能遵循 β 线，不可独立控制；另一种是全可控混合制动系统，它能单独控制前、后轴甚至每个车轮的机械制动力，因此控制自由度更大，但控制策略也相对更加复杂。

1）并联式再生制动系统。并联式再生制动系统结构原理图如图 5-31 所示。在该系统中，机械制动系统保持常规结构，机械制动力由制动踏板控制，前、后轮制动力依据 β 线进行分配，电制动力在控制策略的控制下以一定比例加入机械制动力中。并联式再生制动控制策略主要包括两种：电制动力与机械制动力成固定比例的控制策略和电制动最大化的控制策略。

电制动力与机械制动力成固定比例的控制策略的基本思想为：当轮速高于给定阈值时，在前后制动力分配符合 ECE 制动规程的前提下，电制动力以固定的比例加入前轮制动力中。图 5-32 中机械+电气折线表示该控制策略的制动力分配情况。当期望制动减速率 j 低于一定值（如图 5-32 中的 $0.15g$）时，总制动力完全由前轮电机制动力 $F_{bf-regen}$ 提供；当期望制动减速率超过给定值后，电制动力与机械制动力共同作用，电制动力保持恒定，不足部分由机械制动力补足，如图 5-32 中的前轮机械制动力 $F_{bf-mech}$ 和后轮机械制动力 F_{br} 所示；随着目标制动减速率逐渐增大，如当 $j>0.6g$ 时，逐渐降低电机制动力，直至 $j=0.9g$ 时完全采用机械制动力进行制动，以使得前、后制动力分配贴近 I 曲线，实现最佳制动效能。

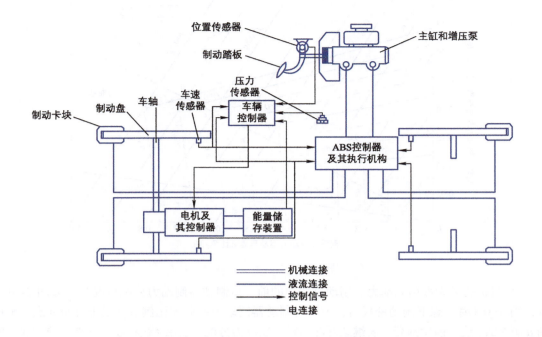

图 5-31 并联式再生制动系统结构原理图

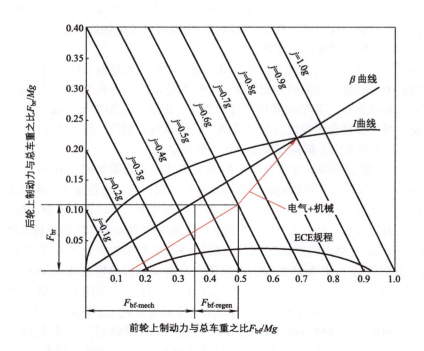

图 5-32 电制动力与机械制动力成固定比例的控制策略

再生制动最大化的控制策略的基本思想为：在前轮不发生抱死并遵循 ECE 制动规程的前提下，总制动力尽可能多地分配在前轴（电机驱动轴）上。以图 5-33 为例，当目标制动强度为 0.5 时，该策略下理想的前后制动力分配为 ECE 规程曲线上的 b 点，那么前后轮的机械制动力分配为 d 点，前轮机械制动力 $F_{f\text{-mach}}$ 即为 d 点横坐标，前轮电机制动力的最大可能值 $F_{regen\text{-max-possi}}$ 为线段 db，还要保证路面附着系数高于 0.67，否则前轮会抱死；然而当实际最大电机制动力 $F_{motor\text{-max}}$ 偏小时（如线段 fe 所示），前后制动力的分配应为 e 点，前后轮的机械制动力分配为 f 点，这样便可实现能量制动回收的最大化。该策略用于装配 ABS 的汽车效果更好。如图 5-33 所示，当 $\mu=0.6$、$j=0.5g$ 时，gh 线段表示无 ABS 装置时电机的制动力，短于代表电机最大制动力的 fe 线段，无法实现再生制动最大化；而装配 ABS 的汽车在制动时，由于 ABS 会在前轮抱死时解除前轮的机械制动力，使前后机械制动力的分配脱离 β 线，因此 gh 线段可以延伸至电机的最大制动力矩处，实现再生制动的最大化。该策略的设计和控制过程会因为 ECE 规程曲线的非线性特征而变复杂，所以可将前后轮制动力的分配遵循 ECE 规程曲线的切线进行，如图 5-33 中的 $\beta_{hb\text{-max}}$ 线所示。

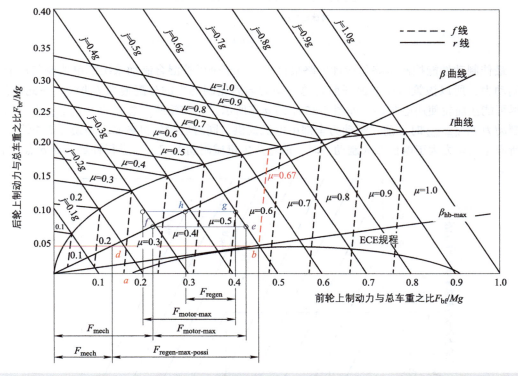

图 5-33 再生制动最大化控制策略

2）全可控混合制动系统。全可控混合制动系统又称为串联式再生制动系统，与上述并联式再生制动系统不同，该系统前后轮的机械制动力可以独立控制和调节。如图 5-34 所示，在汽车制动时，液压制动控制器（H-EBS）通过控制三端口开关可以实现对每个车轮机械制动力的独立控制。全可控混合制动系统由于具有更大的控制自由度，因此更容易实现最佳制动性能和最大化回收能量这两个目标。根据控制目标进行分类，可将全可控混合制动系统的再生制动策略分为两种，即最佳制动性能控制策略和最大化能量回收控制策略。

电动汽车设计与制造

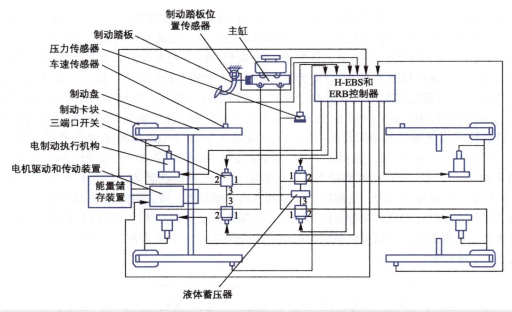

图 5-34　全可控混合制动系统结构原理图

最佳制动性能控制策略的设计思路很直观。由于全可控混合制动系统能单独控制每个车轮的制动力，所以该策略能够保证前轮总制动力与后轮制动力的分配遵循 I 曲线。在此前提下，应尽可能让前轮使用电制动。如图 5-35 中的 a 点所示，当前轮所需总制动力 $F_{\text{br-regen}}$ 小于电机最大制动力 $F_{\text{br-regen-max}}$ 时，前轮制动力全部由电机提供，同时后轮的机械制动力遵循 I 曲线；当前轮所需总制动力大于电机最大制动力时，前轮产生机械制动力 $F_{\text{bf-mech}}$ 进行补足，如 b 点所示。

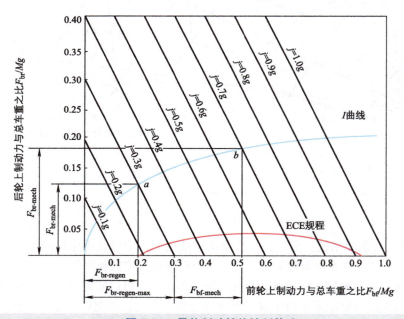

图 5-35　最佳制动性能控制策略

第5章 电驱动系统设计

最大化能量回收控制策略的设计思路与上述并联式再生制动系统的第二种控制策略类似，即在保证前轮不抱死的前提下将制动力尽可能多地分配到前轮，使更多的制动能量用于再生制动，只是前后轮的机械制动力分配不再需要遵循 β 线。该策略要保证前轮不抱死，且后轮制动力的分配要在 ECE 制动规程曲线上方。如图 5-36 所示，当 $\mu=0.9$，制动强度分别为 0.7 和 0.6 时，为了能让前轮获得最大的制动力以保证最大的制动能量回收，前后轮的制动力分配比例分别取路面条件限制的 b 点和 ECE 规程限制的 d 点，显然，汽车在高附着路面上制动时，后轮只分配到很小的制动力；当 $\mu=0.4$，制动强度分别为 0.3 和 0.2 时，前后轮制动力的分配选择 f 点和 h 点，可以看到当汽车在低附着路面上制动时，制动力的调节范围小了很多。在激烈的制动情况下（即制动强度接近路面附着系数时），前后轮的制动力分配应按照 I 曲线进行。若前轮所需总制动力低于电机最大制动力 $F_{\text{b-regen-max}}$，则前轮制动力全部由电机提供，如图 5-36 中 n 点所示；若前轮所需总制动力大于电机最大制动力 $F_{\text{b-regen-max}}$，须由机械制动力 $F_{\text{bf-mech}}$ 补充剩余制动力，如图中 m 点所示。

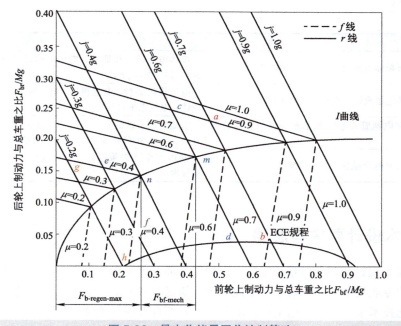

图 5-36 最大化能量回收控制策略

第 6 章
动力电池与高压电气系统设计

☞ 本章导学

本章概括了动力电池系统的设计要求和开发流程，介绍了单体电池的基本原理、结构设计与选型，以及电池系统的模组结构、安全防护和内部电气系统的设计和要求，进一步对电池管理系统的基本功能设计进行介绍，包括电池状态监测、状态估计、安全监测及充放电控制等。通过本章的学习，可以使读者较为全面系统地了解从单体电池到电池系统的设计方法与要求。

☞ 学习目标

序号	学习目标	知识点	学习要求
1	掌握单体电池设计与选型的基本方法	单体电池的工作原理、电池结构设计方法、材料与结构选型方法	掌握
2	了解电池模组结构与安全防护设计	电池模组结构、电池箱机-电-热安全防护设计、电气系统设计	了解
3	掌握电池管理系统的基本功能与状态监测方法	电池管理系统的基本功能、电池电-热监测方法、电池 SOC 和 SOH 状态估计方法	掌握
4	了解电池管理系统的管理策略	BMS 安全防护策略设计、充放电管理、能量管理	了解

6.1 基本设计要求与思路

动力电池系统设计是一项系统工程，这项工作涉及电化学、电子电路、传热制冷、机械力学等多学科的专业技术，内容众多，范围广泛。新能源汽车动力电池系统的设计目的就是在目前现有的电池技术条件下，依据整车性能要求，并综合考虑车辆性能、成本、生产、维护等各个方面，设计出满足要求的最佳配置的动力电池系统产品。

6.1.1 动力电池系统设计的要求和基本准则

新能源汽车的动力电池系统设计就是根据整车的设计要求，为其匹配具有最佳使用性能的动力电池系统。电池系统设计首先必须满足整车的电压平台、电耗、功率、续驶里程等性能要求，依次确定所使用的单体电池参数、电池系统的参数、电池系统的相应配置等，并在此基础上进行一定程度的优化，不断修改更正，使其具有最佳的综合性能。例如，新能源汽车的续驶里程取决于电池系统的设计容量和荷电状态。电池系统往往需要串并联大量单体电池来达到几百伏的电压（乘用车 200～400V，商用车 500～800V）和几十到几百千瓦时的电量，以满足新能源汽车电驱系统的高效率运行和续驶里程的需求。其次，在兼顾电池综合性能的同时，也需满足安全性、可靠性、维护、成本等其他基本设计准则。动力电池系统涉及的安全性能主要有电池的过充电过放电、内短路、针刺、挤压、碰撞、振动、低温和高温等。动力电池属于电化学能源体系,该体系对环境温度十分敏感,需设计高效的热管理系统来维持电池稳定工作在适宜的温度区间。电池系统设计需综合考虑汽车运行过程中的高低温环境变化、快速充放电、碰撞冲击等复杂多变的应用场景,以确保动力电池系统在整车使用条件下的可靠度。其他因素诸如电池报废后的可回收性、制造难度,以及电池系统的通用性、可操作性、质量、密度、使用环境温度和湿度范围等参数也是需要考虑的重要因素。

6.1.2 动力电池系统的设计思路和开发流程

动力电池系统的设计思路是基于动力电池系统的待解决问题而确立系统相关参数决定的。电池系统的设计需要确立以下相关参数。

1)电气特性:①标称电压及工作电压范围;②电池系统常规充放电电流范围;③电池系统基本充电要求。

2)功率特性:①电池系统最大输出功率及持续时间;②电池系统最大反馈功率及持续时间。

3)能量特性:①规定条件下的总能量、总电量;②可用 SOC 范围;③规定条件下可用能量、电量。

4)环境特性:①电池系统使用温度范围;②充电过程温度范围;③储存/静置温度范围。

5)物理特性:①电池系统的结构与尺寸;②电池系统的质量和密度;③力学性能;④安全防护性能。

6)BMS 要求:①对电池的管理和保护;②电池 SOC 和 SOH 判断;③通信方式及收发器件设计要求;④控制要求及通信协议。

7)整车接口要求:①物理接口,整车中电池安装空间位置、固定连接方式、冷却装置管路和介质流通的空间走向技术要求;②电气接口,整车线束定义和技术规范、连接件的型号和引脚定义;③通信接口,电池系统与整车的通信、BMS 内部通信、电池系统与充电装置通信,以及数据的存储、导出与维护。

设计人员在明确设计任务要求后,即可按照以下开发流程进行动力电池系统的设计。

(1)整车需求

动力电池系统本质上是基于整车的要求来设计的,因此对整车的了解更细致,设计的电池系统匹配性也越好,越完善。不仅驱动电机、整车线路及线路布置和整车控制策略会影响电池系统的设计,整车的质量、车身结构和尺寸、车内空间以及车辆的设计运行工况也会对其设计过程造成影响。整车对动力电池系统设计的影响主要体现在整车的动力系统匹配上,首先需要确定电动汽车的需求运行工况,基于工况要求提出整车对应的动力性能指标,然后根据动力性能指标对动力系统(驱动电机、电池等)进行相应参数匹配,最后采用仿真工具对动力系统的参数匹配结果进行仿真验证,甚至进行一定条件下的优化工作。

基于整车需求确认的相关参数和要求如下:①整车电机参数;②整车要求的工况续驶里程;③反馈功率;④动力电池系统的安装结构尺寸及安装固定要求;⑤电池系统的质量和可靠性要求;⑥电池充电方式及接口要求;⑦车辆运行环境温度范围;⑧电池充电环境温度范围;⑨车辆辅助系统(车内多媒体、空调、照明、无线电等)功率要求。

(2)动力电池系统设计步骤

1)确定整车的设计要求。

2）确定电机选型和参数要求。
3）确定电池系统的功率需求、电压范围。
4）确定电池系统的电池类型。
5）确定电池系统的 SOC 范围、有效容量范围和实际容量。
6）确定电池系统的组合结构形式、BMS 要求、接口、固定连接、散热方式和充电方式等。
7）仿真模拟验证和优化。

6.2 单体电池设计与选型

6.2.1 单体电池的结构与工作原理

目前新能源汽车大多采用可实现电能和化学能互相转换的二次电池作为动力电池系统的组成部分。按照动力电池系统所采用的储能电池类型，电池产品大致经过了铅酸蓄电池和镍氢电池时代，到如今的锂离子电池时代。下面将以锂离子电池为例，展开介绍单体电池的结构和工作原理。

1. 单体电池结构

锂离子电池一般由正极、负极、电解质、隔膜、集流体和外壳等构成。

（1）材料体系

正极材料是锂离子电池中最主要的锂离子来源，也是决定电池性能的关键。为了使锂离子电池具有较高的能量密度、较好的循环性能以及可靠的安全性能，对正极材料的选择应尽可能满足以下条件：

1）提供尽可能多的锂离子来源，不仅要提供在可能充放电过程中往返于正负极之间的锂离子，而且还需提供在负极表面形成 SEI 膜所消耗的锂离子。
2）提供较高的电极电位，使电池具有高输出电压。
3）电极过程的电压平台稳定，保证输出电位平稳。
4）锂离子扩散系数高，电极界面稳定。
5）充放电过程中结构稳定，可逆性好，保证电池的循环性能。
6）具有较高的电子和离子电导率。

锂离子电池的正极材料主要有钴酸锂、磷酸铁锂、锰酸锂、镍钴锰三元、镍钴铝三元等几种锂金属氧化物，而一般锂离子电池主要是依靠正极材料的不同而分类的。其中，磷酸铁锂（$LiFePO_4$）为橄榄石结构，具有一维锂离子传输通道。磷酸铁锂具有成本低、安全性高、循环寿命长的优势，但目前磷酸铁锂材料的生产稳定性不太好，电池批量一致性相对较差，并且磷酸铁锂电池电压平台低，标称电压仅为 3.2V，低温性能也较差。锰酸锂（$LiMn_2O_4$）材料为更稳定的三维尖晶石结构，其比能量较低，具有更高的安全性和寿命表现，以及更平衡的性能。镍酸锂的晶体结构与钴酸锂类似，具有层状结构，也具有较高的理论比容量，克服了钴系正极材料价格高和污染大的缺点，又弥补了锰系正极材料的循环稳定性差和放电容量低的不足，但镍酸锂的稳定性较差，在脱锂受热时容易发生相变和分解，一般不单独作为电池的正极材料。而最具优势的锂离子电池正极材料之一即为镍钴锰的三元正极组合。镍钴锰三元锂材料兼顾了三种锂金属氧化物正极材料的优点：镍酸锂的稳定性差但比能量高，可以实现较低内阻，与锰尖晶石结构混合可以实现两种活性金属的优势互补，并且通过调节镍钴锰三者的比例可以获得独特性能的正极体系，比如提高镍含量能够有效提升能量密度。目前常见的三元材料体系配比有 111、622、523 和 811 等。

负极材料是锂离子电池在充电过程中锂离子和电子的载体，起着能量的储存与释放作用，作为锂离子嵌入的载体，负极材料需尽可能满足以下要求：

1）确保负极基体中锂离子插入的氧化还原电位尽可能低，基体中能够发生可逆插入和脱嵌的锂比例尽可能高。

2）负极主体结构应稳定，确保锂离子在插嵌过程中结构没有或很少发生变化。

3）离子电导率和扩散系数尽可能高，减少极化，并能进行大倍率充放电。

4）主体材料表面结构良好，能够与液体电解质形成稳定的 SEI 膜等。

锂离子电池的负极材料主要有石墨材料、非石墨类碳材料、硅基材料、钛酸锂以及其他合金等。石墨材料具有对锂电位低、首次效率高、循环稳定性好、成本低廉等优点，是目前常用的锂离子电池负极材料。非石墨类碳材料分为硬碳和软碳，硬碳（难石墨化碳材料）具有更大的层间距，更有利于锂离子的嵌入和脱嵌过程，具有极好的充放电性能，但硬碳也有首次不可逆容量较高、电压平台滞后、压实密度低和容易产气等不可忽视的缺点。软碳（易石墨化碳材料）产生的无定形结构由于结晶度低，层间距大，与电解液的相容性好，因此低温和倍率性能优异。硅基材料和钛酸锂都属于非碳基负极材料，其中硅基材料具有更高的比容量，相比于石墨的理论比容量（372mA·h/g），其理论比容量能达到 4200mA·h/g。但硅基负极的劣势也极为明显，硅基材料体积膨胀效应明显，会导致负极活性材料的颗粒破碎，导致活性物质丧失，从而影响硅负极材料的循环性能。钛酸锂为尖晶石结构，晶格稳定的三维离子扩散通道使其具有高安全、高倍率、长寿命的特点，但其导电能力差、电位高，与高电位的正极材料只能形成 2.5V 左右的电压，理论容量偏低。随着电池材料体系的不断发展，锂金属负极也逐渐具备了应用前景，锂作为密度最小的金属，具有标准的电极电位和高理论比容量，但锂金属电池在使用中，会存在锂枝晶、负极沉积、负极副反应等，可能严重影响电池安全，目前正处于研发阶段，并未实现大规模量产。此外，锂金属负极配合固体电解质将组成比容量更高的电池，在固态电池领域有广泛的应用前景，将成为未来锂电池负极的重要体系之一。

正负极材料的结构特点如图 6-1 所示。

电解质通常由高纯度的有机溶剂、电解质锂盐和添加剂等原料，在一定条件下按照一定的比例配制而成。如图 6-2 所示，有机溶剂有碳酸丙烯酯（PC）、碳酸乙烯酯（EC）、碳酸二甲酯（DMC）、碳酸二乙酯（DEC）、碳酸甲乙酯（EMC）等材料。在电解液体系中，有机溶剂可以溶解锂盐，从而实现在电池内部传输的锂离子同时又可以阻隔电子的传输。电解质锂盐有 $LiPF_6$、$LiBF_4$ 等材料。

隔膜主要由聚丙烯和聚乙烯等复合材料构成。为使锂离子能通过隔膜同时又阻隔正负极，隔膜内部存在微小孔洞。但在高温环境条件下，隔膜熔化收缩易造成电池正负极短路。因此，往往通过在隔膜表面包覆一层 Al_2O_3 等材质，防止隔膜高温熔化收缩，提高电池的安全性。电极材料的正极集流体材料通常为铝箔，负极集流体材料通常为铜箔。

随着电池材料体系的不断发展，电解质体系除了上述的液态电解质，还有新兴的固态电解质和半固态电解质，而采用固态电解质的电池也被称为固态电池，如图 6-3 所示。相较于传统的液态锂离子电池，固态电池具有鲜明的优势：

1）固态电解质完全消除了电解液腐蚀和泄漏的安全隐患，成组电池热稳定更高，安全性更好。

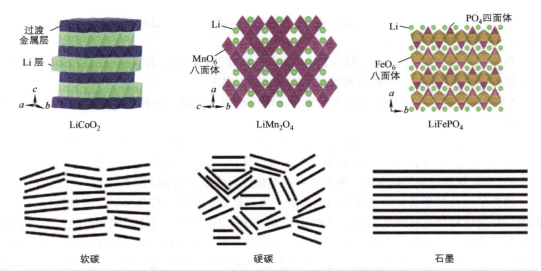

图 6-1 正负极材料的结构特点

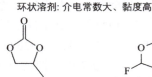

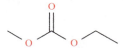

图 6-2 溶剂结构式

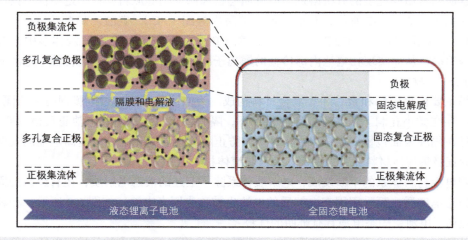

图 6-3 液态锂离子电池与固态电池的结构特点

2）电池的单体电压可以达到 5V 以上，具有较高的能量密度。

3）固体电解质是单离子导体，不存在液态溶剂与正负极材料的副反应，电池使用寿命更长。

4）电池由固体模块拼装，不仅能够减轻质量，而且能够降低生产成本。

5）取消了隔膜，电池整体结构更简单。

目前比较成熟的固态电解质主要有聚合物固态电解质、氧化物固态电解质和硫化物固态电解质。聚合物固态电解质是由有机聚合物基体和锂盐构成的，其锂传导机理是通过聚合物之间的键或其他电负性较高的原子对锂离子的感应，随着在富锂链的节段运动实现锂离子的邻接转移。常见聚合物基体有聚环氧乙烷（PEO）、聚丙烯腈（PAN）和聚偏氟乙烯（PVDF）等。氧化物固态电解质按照分子结构可以分为晶态和非晶态两类，晶态氧化物电解质例如 LISICON（快离子导体），其具有晶格结构，化学稳定性较高；非晶态氧化物电解质如 LiPON（锂磷氧氮固态电解质），类似于玻璃的无晶格结构，具有离子电导率高、电压高、热稳定性高等特点，目前已经得到了小规模的商业化应用。硫化物固体电解质可视为由硫化锂和铝、磷、硅等元素的硫化物组成的多元复合材料，硫离子半径大因而使锂离子的传输通道大，因此硫化物电解质在所有固体电解质中具有最好的离子电导率，但硫化物固态电解质也具有界面电阻大、易燃、对电池的密封性要求极高的缺点。固态电池作为下一代新能源汽车的动力电源，技术发展仍未完全成熟，目前正是各大企业和科研机构争相研发和攻克的重点。

针对目前固态电池存在的缺点，半固态电池应运而生。半固态电池是液态电池和固态电池的过渡产品和折中方案。出于提高导电能力的需求，半固态电池的电解质采用固液混合形态，在加入固体电解质的同时仍保留了少量电解液，因此需要隔膜分隔正负极。半固态电池相较于传统液态电池安全性有显著提升，但仍不及固态电池。

（2）电池结构

从结构上来看，锂离子电池与其他化学电源产品基本一致，常见的外形结构主要有圆柱形、方形、软包等。如图 6-4 所示，圆柱形电池的结构一般由外壳、盖帽、极耳、正极、负极、隔膜和电解液组成，通常电池外壳为电池的负极，盖帽为电池的正极，电池外壳采用钢板等坚固的金属材料。

1）圆柱形电池包含 18650、21700、26650 及 4680 等多种型号，型号名称主要由电池的高度和直径所决定。

2）方形电池的壳体主要分为塑料和金属两种材料，更适合做成大容量电池，并且集流和引流结构也更容易设计，电池组合方便，承受高倍率电流的能力强；由于方形电池壳体的耐压程度低，一般需设置卸压阀以防止电池产气导致的内压过高；但方形电池目前还没有统一的标准规格和型号。

3）软包电池通常采用铝塑膜作为包装结构，其主要为锂离子电池，目前也有许多软包电池产品应用在电动汽车中。软包电池中，用于和电池直接连接的极耳通常为在电池的一端或两端伸出的连接片，其材质一般为铜和铝。为了防止过充电等操作造成安全隐患，一般每个单体电池都会配备有热敏电阻（PTC）、翻转片（CID）等装置。

从内部成型工艺角度看，软包和方形电池可以采用卷绕或叠片工艺，而圆柱形电池因其独特的弧度结构只能采用卷绕工艺。尽管卷绕工艺发展时间相对更长、工艺成熟、成本低、良品率高，但随着携带动力电池的新能源汽车的迅速推广发展，叠片工艺凭借其体积利用率高、结构稳定、内阻小、循环寿命长等优点应用前景更为广泛，二者的优缺点对比见表 6-1。

电动汽车设计与制造

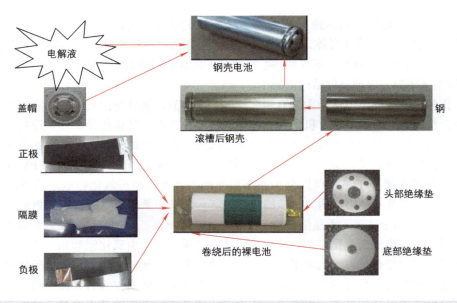

图 6-4 圆柱形电池内部结构

表 6-1 叠片和卷绕工艺的优缺点对比

对比项	叠 片	卷 绕
能量密度	较高；空间利用率更高	较低；存在C角，容量越大利用率越低
结构稳定性	较高，内部结构统一，反应速率相对一致	较低，存在C角，导致充放电内部反应速率不均匀
快充适应性	较好，多极片并联，内阻较低，可在短时间内完成大电流的充放电，电池的倍率性能较高	较差，充放电过程中，高温位置活性物质劣化速度加快，其他位置快速衰减
安全性	风险较低，应力分布更一致，可保持界面平整，稳定性更高	较低，折弯处容易出现掉粉、毛刺、极片膨胀、隔膜拉伸等潜在问题
循环寿命	较长，内阻较低，快充过程中可以缓解电池发热，提高电池化学系统稳定性，延长使用寿命	较短，后期易变形，进而影响电池的循环寿命
生产效率	大容量电池整体较低，6~8PPM[①]为主	较高，一般在12~13PPM
良品率	较低，毛刺问题突出	自动化较高，良品率更高
工艺成熟度	较低，极片数量多，设备投资大	较高，极片数量少，设备配套成熟，投资成本低

① PPM表示每分钟能够生产的产品数量。

  近年来，随着新能源汽车的快速发展，各大厂商也围绕新能源汽车的性能提升展开了对动力电池的创新型开发和设计。

  比亚迪公司于2020年发布的刀片电池技术是一项基于改进单体电池结构进而大大提升电池包整体性能的创新成果。如图6-5所示，刀片电池具有介于软包电池和方形电池之间的外形结构，采用叠片式内部成型工艺，通过增加电芯长度，把电池做成扁平形状，刀片电池薄而长的结构可以跳过模组由电芯直接阵列在电池包里，从而提高电池包的空间利用率和能量密度。同时刀片电池从电芯集成为电池包的过程中，模组结构件取消，使得电池包托盘结构大大简化，从而优化了车身电池结构，性能与安全得到了提升。

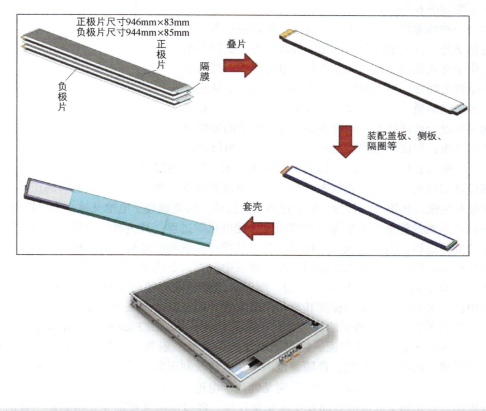

图 6-5　刀片电池结构

同样在 2020 年，特斯拉发布了 4680 大圆柱形锂离子电池，采用了无极耳技术，如图 6-6 所示，单体容量更高，电池热性能更好，有效降低了电池的生产成本。极耳是锂离子电池产品的组件，是从电池将正负极引出来的金属导电体，作为电池进行充放电时的接触点。特斯拉的 4680 电池通过巧妙的结构设计，直接利用整个集流体尾部作为极耳，并通过盖板（集流盘）结构设计增大极耳传导面积及其连接处的连接面积，缩短极耳的传导距离。无极耳电池通过缩短极耳导电距离并增大连接面积，变相地降低了电池内阻，从而提高了电池的充放电倍率。同时，无极耳设计将整个正负极集流体变成极耳，使得电流传输和发热更均匀，提升了电池的散热性，并且用更简洁的结构形式有效地提升了电池的单体能量密度。

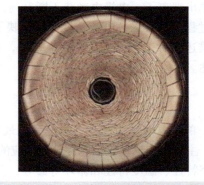

图 6-6　特斯拉 4680 无极耳锂电池示意图

2. 电池工作原理

锂离子电池是一种依靠锂离子在正极和负极之间的往返移动来运行的二次电池。无论何种形式的锂离子电池，其基本工作原理都是大致相同的。以钴酸锂电池为例，大致工作原理如图6-7所示。

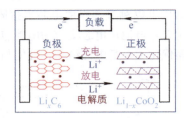

作为一种浓差电池，锂离子电池正负极材料具有不一样的电化学势，锂离子总是从电化学势较高的插层材料电极向电化学势较低的电极移动。在充放电过程中，锂离子在两个电极之间往返嵌入和脱嵌：充电时，锂离子从正极脱嵌，经过电解质，穿越隔膜，嵌入负极，负极处于富锂状态而正极处于贫锂状态；同时在外电路中电子的补偿电荷移动到负极，形成外电路输出的电流，并保持负极的电

图6-7 钴酸锂电池工作原理示意图

荷平衡。放电过程则恰恰相反，锂离子从负极脱嵌，经过电解质，穿过隔膜，嵌入正极，正极处于富锂状态而负极处于贫锂状态。在正常充放电情况下，锂离子在层状结构的正负极材料之间不断地发生嵌入和脱嵌的行为，整个过程类似摇椅，因此锂离子电池又被叫作摇椅电池。

锂离子电池的能量主要来源于内部所发生的电化学过程，其主要的电化学反应过程包括固相界面的电极过程、固相和液相的传质过程以及固相和液相的电荷守恒过程。一般来说，固相指正负极活性物质，而液相指电解质。在电解液中，锂离子的移动形式主要是扩散和迁移，扩散是由于锂离子的浓度差而形成的移动，而迁移则依靠液相的电动势差导致锂离子的定向移动，其中扩散主要取决于浓度梯度和液相扩散系数，而迁移则取决于液相中的电动势分布。在正负极活性物质内部，锂离子的传质方式主要为固相扩散，由Fick第二定律描述，取决于固相扩散系数和固相的锂浓度梯度。锂离子电池的正负极一般是由具有插层结构的多孔材料构成，可供锂离子的嵌入和脱出，伴随着锂离子在电解质和正负极活性材料界面上的移动，将引发界面电化学反应。电极界面电化学反应是锂离子电池产生电能的主要原因。放电时，锂离子从负极脱出，在电极/电解液界面发生电化学反应，经过电解液传输至正极材料，此时也在电极/电解质界面发生电化学反应，锂离子嵌入正极材料；与此同时，负极材料失去相等数量的电子，经负极集流体、外部电路和正极集流体进入正极材料，从而正极得到电子，造成电荷转移，产生定向电流。而由于此过程正极材料不断嵌入锂离子，电极电动势不断降低，而负极材料脱出锂离子，电极电动势不断升高，呈现出电池的电压逐渐降低，充电过程则与此相反。电极过程产生了局部电流密度，其反映了电极界面电化学反应的速率，一般由Bulter-Volumer方程描述。对于以上电化学反应过程，目前有单颗粒模型、伪二维电化学模型等模型对其进行描述。

6.2.2 单体电池的设计与选型

单体电池是构成动力电池系统最基本的组成部分，是实现电动汽车最基本的能量存储单元，主要为车辆提供电能存储和供应的作用。单体电池的性能指标和参数诸如比能量、比功率、倍率特性、温度特性和循环寿命等，会直接影响电动汽车的续驶里程、动力性能（加速性能和爬坡能力等）、使用寿命等性能。单体电池的选型和设计原理主要是根据输入的动力电池系统性能指标要求等信息，进而转化为对动力电池系统中单体电池的开发设计要求等。

作为动力电池系统的核心部分,单体电池的选型是至关重要的,这直接关系到电池系统的能量密度、使用寿命、产品质量、成本等关键指标。按照动力电池系统所采用的储能电池类型,电池包产品大概走过了铅酸蓄电池、镍氢电池和锂离子电池三个时代,相比前两者而言,锂离子电池具有构成新能源汽车动力电池系统更显著的优势:使用电压范围宽、无记忆效应、对环境友好等,并且锂离子电池还具有工作电压高、比能量高、循环寿命长、自放电率低等优点,是目前公认的相对而言比较适用于电动汽车的动力电池类型。碍于目前电池技术发展的先天局限和不足,现有的锂离子动力电池产品的技术水平仍存在较大的限制,不仅体现在电池产品的性能限制和安全风险上,还包括产品的可靠性和成本因素等。因此,如何在现有技术水平条件下提高车载锂离子动力电池的比能量、比功率、使用寿命和安全性,并降低其成本等,成为选型考虑和设计优化的重点。

1. 单体电池的选型和设计

单体电池的选型和设计主要从以下几个方面入手和考虑:

1)电动汽车的应用类型和使用特点,尤其是不同类型的电动汽车对动力电池的差异性需求。

2)动力电池自身特点的差异性(包括不同类型动力电池的特性差异和对比),包括动力电池产品性能、安全性、产品的工艺成熟度、产品成本、产品质量和可靠性,以及环保因素等。

3)在单体电池的选型过程中,动力电池特点的差异性是需要重点关注的,其中主要包括不同的正负极材料体系和组成结构形式等,这些对应着动力电池的产品性能、安全性、产品技术和工艺成熟度、产品价格、产品质量和可靠性,以及环保因素等方面。

按照单体电池的材料体系划分,几种典型的正负极材料的优缺点比较见表6-2。

表 6-2 正负极材料优缺点

极性	材料	优势	劣势
正极	磷酸铁锂	1)材料易获取,环保无污染,成本低廉 2)结构稳定,热稳定性好,安全性高 3)电池循环寿命高	1)放电电压过于平稳,电池管理难度高 2)3.2V的标准电压相对于其他正极材料较低,电池能量密度和功率密度较低 3)低温下电池性能打折严重 4)电池一致性差,加大电池成组的管理难度
	钴酸锂	1)电压水平高,比能量高 2)低温性能和倍率性能优异 3)材料制备成熟,合成工艺简单	1)钴资源稀缺,材料成本高 2)含钴材料不环保,回收利用会造成污染 3)寿命较短,电池循环次数仅有2000次左右 4)热稳定性较差
	锰酸锂	1)电池内阻低,可实现快充和大倍率放电 2)材料结构稳定,热稳定性较好,安全性较好 3)原材料资源丰富,成本较低,制备于回收过程环保无污染	1)锰元素会在电解质中溶解氧化,使电池老化 2)循环寿命较短,与钴酸锂类似 3)不耐高温,热稳定性较差
	镍钴锰三元	1)兼顾镍钴锰三种锂氧化物正极材料的优点,能量密度高,循环性能良好 2)耐高温性能相比单元锂氧化物有所提升	1)原材料成本较高,制备工艺复杂,制造成本高 2)安全性和稳定性仍然较差

（续）

极性	材料	优势	劣势
负极	石墨	1）首次充放电效率高 2）循环稳定性好 3）成本低廉	1）石墨晶体存在各向异性，倍率性能差，低温性能差 2）石墨存在表面缺点，电池充电过程易析锂
负极	非石墨类碳	1）充放电性能良好 2）倍率性能和低温性能优异	1）首次充放电时不可逆容量较高 2）输出电压低，充放电平台不明显，电压平台滞后
负极	硅碳复合材料	比容量高，单体电池具有更高容量	1）硅基材料体积膨胀效应明显，负极颗粒在充放电过程中应力应变变化大 2）可能存在负极颗粒破碎，导致活性物质损失，电池老化
负极	锂金属	1）密度小，比容量极高 2）氧化还原电位极低 3）制备简单，成本低廉	1）无序生长的锂枝晶可能会引发电池安全问题 2）锂金属在反复沉积和剥离过程中，循环后的锂金属表面形貌发生明显改变，降低电池内部的界面性能和电池的循环性能 3）存在死锂现象，增加电池内阻，加剧极化

按照单体电池的外形结构划分，几种典型的锂离子电池结构的优缺点比较见表 6-3。

表 6-3　典型的锂离子电池结构的优缺点

电池结构	优势	劣势	应用建议
圆柱形电池	1）标准完善，工艺成熟，适合大批量的连续化生产 2）圆柱形的结构具有较大的比表面积，电池散热效果好 3）一般为密封型电池，维护成本低，同时电池外壳较为坚固，电池发生形变的概率小	1）需要用焊接的方式对电池串联连接，导电能力有限，电池的导电连接需要重新设计 2）不适合作为大容量单体电池，圆柱形电池并联工艺复杂，电池成组成本过高 3）耐压程度较高。当电池出现安全问题时，其爆炸的可能性更大 4）电池成组的空间利用率较差	1）适用于中低端乘用车、物流车、微型车、低速车 2）圆柱形电池成组后纯电续驶里程短，不适合作为长续驶里程车型的选择 3）成组设计应避免汇流排上电流密度分布不均匀，改善散热路径
软包电池	1）结构设计简便灵活，软包装可以做成各式的形状和尺寸的电池 2）软包电池耐压低，电池发生爆炸概率小 3）铝塑膜空间占位小，体积小，重量轻，比能量更高	1）组成电池必须其他结构件支撑，成组工艺复杂 2）软包装结构保护性较差，在电池受到外力时容易破坏电池内部的结构，引起电池故障 3）散热设计相对困难	1）以 BEV 应用为主，适用于中高端乘用车、商用车等 2）软包电池需要搭配成熟可靠的模组和电池包设计 3）优化绝缘防护设计
方形电池	1）壳体以铝合金为主，结构可靠性高 2）电芯循环寿命长，NMC 电芯寿命为 3000~4000 次，LFP 电芯寿命已经有超过 7000 次的产品	1）壳体较重导致电池组能量密度有限，自动化生产程度低 2）壳体耐压性相对较弱，电池容易发生形变膨胀 3）机械结构件成本较高	1）应用范围广，BEV/PHEV/HEV 均可应用 2）电池成组需考虑单体电池的膨胀效应

2. 单体电池容量选型与电芯设计

电池的单体容量不仅与电池类型有关，还与其生产规格有关。对于单体电池而言，容量是重要的规格指标，因而对于单体电池容量确定的过程，即是单体电池选型的过程。单体电池选型需考虑的因素如下。

（1）单体电池的技术成熟度

对于已经设计定型或是已实现稳定成熟生产的单体电池而言，单体电池容量的选择只需考虑已经批量稳定生产的单体电池容量规格。而对于非定型设计的单体电池而言，则需要考虑其技术可行性和生产工艺的可实现性，并且也需考虑目前单体电池开发进度与动力电池产品开发进度的一致匹配性。

（2）单体电池的安全性

一般而言，单体电池的容量越大，其体积也越大，电池发生安全的风险也越大，同时单体电池的容量大小也会影响电池的散热冷却。

1）电池的体积。电池的体积与电池的安全性能息息相关。通常来说，电池的安全性是与电池中储存的能量成反比的：电池所能释放和存储的能量越大，其安全性就越差。在电动汽车动力电池系统的应用中，随着电池体积的增加，单体电池的散热性能变差，发生热失控爆炸的可能性大幅增加，因此，车载动力电池必须提高其安全性，容量越大，要求电池所达到的安全性指标也就越高。例如一个 $25A \cdot h$ 的电池，充满电所蕴含的能量相当于 $60g$ 三硝基甲苯（TNT）爆炸所产生的能量，这其中还未计算电池发生热失控后电解液燃烧、电池活性物质分解、产生可燃气体等产生的能量。假如在纯电动汽车中直接使用 $300A \cdot h$ 的单体电池，其包含的能量相当于 $1kgTNT$ 的能量，此时若电池发生安全事故，则所带来的危害是巨大的。所以，从安全性考虑，单体电池的容量不易设计过大。

2）电池表面积与体积比。电池与外界的热量交换主要是通过外界介质与电池的表面传热进行的，一般电池越大，其比表面积就越小，电池内部产生的热量越不容易得到散发冷却。并且电池越大，其所包含的能量越多，电池在发生热失控时瞬间所释放的能量所带来的危险性也更大。所以，考虑到电池的安全性，在设计电池阶段，需要根据电池所选定的材料体系的热物性参数以确定该类电池的最大体积、最小比表面积比例以及相对合适的电池外形。比如，对于圆柱形电池而言，作为动力电池使用时，当其直径超过 30mm 时，圆柱形电池内部的电流分布、温度分布、热量传递等会受到较大限制，此时电池在大倍率充放电工况下，寿命会受到严重影响，并可能引发安全性问题。

（3）整车电池安装位置和空间限制

对于传统燃油汽车而言，整车布置一般会尽可能偏向增加乘员的乘坐空间或有效载荷空间，同时还需考虑整车的载荷分配，对于电动汽车同样需要考虑，因此电动汽车整车上可用于安装动力电池系统的空间十分有限，可以利用的空间尺寸也受到极大的限制。因此，选择尺寸合适的单体电池在有限的电池箱体中进行布置，以合理地利用电池箱内部有限的安装布置空间，最大限度地提高电池箱的空间体积利用率，在有限的空间内布置更多的单体电池。

（4）动力电池系统的使用维护成本

从使用和维护角度来看，小容量电池在生产制造过程中更容易控制其一致性。在电池组中出现故障的概率上，大电池要比小电池要高。从电池中可靠性的角度，采用小容量电池并联组合组成高容量电池，只要单体电池以及电池组设计合理，当其中一个单体电池损坏故障时，其对相邻其他的电池影响较小,这种方案比直接采用高容量电池组成的动力电池系统使用维护成本要低很多。

动力电池系统单体电池容量设计一般是根据整车的使用设计要求,并根据整车配备的驱动和控制装置的电功率要求,推算动力电池系统的能量和功率需求,结合单体电池选型和电池包的串并联方案,推算出单体电池的容量设计。以下将以纯电动乘用车为例介绍单体电池的容量设计流程。

首先需根据车辆在某整车综合工况条件下的纯电续驶里程实际要求、能耗需求、车速目标,初步设计出动力电池系统的总能量 Q,结合整车选用的驱动电机和其他控制电路的额定工作电压 U,计算系统的总容量和可用容量:

$$系统总容量 (A \cdot h) = \frac{系统总能量 Q}{系统额定电压 U}$$

$$系统可用容量 (A \cdot h) = \frac{系统总能量 Q \times 可用SOC范围(\%)}{系统额定电压 U}$$

基于单体电池正负极材料对比、电池系统总能量、总功率和空间重量需求、确定系统的比能量和比功率的最低需求,并结合电池系统峰值功率和总能量比值以及电池系统使用寿命的要求,确定动力电池的材料体系和外形结构选型,得到单体电池的额定电压 U_0,并根据系统的额定电压计算单体电池的串联数量 n_1:

$$单体电池串联数量 n_1 = \frac{系统额定电压 U}{单体电池额定电压 U_0}$$

最后基于整车的纯电续驶里程的设计需求,根据动力电池系统的总能量和额定电压,设计系统的并联方案,并根据单体电池并联数量 n_2,计算出对应并联方案下单体电池的容量:

$$单体电池容量 = \frac{系统总容量}{单体电池并联数量 n_2}$$

确定了单体电池的材料体系、外形结构以及设计容量后,后续需进行电芯设计。

电芯设计包括电池极片的设计、电池厚度设计、正负极锂含量比(N/P比)设计、正负极配方设计、面密度设计、极耳过电流设计等。由于本书篇幅有限,故此处不做过多赘述,感兴趣的读者可参考电池设计与制造类图书。

6.3 动力电池系统结构设计

动力电池系统是电动汽车中一个独立的零部件,为整车提供动力。其主要由电池模组部分、箱体部分、线束部分、高压电气及电连接部分、热管理部分等组成。对其进行结构设计时,首先需要满足基本功能和机械安全,其次还需要考虑材料安全、电气安全、热安全、寿命以及可靠性等。电池箱结构如图 6-8 所示。

动力电池系统结构的总体设计需要满足以下要求:

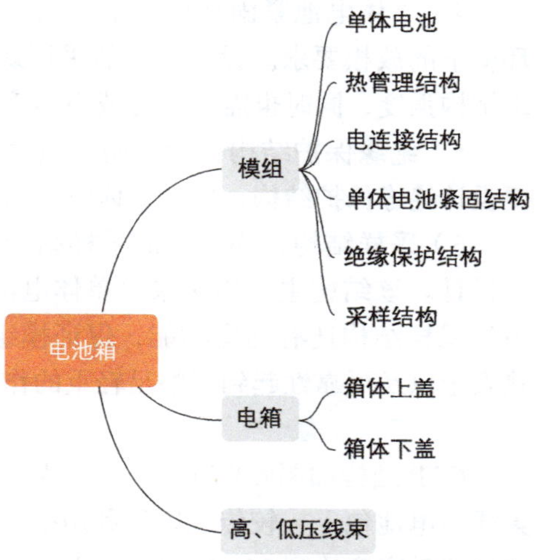

1）机械结构设计的通用要求。基于整车坐标系进行开发，以利于产品开发过程中的数据校核。

2）机械振动和冲击。测试对象按 GB/T 2423.43—2008《电工电子产品环境试验 第 2 部分：试验方法 振动、冲击和类似动力学试验样品的安装》的要求，在 Z 轴方向冲击 3 次，观察 2h，要求电池包或系统无泄漏、无外壳破裂、无着火或爆炸等现象。试验后的绝缘电阻值不小于 $100\Omega/V$。

3）碰撞。将测试对象水平安装在带有支架的台车上，按 GB 38031—2020《电动汽车用动力蓄电池安全要求》要求进行测试。

4）密封防护需要满足 IP67 要求。

5）电池均衡。结构设计需要支持电池管理系统执行均衡操作，以确保电池单体之间的电荷和放电均匀，延长电池寿命。

6）底部抗石击、球击和穿刺性能。

7）可靠性。结构必须经受住长时间和高频率的充放电循环，以确保电池系统在整个使用寿命内都能保持稳定的性能。

8）防腐、防爆性能。

9）在满足以上要求时尽量轻量化设计。

图 6-8 电池箱结构

6.3.1 电池模组结构设计

1. CTM 结构

CTM（Cell to Module）结构是将单体电池先集成到模组，再将模组集成为整个电池包的结构。动力电池模组是由多个电池单体以及相关的散热、电气连接和控制管理系统组成的功能单元。单个模组由单体电池通过串联和并联外加结构件、线束和导电巴组成。目前市面上的动力电池模组按照单体电池的种类，可分为方形电池模组、软包电池模组和圆柱电池模组三类。

现代动力电池的设计中单个电池箱一般存在几十、几百乃至上千个单体电池，故需要几个模组来包含这些单体电池。这样设计不仅方便装配制造，而且便于后期的维修。以下对模组的构成进行说明：

1）单体电池：电池模组的核心是单体电池，通常采用锂离子电池技术。单体电池是能够存储和释放电能的基本单元，可以认为是标准化的单元结构。

2）热管理结构：该系统一般是指与单体电池进行热交换的换热器和散热构件，如导热胶、散热片、散热管或液冷系统。这有助于防止电池过热，提高性能和安全性。随着目前单体电池设计的能量密度越来越高，模组的热管理也对整个系统安全性的保障越来越重要。

3）电连接结构：电池模组中的电池单体之间以及与整个电动车系统之间的连接通常使用高压插接器和导线，大多通过激光或超声焊接的方式连接。这些组件负责电气连接以及传输电能。

4）单体电池紧固结构：单体电池通过固定件定位之后，需要紧固结构来保证长时间振动环境下的防松要求。设计上一般采用螺栓螺母连接、焊接或者粘结等方式。该结构设计主要考虑结构强度，同时也需要考虑减小连接部分的连接阻抗，从而降低能量损耗。

5）绝缘保护结构：为了防止电池模组中的电气元件发生短路，保证整体的电气安全，需要设计绝缘保护结构，例如单体电池的绝缘保护纸。

6）采样结构：模组内的采样结构主要包括采样线束以及采集器，也有将两者集成在一起的设计。该结构主要用来采集单体电池的电压和温度，实时监控模组内单体电池的工作状态。另外采样结构还有均衡功能，保证模组内单体电池容量均衡。采样结构对于模组的电气安全、热安全以及可靠性起到了举足轻重的作用。

2. CTP 结构

CTP 结构如图 6-9 所示，全称为"Cell to Pack"，即跳过标准化模组环节，直接将单体电池集成在电池包上，较传统体积利用率提高 15%～20%，零件减少 40%，生产效率提高 50%，电池包能量密度达到 200W·h/kg 以上。

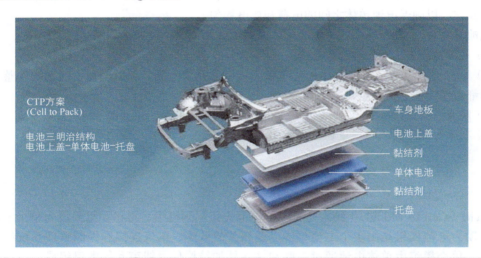

图 6-9 CTP 结构示意图

3. CTB 结构

CTB 结构如图 6-10 所示，全称为"Cell to Body"，是 2022 年由比亚迪提出的一种全新电池集成方式，主要形式为将电池直接集成到车身上，进一步提升了整车空间利用率和汽车各项性能。该技术由 CTP 技术发展而来，从下往上分别是托盘、黏结剂、单体电池、黏结剂和车身地板集成电池上盖，共计 5 个部分，简而言之，就是车身地板集成电池上盖—电芯—托盘，成为一个整车三明治结构。在 CTB 这种结构模式下，电池不仅是能量体，同时也作为结构体参与整车传力和受力，能够使整车侧柱碰撞侵入量减少 45%。

CTB 技术是在刀片电池的基础上发展起来的，是将车身地板面板与电池包上壳体合二为一，集成到电池上盖与门槛及前后横梁形成的平整密封面上，通过密封胶密封乘员舱，电池包底部通过安装点与车身组装。换而言之，就是将电池系统作为一个整体与车身集成，这样既可以满足电池本身的密封及防水要求，又可以简化电池与乘员舱的密封方式，提高整车强度，同时降低电池风险。

图 6-10　CTB 结构示意图

4. CTC 结构

CTC 结构，全称为 "Cell to Chassis"，是指将电池集成到底盘上。如图 6-11 所示，CTC 技术省去了从单体电池到模组，再到电池包的两个装配过程，直接将电池集成到底盘。其本质是将电池包上壳体和车身下地板合二为一，座椅直接安装在电池包上盖上，电池包既是能量提供装置，又是整车结构部件。该技术最先由特斯拉公司于 2020 年 9 月 23 日与 4680 电池同步推出。其优点在于减少了模组和电池包，节省了空间，提升了续驶里程；同时，零部件和结构件也大大减少，降低了重量，简化了流程，节约了成本，灌胶方案对电池"化零为整"，大大提高了车身的刚度。但同时也存在对单体电池一致性要求高、几乎不可能进行维修、维修成本极高等问题。

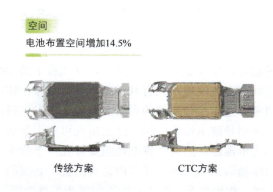

图 6-11　传统方案和 CTC 技术对比

6.3.2　电箱结构设计

作为动力电池的关键保护组件，动力电池箱体的主要任务是支撑保护电池模组，并在实际设计尺寸内尽量容纳更多的电池模组，以增加整体续驶里程。整个电池包则通过箱体与车身连接并固定在一起。通常，动力电池箱体的尺寸和重量相当可观，安装在车身的底部。由于受到道路环境对箱体的腐蚀以及车辆行驶过程中的振动和冲击等多重因素的影响，动力电池箱体的设计和研发具有相当的复杂性，如图 6-12 所示。目前电池箱体一般使用钣金件、铝压件和复合材料箱体，在保证强度的同时实现批量化以及标准化生产。如下是动力电池箱体的设计要求：

1）考虑强度和刚度的同时，必须承受电池的重量以及与车辆运行相关的振动和冲击。
2）满足电气安全需求的前提下，需要尽可能地压缩空间体积，以提高成组效率。
3）为了实现低成本和轻量化，需在满足强度和刚度要求的前提下，采用低成本、薄材料。
4）确保电池不受外界环境的影响，达到IP68防护等级，并杜绝任何破裂和起皱的缺陷，以保障可靠性。
5）要具备耐蚀性，使电池的使用寿命可达10年以上。
6）为了实现散热的均匀性，底部必须平整，以确保电池与箱体底部导热介质的均匀厚度。

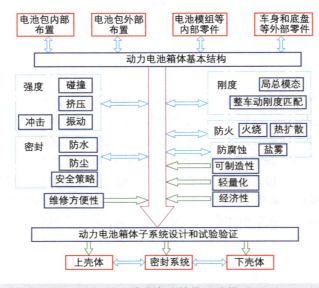

图6-12　动力电池箱体设计体系

通常情况下，车辆的前舱、中央通道、车底油箱以及地板下部和行李舱都可以用于安置电池。在前舱和中央通道之间配置电池组不仅有利于整车轴荷分布，还能有效控制动力性能。然而，在前舱设计中，必须考虑整车冷却系统的布置。因为车辆发生碰撞时前部通常受到严重损害，可能导致前舱形变，进而导致电池组受损，严重情况可能引发火灾和人员伤亡。因此，一般不建议在前舱内安置动力电池组。然而，将电池组安置在行李舱中可能对车内乘客构成潜在威胁。另一方面，车型的驱动形式以及中央通道内是否配置了必要的传动轴等因素将在很大程度上影响电池组的布置空间。相比之下，车底的油箱位置和车身地板下部较为适合安置电池组。在进行布置时，必须合理安排车身和底盘部件与地面之间的距离和间隙。

动力电池箱体通常由上壳体总成、密封系统和下壳体总成三部分组成。

（1）箱体上壳体结构设计

纯电动汽车的电池包通常被安装在车身地板的下方，与车身地板靠近的上壳体有时会与地板的局部结构发生冲突，这可能与电池模组的布置相冲突。因此，在设计上壳体时，需要合理安排上壳体与车身地板之间的间隙，这是一个需要特别关注的方面。常见材质包括钣金、铝合金、复合材料。对于钣金件，通常采用折弯后拼焊、铆接、焊接等工艺；而铝合金材质的盖板，则通常应用一体冲压成形、修整、摩擦焊、变形矫正等工艺。相比之下，复合材料的盖板一般采用模压成型工艺。在前期样品阶段，钣金和铝合金盖板使用较多，可以直接折弯拼焊，无需使用模具，形状调整更为方便。然而，由于生产成本较高，因此产品的售价相对较贵。相反，复合材料盖板在批量生产时更为常见，产品单价较低且重量较轻。

（2）密封系统设计

密封性是动力电池箱体的关键功能之一。根据电气元件的要求，其密封级别通常要求达到IP6K7，而一些整车厂商甚至要求密封性达到IP6K9K。再考虑到动力电池箱体的尺寸较大，电池模组和车身结构的存在导致设计空间有限，使得密封长度较长。在大多数情况下，只能提供一道密封的设计空间。箱体密封系统属于典型的静密封。密封失效主要在于主密封面的起伏变化。在这些区域，上下壳体的匹配与其他区域不一致，密封条的压缩量会有变化。同时，主密封面的起伏区域前后预紧力方向也不一致，因此泄漏容易发生在此区域。设计时，需要将主密封面置于同一平面上。此外，主密封面上必须有足够数量的紧固螺栓，一般螺栓间隔距离不得大于80mm。在密封条转角区域，两端必须设置紧固螺栓。

（3）箱体下壳体结构设计

箱体下壳体是动力电池的主要承重部件，在设计时相对于上壳体更为复杂。目前，箱体底座常用的材质同上壳体大致相同，包括钣金和铝合金。钣金底座通常采用两种加工工艺：一是折弯后拼焊，二是一体冲压成形并进行点焊；而铝合金底座则一般采用低压砂型铸造。在箱体底座结构设计中，需要重点考虑机械强度、防腐蚀、防石击、密封防水、轻量化、定位和固定点，以及内部横、纵梁的设计，以满足挤压、振动和模组的固定等需求。

— **新型电箱结构实例** —

电动汽车对锂离子电池的安全性能要求很高，国内锂离子电池在这些年的发展中对于热的防护技术与方案，包括产业已经非常成熟。目前对单体电池"热"的防护主要集中在隔热阻热、耐火烧、冷却等。但是单体电池热失控喷发出来的气 - 液 - 固混合体非常容易引起热失控的二次危害，其中由"电"造成的二次危害是最严重的，如电弧（击穿金属板、烧熔金属板等）、短路、绝缘失效等。

目前最新的电箱结构都考虑了热电分离的形式。热电分离即为将电池的泄压机构和汇流部件设计在不同侧。泄压机构用于电池单体内部压力和温度达到阈值时释放电芯内部压力。汇流部件用于电连接多个电池单体。泄压机构和汇流部件设置在电池单体的不同侧。使得泄压机构触发时该电池单体的排放物远离汇流部件，实现热电分离，使得电池的安全性显著提高。同时泄压机构布置在远离驾驶舱乘员的一端，在发生热失控时，单体电池的排放物不会朝着驾驶舱排放，提高车辆的安全性。

图 6-13 所示为宁德时代公司推出的热电分离的单体电池结构。包括单体电池盒1，电极组件2。其中单体电池盒1包括壳体3、盖板4以及泄压机构5。由图可知，正、负极极耳在单体电池上端，泄压机构即防爆阀位于单体电池下端。泄压阀在单体电池达到所设定的压力阈值或者温度阈值时会打开泄放内部压力。在单体电池发生热失控时，防爆阀设计的薄弱环节会被打开，形成泄压通道。单体电池上端由汇流部件连接。多个单体电池被汇流部件连接产生高压，形成高压侧。此时热失控泄压区和高压侧位于电池包的两端，两者互不影响，提升了电池的安全性能。

图 6-14 是上述单体电池成组之后的电箱结构。将单体电池通过汇流部件成组，安装在箱体中。在电箱下板上为每个单体电池布置避让结构，结构尺寸和单体电池防爆阀一致或

略大，一一对应。在单体电池发生热失控时通过下底板流道将气体排出。箱体下板所在板为冷却板。冷却板可以是两层导热板集合而成，中间布置流道流通冷却液体。紧固结构为冷却板提供防护；箱体梁将箱体分为两侧，左侧为电气结构布置箱，右侧为收集箱。

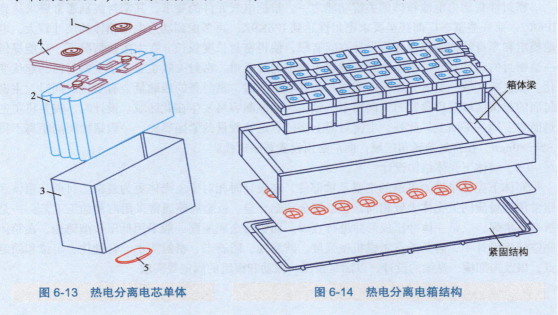

图 6-13　热电分离电芯单体　　　　　图 6-14　热电分离电箱结构

6.3.3　安全防护设计

1. 机械安全

机械安全设计的总体目标是使机械电子产品在其整个寿命期，即从制造、运输、安装、运行、清理、维修、停止使用以及拆卸处理等各个环节都是充分安全的。为此，在产品安全设计时需要系统性地从设计以及生产使用方面采取安全设施。电池模组的机械安全主要体现在结构强度上。模组的固定结构在设计时需要满足用户需求或者国家标准工况下的冲击以及耐久性要求，同时也满足挤压、穿刺、充/放电下膨胀、连接可靠等要求。一般可以分为单体电池自身固定和模组对外固定。

单体电池的自身固定和连接使其成为一个整体，并具备足够的强度和刚度。对于软包电池，由于单体电池本身结构较弱，因此在设计单体电池固定时通常会增加一个保护外壳。对于圆柱形电池来说，自身结构强度不弱，通常采用带有圆柱形凹槽的固定架来包裹和固定单体电池。为防止单体电池转动，一般使用胶水来黏结单体电池。而方形电池则大多数采用金属框架来固定单体电池，金属框架之间通过焊接连接，以增加框架的结构强度。

电池模组对外的固定结构需要满足在标准工况或客户要求工况下的耐冲击和耐久性要求。对外固定结构通常在固定框架或夹板上开孔进行固定，并在固定孔进行加厚处理，以确保足够的强度和刚度。这样的设计保证了电池模组在各种工作条件下都能保持稳定的结构，从而更好地满足电池应用的要求。

2. 材料安全

模组的材料安全主要体现在隔绝热源、防止滥用或者局部事件导致的热量蔓延失控。除此之外，由于保护环境还有国家法规的因素，有害物质的使用需要限制。金属材料的腐蚀防护也需要着重考虑。

（1）传统设计

在机械滥用、电滥用和热滥用等不当使用条件下，电池产生局部热源的可能性将增大。一旦电池局部热源的温度达到副反应的起始温度，就会发生放热较为缓慢的副反应。如果此时反应释放的能量未能及时散热带出，将导致电池温度进一步升高，从而将引发更为剧烈的副反应。故模组需要具有耐高温的绝缘热性能材料，增强隔热性能。在一般的模组内的结构件，如结构胶、绝缘保护盖和采样线束都需要达到 UL94-V0 等级。

对于模组内的金属材料，需要考虑腐蚀带来的风险。以下为模组内的材料防腐设计：汇流排通常选用铜或铝材料，其表面可施加镍、锡或银等镀层，旨在提高其表面抗氧化性、改善焊接性能，并增强防腐能力。对于固定结构，主要关注紧固件的问题，防腐一般通过在工件表面形成涂层或防腐层的特定方法实现，以阻碍外界对紧固件本身的影响，达到耐腐蚀的效果。单体电池壳体负极也容易发生腐蚀，一种方法是将壳体与正极连接在一起，使壳体带有正电荷，从而防止壳体腐蚀。

（2）安全电解液

有机电解液现可在大部分商用电池中实现 3.6V 的最高工作电压。但是在各种滥用条件下可以引起一系列放热反应，从而导致其他副反应。在热产生效率大于耗散的速率时，导致单体电池的温度和压力快速增加，这被称为热失控。如果内部压力超过电池承受压力的阈值，废弃的电解液蒸气将会喷出，遇到空气可能会急剧燃烧甚至爆炸。科研工作者研究出一些安全电解质来解决电池的安全问题。通过添加剂方法适当选择液体阻燃剂可以有效地抑制有机电解液的可燃性。通过这种方式，在不牺牲电解液性能和工作效率的情况下能够确保电池安全。含磷元素的阻燃剂目前是主流的选择，如甲基膦酸二甲酯（DMMP）、磷酸三乙酯（TEP）等。

（3）安全隔膜

在锂电池的结构中，隔膜是关键的内层组件之一。隔膜的主要作用是使电池的正、负极分隔开来，防止两极接触而短路，此外还具有能使电解质离子通过的功能。对于锂电池系列，由于电解液为有机溶剂体系，因而需要有耐有机溶剂的隔膜材料，一般采用高强度薄膜化的聚烯烃多孔膜。但是传统的隔膜对传统的极性电解液的浸润性较差，这导致锂离子电池循环容量和倍率性能有所损失。目前研究出的新型隔膜使现有的锂离子电池具有高电化学容量和高安全性，如改性聚烯烃基隔膜、新型聚合物隔膜和陶瓷隔膜等。

（4）固态电解质

传统锂电池电解质基本为液态电解质，目前发现其会发生高温下的副反应、氧化分解、产生气体、发生燃烧等危险行为。同时在大电流工作情况下由于锂的不均匀沉积，可能会出现锂枝晶刺破隔膜导致短路破坏。为了避免上述危险，研究人员研发出了固态电解质电池。固态电池即为采用固态电解质，所有材料都以固态形式存在的锂动力电池。通常液态锂动力电池能量密度极限在 350W·h/kg，而全固态锂动力电池采用固态电解质替代传统有机液态电解液，不仅有望从根本上解决动力电池安全性问题，而且量产能量密度能够达到 500~600W·h/kg。由于采用了由聚合物、无机物等组成的电解质，因此避免了液态锂电池易燃烧、易腐蚀以及泄漏污染的问题，大幅提高了电池组的安全性能。此外，固态电池具有较高的柔韧性，在发生形变乃至发生小面积损坏之后，电池依旧能够正常工作，而不会出现安全性问题。单体电池的安全性设计如图 6-15 所示。

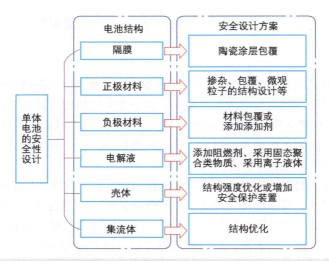

图 6-15　单体电池的安全性设计

3. 电气安全

电动汽车安全性和传统燃油汽车的最大不同在于电带来的实际效果。目前电动汽车使用的电压达到 DC 300～600V，甚至更高。当电压达到 DC 30V 或者电流达到 DC 5mA 时，就会对人体造成伤害。同时，高电压、大电流的工作环境也会对电气结构部件带来寿命损害。

模组的电气安全设计主要为绝缘设计，包含单体电池和单体电池、单体电池和模组机械外壳的绝缘防护。图 6-16 所示为软包单体电池的堆叠方案，在两端和壳体接触位置布置 4.5mm 的端板泡棉，用来保证模组内单体电池的绝缘性能。其次，在单体电池和模组外壳的设计上，通常在单体电池与底板、端板以及侧板之间增加绝缘材料或者绝缘膜，保证壳体和模组金属外壳的绝缘强度。

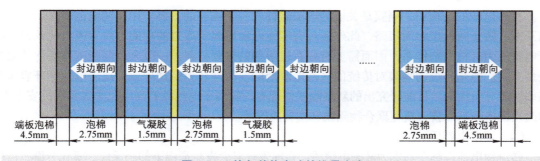

图 6-16　软包单体电池的堆叠方案

4. 热安全

模组的热安全性能主要指某个单体电池发生热失控时，避免或者延缓热失控事件传播到其他单体电池的能力。

模组的热安全设计应该包括模组内材料的选择以及隔热的结构设计。图 6-16 所示的软包单体电池的堆叠中，为了保证单体电池之间的隔热，在单体电池之间加入 1.5mm 的气凝胶来隔绝热传播。其次，云母片作为防火隔热材料在电池中广泛应用。云母板由云母纸与有机硅树脂经毡合、加温、压制而成。相较于阻燃泡棉，由于云母在其中高达 90% 以上，所以抗冲击性大大

第6章 动力电池与高压电气系统设计

增强，且抗弯折和拉伸性能极佳，适应于多种隔热场景。再者，隔热材料和组件的选择与设计也是重中之重。以下列举了几种隔热散热的组件。

1）铝板：与单体电池直接接触，将单体电池产生的热量阻隔并达到散热作用，如图6-17所示。

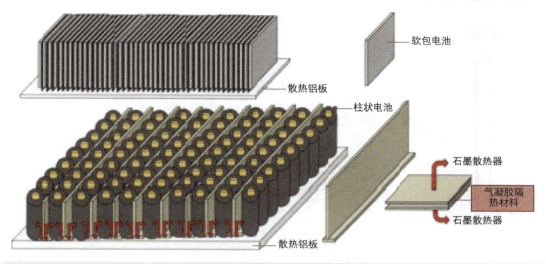

图6-17 软包电池铝板

2）外壳：电池包外壳采用ZS隔热保温涂料，起隔热作用，如图6-18所示。

图6-18 软包电池外壳

新型案例——比亚迪刀片电池

刀片电池是比亚迪在2020年3月发布的产品，其将单体电池设计为刀片一样的扁平长条样。刀片电池本身没有进行材料创新，而是通过增加单体电池长度，把电池做成扁平形状，以及优化车身电池结构而获得性能与安全优化。刀片电池更容易组装，空间使用效率更高。由于采用无模组电池组成方式，电池包整体空间利用率由过去的40%提升到了60%，体积能量密度比过去增加了50%。电池包的能量密度达到240W·h/L，相应地，整车续驶里程也随之提升。

如图6-19所示，刀片电池在保障电池安全的前提下，通过改变单体电池形状和排布方式，增加单体电池搭载量，从而实现整体能量密度的提升。在刀片电池内部，直接去除了模组、横梁和纵梁，由单体电池直接组成电池包，并承担模组和梁所起到的固定和支撑作用。因此刀片电池既是能量体,又是结构件。材料体系方面,刀片电池采用磷酸铁锂体系,在材料安全方面具有天然优势,不易燃易爆,热稳定性良好。从特性上看,刀片电池具有三元锂电池的高能量密度,又同时具有磷酸铁锂电池的安全性。

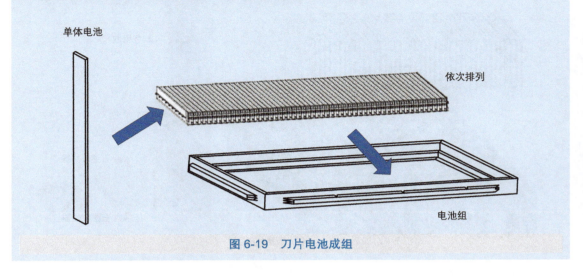

图 6-19　刀片电池成组

6.3.4　电池包内部电气系统设计

为了保证用户需要的高行驶里程,电动汽车使用的电压高达百伏以上,使用不当将会给人员安全带来严重威胁。为此,在确保电池包正常高效运行的前提下,必须围绕人员安全和设备安全进行电气设计。对于电危害,可以采取隔离危险元素、降低危害程度、监控阻止触发机制等。动力电池系统中的高压电气系统主要由接触器、熔断器、高压线缆和铜巴、汇流排、电压/电流传感器等组成。电池包内的高压电气系统设计主要包含绝缘设计、接触防护设计、短路保护设计、预充电回路保护设计等。

1. 绝缘与接触防护设计

高压能量储存设备中高压电的绝缘安全设计不容忽视。绝缘设计是电池系统的最基本要求。将电池高压带电物体用不导电的物质包裹起来,以此对触电起保护作用。GB 18384—2020 中规定了电动汽车高压电回路的绝缘要求和绝缘监测要求,即电池系统不止需要绝缘设计,更需要具备绝缘监测功能。目前的电池绝缘设计主要通过单体电池、模组和系统三个维度设计。

对动力电池进行绝缘设计。其中电气间隙为两个导电部件之间在空气中的最短距离,爬电距离为两导电部件之间沿固体绝缘材料表面的最短距离,如图 6-20 所示。

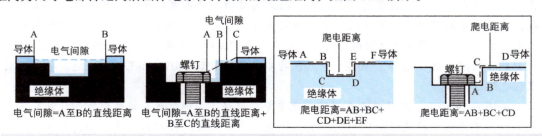

图 6-20　电气间隙与爬电距离

爬电距离根据电池包最高总电压、污染等级、绝缘材料CTI等查表选取，见表6-4。注意，如果需要加强绝缘，则按照标准需要乘以2倍。

表6-4 避免由于电痕化故障的爬电距离

电压有效值/V	最小爬电距离								
	印制线路材料		污染等级						
	1	2	1	2			3		
	所有材料组别/mm	所有材料组别，除Ⅲ/mm	所有材料组别/mm	材料组别			材料组别		
				Ⅰ mm	Ⅱ mm	Ⅲ mm	Ⅰ mm	Ⅱ mm	Ⅲ mm
10	0.025	0.040	0.080	0.400	0.400	0.400	1.000	1.000	1.000
12.5	0.025	0.040	0.090	0.420	0.420	0.420	1.050	1.050	1.050
16	0.025	0.040	0.100	0.450	0.450	0.450	1.100	1.100	1.100
20	0.025	0.040	0.110	0.480	0.480	0.480	1.200	1.200	1.200
25	0.025	0.040	0.125	0.500	0.500	0.500	1.250	1.250	1.250
32	0.025	0.040	0.14	0.53	0.53	0.53	1.30	1.30	1.30
40	0.025	0.040	0.16	0.56	0.80	1.10	1.40	1.60	1.80
50	0.025	0.040	0.18	0.60	0.85	1.20	1.50	1.70	1.90
63	0.04	0.063	0.20	0.63	0.90	1.25	1.60	1.80	2.00
80	0.063	0.100	0.22	0.67	0.95	1.30	1.70	1.90	2.10
100	0.100	0.160	0.25	0.71	1.00	1.40	1.80	2.00	2.20
125	0.160	0.250	0.28	0.75	1.05	1.50	1.90	2.10	2.40
160	0.250	0.400	0.32	0.80	1.10	1.60	2.00	2.20	2.50
200	0.400	0.630	0.42	1.00	1.40	2.00	2.50	2.80	3.20
250	0.560	1.000	0.56	1.25	1.80	2.50	3.20	3.60	4.00
320	0.750	1.60	0.75	1.6	2.20	3.20	4.00	4.50	5.00
400	1.0	2.0	1.0	2.0	2.8	4.0	5.0	5.6	6.3
500	1.3	2.5	1.3	2.5	3.6	5.0	6.3	7.1	8.0
630	1.8	3.2	1.8	3.2	4.5	6.3	8.0 (7.9)[4]	9.0 (8.4)[4]	10.0 (9.0)[4]
800	2.4	4.0	2.4	4.0	5.6	8.0	10.0 (9.0)[4]	11.0 (9.6)[4]	12.5 (10.2)[4]
1000	3.2	5.0	3.2	5.0	7.1	10.0	12.5 (10.2)[4]	14.0 (11.2)[4]	16.0 (12.8)[4]

注：表中括号内数值表示污染等级为4级时的最小爬电距离。

微观环境决定了绝缘上污染的影响，一些冷凝或者固体颗粒、灰尘，如果在微观上实现跨接，肯定会影响到绝缘效果。例如潮湿时污染就具有导电性，由一些含有金属离子的脏水、烟灰、炭灰引起的污染也具有导电性。因此在IEC 60664-1中有定义微观环境的污染等级，这里一共确立4个污染等级：

1）1级污染：没有污染或仅发生干燥的、非导电性的污染，污染不会产生影响。

2）2级污染：除了可预见的冷凝所引起的短时偶然的污染外，仅发生非导电性的污染。

3）3级污染：适用于设备内局部的内部环境承受导电污染或承受由于预期的水汽凝结可能变成导电的干燥非导电污染，或设备处于某一区域，其外部环境存在导电污染或可能变成导电的干燥非导电污染。

4）4级污染：由导电性粉尘、雨水或雪花引起的产生持久导电性的污染。

对于BMS来讲，因为电池包的IP等级一般为IP67，是一个比较良好的密闭环境，所以这里的污染等级一般选择为污染等级2。

相比电痕化指数（CTI）是用来对绝缘材料的绝缘性能进行评价的等级参考，CTI数值越大，代表绝缘性能越好。

本文将绝缘材料按其CTI值划分为四组，CTI值是根据GB/T 4207—2022《固体绝缘材料耐电痕化指数和相比电痕化指数的测定方法》使用溶液A$^\ominus$所测得的。具体分组如下：

1）绝缘材料组别Ⅰ：CTI ≥ 600。
2）绝缘材料组别Ⅱ：400 ≤ CTI < 600。
3）绝缘材料组别Ⅲa：175 ≤ CTI < 400。
4）绝缘材料组别Ⅲb：100 ≤ CTI < 175。

对BMS实际应用来说，涉及的绝缘材料主要是PCB、器件材料和壳体材料；一般通用的要求是PCB的CTI ≥ 175，其他材料CTI ≥ 600。

根据GB/T 16935.1—2023《低压供电系统内设备的绝缘配合 第1部分：原理、要求和试验》，电气间隙应以承受所要求的冲击耐受电压来确定。需要选取一个在实际电路中出现的最大过电压值，对应表6-5，选择对应的电气间隙。

表6-5 耐受瞬时过电压的电气间隙

要求的冲击耐受电压 /kV	大气中海拔从海平面至2000m的最小电气间隙 /mm					
	情况A 非均匀电场			情况B 均匀电场		
	污染等级			污染等级		
	1级	2级	3级	1级	2级	3级
0.32	0.01			0.01		
0.40	0.02			0.02		
0.50	0.04	0.2		0.04	0.2	
0.60	0.06		0.8	0.06		0.8
0.80	0.10			0.10		
1.0	0.15			0.15		
1.2	0.25	0.25		0.2		
1.5	0.5	0.5		0.3	0.3	
2.0	1.0	1.0	1.0	0.45	0.45	
2.5	1.5	1.5	1.5	0.60	0.60	
3.0	2.0	2.0	2.0	0.80	0.80	
4.0	3.0	3.0	3.0	1.2	1.2	1.2
5.0	4.0	4.0	4.0	1.5	1.5	1.5
6.0	5.5	5.5	5.5	2.0	2.0	2.0
8.0	8.0	8.0	8.0	3.0	3.0	3.0
10.0	11	11	11	3.5	3.5	3.5

$\ominus$ 溶液A：(0.1 ± 0.002)% 质量分数的氯化铵（NH$_4$Cl）用蒸馏水或去离子水稀释，其溶液在(23 ± 1)℃时的电阻率是(395 ± 5) Ω·cm。

由于目前尚未有针对电动汽车的安规标准，所以暂时参考通用标准 GB/T 16935.1—2023。绝缘配合采用的额定冲击电压优选值为：330V、500V、800V、1500V、2500V、4000V、6000V、8000V、12000V。为了保险起见，我们可以选择 2500V 作为 BMS 加强绝缘的冲击耐受电压。

2. 等电位连接

"地"在电气领域泛指电气系统中的参考点或者等电位点。"接地"是指将电气系统的某些可导电部分，经过接地线连接到"地"，形成等电势体，也称等电位连接。GB/T 18384—2020 中要求电位均衡电路中任意两个可以被人同时接触到的外漏可导电部件之间电阻不可超过 0.1Ω。

首先，电池箱的壳体必须与车辆的地实现等电位连接；其次，电池箱壳体上面的所有可接触导电金属部件都必须是等电位连接；再者，对用于等电位连接的导体，要求颜色为黑色，便于维修和拆卸辨认。

等电位连接时，HV 部件连接至电源。如果某个部件出现内部故障，并且相线与部件外壳存在短路，不会有电流流过人体，这时车身和 HV 系统之间等电势，如图 6-21 所示。

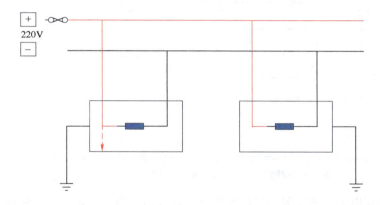

图 6-21　等电位连接

3. 外短路防护

电池包内部的电路线束十分复杂，同时连接了多个外部耗电设备，增加了短路和过电流的风险。这种情况可能导致瞬间能量过大，引发电池包的起火和爆炸，严重威胁到驾驶员和乘客的人身安全。为了确保车载用电的安全以及人员的人身安全，电池包设计了过电流保护机制，并采用熔断器进行保护。如图 6-22 所示，熔断器是一种电器，电流超过规定值一段时间后，通过自身产生的热量使熔体熔化，从而切断电路。它被广泛应用于高低压配电系统、控制系统以及各种用电设备中，作为短路和过电流的保护装置。

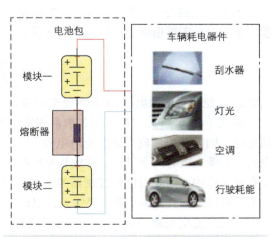

图 6-22　熔断器安装位置

熔断器具有明显的安秒特性,也称为反时限特性。当电流较大时,熔体熔断所需的时间较短,而电流较小时,则熔断所需的时间较长,甚至不会触发熔断。高压熔断器通常内置于手动服务开关(MSD)内,在运行过程中可以通过熔断保护电池外部的短路情况,同时也可通过切断 MSD 来保护维修人员和驾驶员的安全。

4. 预充电电路设计

在电动汽车的驱动系统中,动力电池组直接连接到电机控制器。电机控制器内部通常配备有大容量电容。在电路闭合瞬间,电容需要进行充电。电容是一种能量储存器,如果在闭合瞬间电容未完全充满能量,那么电路中的电容充电电流将会非常巨大。如果不加以限制,将会对电源、整流器等元器件造成严重冲击。因此,在电动汽车电源系统中通常会添加预充电电路,以减小上电时的冲击电流,从而保护电机控制器和其他元器件的安全。预充电电路原理图如图 6-23 所示。

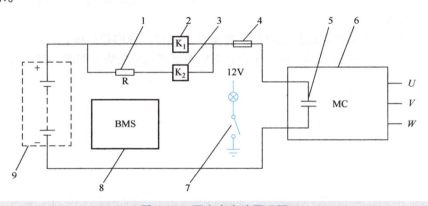

图 6-23 预充电电路原理图

1—预充电电阻 2—主回路继电器 3—预充电继电器 4—熔丝 5—电容
6—电机控制器 7—钥匙开关 8—BMS 9—动力电池组

电动汽车预充电电路的一般工作原理如下:在开始充电过程时,首先保持 DC/DC 变换器处于关闭状态。此时,电池管理系统(BMS)闭合预充电继电器,开始对控制器电容进行充电。当预充电过程结束时,BMS 断开预充电继电器,并闭合主接触器,以启动 DC/DC 变换器。

预充电电路是一个典型的 RC 串联电路,其中的"C"存在于电机控制器当中,而"R"阻值大小的选择需要根据电路分析进行计算,这需要解一阶线性非齐次方程,得到以下数学关系:

$$i = C\frac{du_C}{dt} = \frac{U_s}{R}e^{-\frac{t}{\tau}} \tag{6-1}$$

式中,U_s 是高压电源电压;τ 是预充电电流,$\tau = R \cdot C$;t 是时域参数。

由式(6-1)可见,在其他参数都固定的情况下,i 和 t 形成了一对矛盾:若希望尽早结束预充电,则需要采用较大的预充电电流,但这会降低电源系统的安全性。相反,若减小预充电电流,则预充电时间会延长,导致驾驶员起动汽车后需等待数秒才能正常行驶,影响驾驶体验。在实际工作中,需要对电机控制器的电容值 C 进行标定,并通过电路仿真软件,在预充电电流和上电时间之间找到一个最佳平衡点,以确定预充电电阻 R 的阻值。

上述预充电电路一般设计在电池系统的总正极。在实际的电池系统中,为了提高电路的可靠性,高压系统还应该包括检修放电开关以及负极的主继电器。完整的电路图如图 6-24 所示。

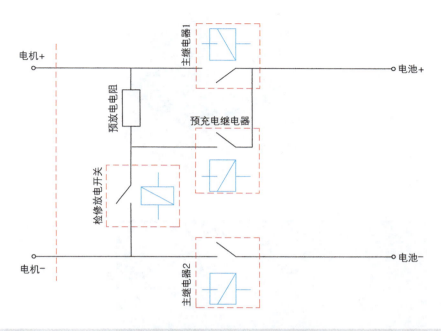

图 6-24　带检修放电开关的预充电电路原理图

6.4　电池管理系统设计

如图 6-25 所示,电池管理系统(Battery Management System,BMS)主要负责感知传感器信号、估算电池状态、保护电池安全、对外通信交互、发出执行器动作指令等工作。在整车中,整车控制器对控制占据主导地位,掌控电池包的主要控制权(如上下电、充放电功率、SOC 使用区间等),BMS 处于被动地位(能控对象为继电器与热管理相关)。

在电池管理系统中,硬件电路通常被分为两个功能模块,即电池监测回路(Battery Monitoring Circuit,BMC)和电池组控制单元(Battery Control Unit,BCU)。如图 6-26 和图 6-27 所示,BMS 的拓扑结构需要从两个层面进行:一是 BMC 与各个单元电池之间的拓扑关系,二是 BCU 与 BMC 之间的拓扑关系。一般来说,BMC 与单元电池之间的拓扑关系可分为以下两种:

1)每个 BMC 对应一个单元电池,即为每个单元电池配置一块单独的监控电路板,用于监测电池的电压、电流、温度等物理量。

2)一个 BMC 对应多个单元电池,即一个 BMC 监测多个动力电池。

常见的关系有三种,分别是一体式 BMS、主从式(星形)BMS 和总线式 BMS。在选择这三种 BMS 拓扑结构时,需要根据不同的应用条件来决定具体使用哪种拓扑结构。

表 6-6 反映了通常情况下上述三种 BMS 拓扑结构的适用车型。

电动汽车设计与制造

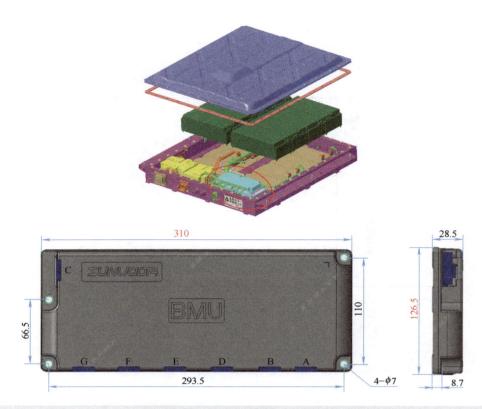

图 6-25　电池管理系统

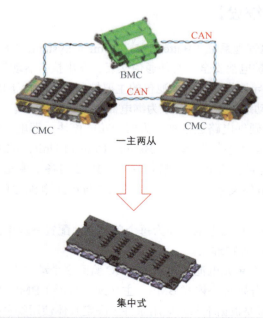

图 6-26　电池管理系统硬件架构类型

第6章　动力电池与高压电气系统设计

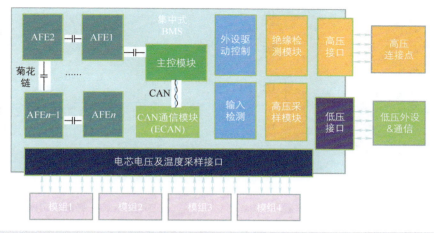

图 6-27　集中式 BMS 硬件架构

表 6-6　三种 BMS 拓扑结构

BMS 类型	适用车型
一体式	适用于电池串联数量较少的各类车型，如场地车、低速乘用车等
主从式	适用于电池数量较多但模块之间的距离相对较短的车型，如乘用车、小型物流车等
总线式	适用于电池数量较多但模块之间的距离相对较远的车型，如大型物流车、大客车等

6.4.1　电池状态监测

现阶段的电动汽车电池组多由上百节电池经过串联组成，以满足整车对于电压及容量的要求。每只电池的工作都关系到整组电池的性能，所以必须对单只电池的运行状态进行实时监测。电池状态监测一般是指对电压、电流、温度三种物理量的监测。电池状态监测是一个电池管理系统最基本的功能，是各项其他功能的基础。

（1）电压监测

电压监测是指监测电池组中各个电池单体的电压，并对其进行实时监控和管理的功能。电压监测是 BMS 中至关重要的一环，其主要目的是确保电池组的安全性、可靠性和性能优化。下面具体介绍电压监测的具体方法。

1）电阻分压法。如图 6-28 所示，电阻分压法是一种常用的电压测量方法，适用于需要测量高电压的场合，同时需要将高电压降低到微控制器或其他电路可接受的范围内。它通常利用一组串联的电阻，根据电压分压原理将高电压分压为较低的电压信号，再通过测量这个较低的电压信号来确定原始高电压的大小。电阻分压法简单易实现、成本低廉且可靠性高，但是其精度较低、功耗较高并且测量范围有限。

2）继电器切换法。如图 6-29 所示，继电器切换法测量电压是一种基本的电压测量方法，它利用继电器的开关功能来选择不同的电压源，并将待测电压连接到合适的测量电路中进行测量。继电器切换法成本低、简单易实现并且隔离性好，但是响应速度较慢、体积大、可靠性较低。

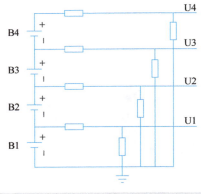

图 6-28 电阻分压法原理图

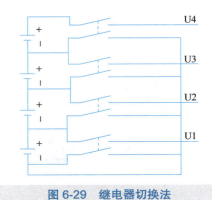

图 6-29 继电器切换法

(2) 电流监测

电流监测是指监测电池系统中的充电和放电过程中的电流变化。电流监测的主要目的是确保电池系统在安全范围内运行，避免过载或过充电等问题。下面具体介绍电流监测的具体方法。

1) 霍尔效应传感器。霍尔效应传感器是一种常用的电流传感器，它利用磁场的作用，测量通过导体的电流。当电流通过导体时，霍尔传感器产生的磁场的变化与电流成正比，通过测量这种磁场变化来确定电流的大小。这种方法简单且可靠，适用于不同类型的电池系统。

2) 电阻式电流传感器。电阻式电流传感器利用导体电阻的变化来测量电流。当电流通过导体时，导体的电阻会产生相应的变化，通过测量这种电阻变化来确定电流的大小。这种方法成本较低，但精度也较低。

3) 电流互感器。电流互感器利用电磁感应原理，将被测导体的电流转换为二次线圈中的电流。通常采用的是变压器的原理，通过二次线圈中的电流变化来确定电流的大小。这种方法具有较高的精度和稳定性，适用于对精度要求较高的应用。

(3) 温度监测

电池温度监测是指监测电池组中各个电池单体或整体的温度，并对其进行实时监控和管理的功能。电池温度监测在 BMS 中具有重要作用，可以帮助确保电池系统的安全性、稳定性和性能优化。

1) NTC 热敏电阻法。使用负温度系数（NTC）热敏电阻作为温度传感器。NTC 热敏电阻的电阻值随温度的升高而减小，通过测量电阻值的变化可以得知温度的变化。其优点在于成本低、响应速度快、灵敏度高，但是其精度较差，并且需要定期校准以确保准确性。

2) 热电偶法。使用热电偶作为温度传感器。热电偶利用两种不同金属的热电势差来测量温度，根据温度与热电势之间的关系进行温度测量。其响应速度快、精度高、测量范围广，但是所需成本较高，并且使用过程中需要进行冷端补偿以提高其测量精度，再加上热电偶由两种不同金属组成，因此易受到机械振动和外部环境的影响。

6.4.2 电池状态估计

BMS 需要基于实时采集的动力电池数据，运用既定的算法和策略进行电池组的状态估计，从而获得每一时刻的动力电池状态信息，具体包括动力电池的 SOC、SOH、SOP 以及 SOE 等，为动力电池的实时状态分析提供支撑。其中状态估计的核心为 SOC 和 SOH 估计，本节主要就以上两点进行详细介绍。

1. 荷电状态（SOC）评估

动力电池结构复杂，电化学反应过程和反应阶段复杂且难以确定，而且车载工况恶劣、多变，作为隐形状态量的 SOC 精确值难以得到，常见的动力电池 SOC 估计方法大致可以分为四类：基于表征参数的方法、安时积分法、基于模型的方法以及基于数据驱动的方法，如图 6-30 所示。四类 SOC 估计方法对比见表 6-7。

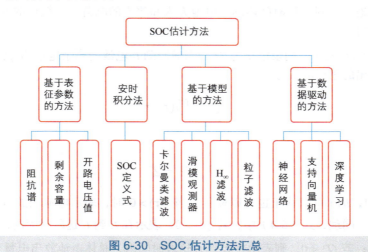

图 6-30　SOC 估计方法汇总

表 6-7　四类 SOC 估计方法对比

方法	优点	缺点	精度	鲁棒性
基于表征参数的方法	简单易实现 计算成本低 实时性好	易受不确定性因素影响，比如温度、工况、老化程度等 需要定期校准 OCV 或者 EIS 信息 需要精密的测量仪器	差	好
安时积分法	简单易实现 计算成本低	对准确 SIC 初值有依赖性 开环计算方法需要定期修正 容易受到电流漂移、噪声、老化因素的影响	一般	差
基于模型的方法	估计精度高 采用闭环反馈控制 实时性好 自适应性强	对模型的精确度依赖性强 计算成本比较高 初值不当造成估计结果发散	优秀	优秀
基于数据驱动的方法	估计精度高 善于处理非线性问题	算法复杂度高 对训练数据的依赖程度高	优秀	差

荷电状态（SOC）是蓄电池使用一段时间或长期搁置不用后的剩余容量与其完全充电状态的容量的比值，常用百分数表示。其取值范围为 0~1，当 SOC = 0 时表示电池放电完全，当 SOC = 1 时表示电池完全充满。

对 SOC 常用的定义是：

$$SOC = \frac{剩余的电量}{电池的容量} \times 100\% \tag{6-2}$$

式中，分子及分母都以电量的形式存在，其物理单位可以用"库仑"（C），也可以用"安时"（A·h），并且 1A·h = 3600C。

（1）经典的 SOC 估算方法

电荷累积法和开路电压法是两种经典的评估剩余电量或 SOC 的方法，它们至今仍被广泛使用。许多改进的 SOC 估算方法都可以看作是对这两种经典方法的结合或改进。

1）电荷累积法也称为 CC 法（Coulomb Counting Method），是一种通过预先知道上一时刻电池剩余电量状态，并对一段时间内动力电池充入和放出的电荷进行统计的方法，从而得到当前电池的荷电状态。

假设上一时刻 t_1 电池的剩余电量为 Q_{t_1}，当前时刻 t_2 电池的剩余电量为 Q_{t_2}，则从 t_1 到 t_2 期间电池充入、放出的累计电量为

$$Q_{t_1}^{t_2} = \int_{t_1}^{t_2} i(\tau) d\tau \quad (6-3)$$

那么

$$Q_{t_2} = Q_{t_1} - Q_{t_1}^{t_2} \quad (6-4)$$

式（6-3）中，$i(\tau)$ 可以取正也可以取负。当 $i(\tau) > 0$ 时，表示电池在放电，当 $i(\tau) < 0$ 时，表示电池在充电。同理，式（6-4）中，若 $Q_{t_1}^{t_2} > 0$，表示在 t_1 到 t_2 这段时间内，总体电池放出电量多于充入电量；若 $Q_{t_1}^{t_2} < 0$，则表示在 t_1 到 t_2 这段时间内，总体电池放出电量少于充入电量。

通过式（6-4）求得 Q_{t_2} 后，可以进一步根据式（6-2）求得此时的 SOC 值（%）。

2）开路电压法（Open-Circuit Voltage Method）也称为 OCV 法，是一种通过测量动力电池在工作电流为零时的开路电压（OCV）来估算电池的 SOC 的方法。

使用开路电压法通常基于以下三个前提：

1）认为电池的 SOC 与电池的电动势（EMF）存在一一对应关系，即在 0% ~ 100% 之间的任意 SOC 值都对应唯一的一个电动势值。

2）认为在工作电流为零的情况下，开路电压等于电池的电动势。

3）不考虑温度和电池老化等因素，即认为在不同温度条件下、不同老化程度的电池具有相同的 SOC-EMF 曲线。

在实际应用中，OCV 法常常利用工作电流为零时测量的电池电压 U_0，然后根据 SOC-EMF 曲线反推出电池的 SOC 值。

（2）基于模型的方法

如图 6-31 所示，该方法利用模型和状态估计算法完成动力电池的 SOC 估计，因此该方法需要建立可靠的数学模型，目前主要以等效电路为主，应用滤波算法和观测器，搭建基于模型的 SOC 估计算法。

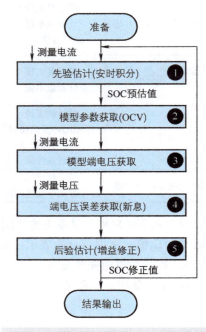

图 6-31 基于模型的方法实现流程图

基于扩展卡尔曼滤波器的 SOC 估算是目前较为先进的一种方法。应用卡尔曼滤波器有以下几点好处：

1）适用性广泛。OCV 法仅适用于电池闲置一段时间且电压回弹充分的情况，而在电池正常工作时无法使用。而卡尔曼滤波器方法适用于电池处于任何状态下的情况，包括"闲置""放电"和"制动能量回收"。

2）修正初始值的能力。CC 法对初始值的依赖性和误差累积是致命的缺陷，即使 SOC 的初始值计算有误差，这样的误差也会一直累积。而卡尔曼滤波器能够修正这个问题，在任何时候都可以对误差进行修正，即使 SOC 的初始值误差很大，经过一段时间后，滤波器也会消除这样的误差。

3）克服传感器精度不足的问题。车载 BMS 受成本、可靠性等多方面因素的影响，传感器的精度通常有限，这会导致 SOC 评估误差较大，卡尔曼滤波器则能够应对这一挑战。其原理可类比于对被测量的对象进行多次观察，以克服随机误差。例如，如果采用 10 位的 A/D 芯片，电压测量的分辨率是 5mV，但小于 5mV 的测量值存在一定的随机误差。若采用普通的一次采样方法，随机误差将较大。而使用卡尔曼滤波器则相当于对同一被测对象进行多次测量，有助于消除随机误差，从而提高精度。

（3）基于数据驱动的方法

基于数据驱动的方法在解决强非线性问题时具有特别的优势，其估计精度较高。然而，这类方法往往需要大量的试验数据作为先验知识，并且所用试验数据必须能充分反映动力电池的特性，否则容易导致模型过拟合。同时，建模的复杂度、所选的训练函数以及训练截止条件等因素也会直接影响模型的估计精度和泛化能力。

神经网络模型是这类方法的典型代表。该方法几乎不需要考虑动力电池的内部化学反应细节，具有极强的拟合能力，理论上适用于所有种类的动力电池 SOC 估计。然而，近年来研究发现，单纯增加神经网络的隐含层层数或单层神经元个数会导致模型参数飞速增加，从而出现过拟合现象。因此，研究也逐渐转移到了具有更强泛化能力的深度学习网络上。

2. 健康状态（SOH）评估

电池健康状态的标准定义是在标准条件下动力电池从充满状态以一定倍率放电至截止电压所放出的容量与所对应的标称容量（实际初始容量）的比值，该比值是电池健康状况的一种反映。

动力电池的 SOH 与电池的老化过程密切相关，老化反映多为动力电池容量衰减和内阻增加，因此，常将动力电池的容量和内阻作为 SOH 的评价指标。一般来说，新出厂动力电池的 SOH 被设定为 100%，对于纯电动汽车而言，当动力电池的容量达到初始容量的 80% 时即认为其不能再满足使用要求。若为混合动力汽车，则采用 2 倍的初始内阻作为寿命终了条件。

为了确保容量衰减指标具有较强的可比性，需要对容量的衰减进行定义：

$$C_{\text{loss}} = (1 - C_t / C_{\text{rated}}) \times 100\% \tag{6-5}$$

式中，C_t 为电池在某个时刻 t 的最大容量；C_{rated} 为电池出厂时的额定容量，以百分数作为最终单位将使得这一指标更为直观，更具可比性。

在实际操作中，以上定义需要注意两个问题：

1）作为电池当前的最大容量 C_t 和温度有一定的相关性，不妨定义这一容量就是电池在 20℃下的最大荷电容量。

2）对于新电池而言，常常会出现 $C_t > C_{rated}$ 的情况，这样算出来的 C_{loss} 将是一个负数。这是允许的，因为我们认为，C_{loss} 的数值越大，电池的劣化程度越高，如果 C_{loss} 出现负数，就表明该电池的劣化程度不高。

SOH 的估计方法可以分为两大类，即试验分析法和基于模型的方法，如图 6-32 所示。

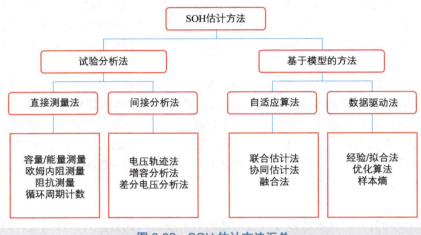

图 6-32　SOH 估计方法汇总

（1）直接测量法

直接测量法指通过直接测量动力电池某些特征参数，并以此来评价动力电池 SOH，主要包括容量/能量测量法、欧姆内阻法、阻抗测量法以及循环周期计数法。下面简要介绍容量/能量测量法和阻抗测量法。

容量/能量测量法值通过直接测量电池的容量或能量来确定动力电池 SOH，这需要满足两个条件：①保证充放电过程的完整性；②保证采集精度足够高，这意味着该方法只能在实验室或其他相对稳定的条件下使用，对于实车环境来说，往往采用参数辨识的方法。

（2）间接分析法

间接分析法是一种典型的多步推导方法，其不会直接计算出动力电池的容量或者内阻值，而是通过设计或测量某些能反映动力电池容量或内阻衰退的过程参数，来标定动力电池 SOH。动力电池端电压响应直接反映了动力电池内部反应特征，因而可基于控制变量法，分析特定 SOC、温度以及电流输出下的电压响应轨迹，从而完成 SOH 的标定。这一方法即为电压响应轨迹法。同时考虑到动力电池放电工况较为复杂、多变，因而这一方法常用相对稳定的充电过程作为分析对象。容量增量法（IC Analysis，ICA，描述 dQ/dV-V 的关系）与差分电压法（DV Analysis，DVA，描述 dQ/dV-V 的关系）指的是分别利用 IC 曲线与 DV 曲线分析动力电池的衰退过程与老化机理，进而实现 SOH 的标定。IC 曲线与 DV 曲线均可由恒流充放电数据变换得到。

（3）自适应算法

自适应算法一般需要借助电化学模型或者等效电路模型，它通过对模型参数进行辨识，完成 SOH 的标定。这类方法的特点在于闭环控制与反馈，以实现估计结果随动力电池电压的自适应调整，其包括联合估计法、协同估计法以及融合估计法等。

（4）数据驱动的方法

基于数据驱动的 SOH 估计方法不依赖于精确的数学模型来描述动力电池老化原理与演变过程，它只依赖于历史老化数据，即通过特定的学习算法提取历史数据的关键老化信息。在已有大量离线数据的情况下，可以直接采用机器学习算法，如支持向量机、相关向量机等，学习动力电池 SOH 与样本熵算法输出的离线映射关系，进而使用这一离线关系完成实车过程中的动力电池 SOH 实时估计。

6.4.3 电池安全保护

电池安全管理是电动汽车管理系统首要的功能。之所以把这一功能放在第三位是因为这一功能通常以"状态监测""状态分析"这两项功能为前提。"过电流保护""过充电过放电保护""过温保护"是最为常见的电池安全管理功能。

（1）过电流保护

过电流保护指的是在充放电过程中，如果工作电流超过了安全值，则应该采取相应的安全保护措施。

（2）过充电过放电保护

过充电保护是指在电池充电状态达到 100% 时，为防止继续充电导致电池损坏，采取切断充电回路的保护措施。相反，过放电保护则是在电池的充电状态为 0 时，为防止继续放电导致电池损坏，采取切断放电回路的措施。在实际操作中，过充电和过放电保护通常通过设定充电和放电的截止保护电压来实现。如果检测到电池电压高于或低于所设定的门限电压值，就会及时切断电流回路，以保护电池。

（3）过温保护

过温保护是指在温度超过设定的限制值时，对动力电池采取保护性措施。这个过程需要考虑到环境温度、电池组的温度以及每个单体电池本身的温度。由于温度的变化是一个过程，温度控制往往会有一定的滞后性，因此在实施温度保护时通常需要考虑到一定的提前量。

6.4.4 电池充放电控制与能量管理

电池管理系统在充放电控制和能量管理方面扮演着至关重要的角色，其功能包括控制和优化电池充放电过程、电池均衡以及管理电池的能量利用。

1. 充放电控制

（1）充电控制

① 限制充电电流：通过控制充电电流大小，可以避免电池充电过快或过度充电，减少电池的损耗和寿命缩短。

② 控制充电电压：确定充电电压在电池的使用范围内，避免过高或过低的充电电压对电池造成损害。

③ 充电截止：当电池达到设定的 SOC 或 SOE 时，停止充电，避免过充电。

（2）放电控制

除工况不同外，放电控制与充电控制类似，在此不再赘述。

2. 电池均衡

生产制造和使用过程的差异性，造成了单体电池天然就存在着不一致性。不一致性主要表现在单体容量、内阻、自放电率、充放电效率等方面。单体电池的不一致传导至电池包，必然会带来电池包容量的损失，进而造成寿命下降。有研究表明，单体电池 20% 的容量差异，会带来电池包 40% 的容量损失。

电池均衡是通过对多节串联电池进行容量最大化处理，确保各个电池模组能量可用，以此来延长电池使用寿命的技术。

（1）不一致的来源

电池由于自身内部差异或外部使用状态不同而形成的电池容量、SOC、内阻和电压等参数不同的现象，称为电池组不一致性，如图 6-33 和图 6-34 所示。

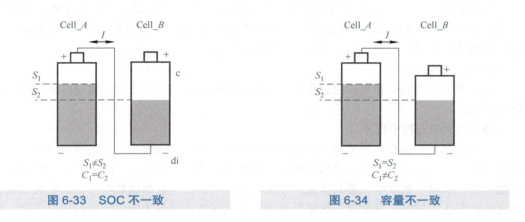

图 6-33　SOC 不一致　　　　　　　　　　　　图 6-34　容量不一致

锂离子电池间的不一致性主要来源于几个方面：

1）生产制造时工艺上的差别和材质的不均匀，造成电池两极材料的活化程度与厚度隔板等存在细微的差别，使得内部结构和材质不完全一致。

2）使用过程中，电池组中各个电池电解液密度、温度、自放电程度等的差别也会造成不一致。

3）随着时间的累积，电池的不一致性越来越大。

不一致性主要影响以下几个方面：①降低整体容量性能；②缩短电池使用寿命；③限制整体充放电功率；④影响电池安全性能。

有试验表明，在使用不一致性较大的电池组时电压波动明显，功率性能有所下降，同时电池组之间的差异进一步加剧，电池利用率和电池寿命会随差异性的增大而减小。因此，在发现电池有差异时，应当及时进行处理，以减小不一致性对电池造成的影响，避免形成恶性循环。电池不一致性无法完全消除，但可以通过电池均衡技术使其尽量减小。

（2）电池均衡方法

电池均衡（Cell Balancing）分为两种：被动均衡（Passive Balancing）与主动均衡（Active Balancing）。

被动均衡原理如图 6-35 所示，其运用电阻器件，将高电压或者高电荷电量电芯的能量消耗掉，以达到减小不同电芯之间差距的目的，是一种能量的消耗。如果检测到电池存在不均衡的情况，被动均衡就会有选择性地闭合高能量的单体电池放电回路，闭合开关，通过回路中的电阻对电池组中能量较高的电芯进行放电，把偏高的能量消耗掉，以此减小电芯之间的差距，最终达到均衡状态。由于这种均衡方式是被动地消耗能量，因此被称为被动均衡。被动均衡的优点是电路结构简单，成本较低；缺点是能量利用率低，同时会增加模组的散热。

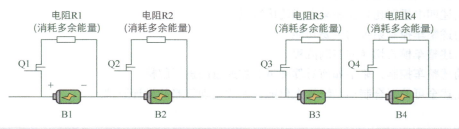

图 6-35　被动均衡原理

主动均衡原理如图 6-36 所示，其是运用储能器件等，将荷载较多能量的电芯部分能量转移到能量较少的电芯上去，是能量的转移。主动均衡是将电池组中高能量电池的能量转移到低能量电池上实现能量转移式均衡，以此减小电芯之间的差距，最终达到均衡状态。由于是主动式的能量转移，因此被称为主动均衡。主动均衡的优点是均衡速度快、能量利用率高；缺点是电路较为复杂，成本较高。

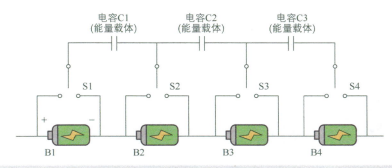

图 6-36　主动均衡原理

习　题

一、填空题

1. 车用驱动电机的被控特性比较符合车辆的理想驱动特性，表现为低速（　　　），高速（　　　）。

2. 在纯电驱动系统中，采用变速器有利于（　　　　　　）。

3. 在对电动汽车的驱动电机进行选型时，应根据动力性能指标中的（　　　）选择电机的额定功率，根据加速时间和最大爬坡度选择电机的（　　　）和（　　　）。

4. 目前电动汽车上应用最为广泛的电机类型是（　　　　　）。

5. 由于电动汽车通常工作在较宽的转矩和转速区间内，因此驱动电机在选型时，不仅要关注其最高效率，更应关注其（　　　　　）。

二、简答题

1. 简述前后轴双电机驱动形式的优缺点。
2. 简述不同类型电机的优缺点。
3. 简述四电机四轮独立驱动形式的优缺点。
4. 简述整车控制系统的主要功能。
5. 简述整车模式切换的控制流程。
6. 简述整车控制策略中如何对驾驶员的加速意图进行解析。
7. 简述全可控混合制动系统最大化能量回收制动策略的设计原理。

第 3 部分
电动汽车底盘设计

第 7 章
电动汽车底盘的性能指标设计要求概述

☞ 本章导学

本章主要介绍电动汽车底盘设计方面的相关内容，简要讲述电动汽车底盘的性能指标及其相关设计要求，主要包括电动汽车操纵稳定性、电动汽车平顺性、电动汽车主动安全性及其结构可靠性等方面的性能指标。期望通过本章的内容，让学生对电动汽车底盘设计的性能指标有一个较为清晰的理解。

☞ 学习目标

序号	学习目标	知识点	学习要求
1	熟悉电动汽车操纵稳定性性能指标设计要求	质心侧偏角、车辆直接横摆力矩控制系统	了解
2	熟悉电动汽车平顺性性能指标设计要求	平顺性分析流程	了解
3	熟悉电动汽车主动安全性能指标设计要求	主动安全系统相关指标	了解
4	熟悉电动汽车结构可靠性性能指标设计要求	强度和耐久性、刚度、碰撞安全性、腐蚀抵抗力、重量优化、热管理和电磁兼容性	了解

☞ 课前小讨论

在学习本章节之前，请各位同学凭自身的感受与观察，总结对比一下电动汽车底盘与传统燃油汽车底盘的异同？

7.1 电动汽车操纵稳定性

电动汽车的操纵稳定性是一个至关重要的设计领域，它确保了车辆在各种驾驶条件和环境下都能安全、可靠地行驶。这种稳定性不仅关系到乘客的安全，还直接影响到驾驶体验的舒适度和车辆的能效表现。操纵稳定性的优化需要综合考虑多个性能指标，并且依赖于车辆多个关键系统的高度协调与集成。

操纵稳定性涵盖了车辆在高速行驶、急转弯、急加速及急制动等极端或日常驾驶情况下的表现。为了达到高标准的操纵稳定性，设计师需要仔细评估包括横向稳定性、纵向稳定性、轮胎抓地力、车辆响应性和滚动稳定性在内的多种性能指标。这些指标不仅要单独达标，更要在不同的驾驶场景中相互支持，共同作用，以确保车辆在任何条件下都能保持最优的控制和性能表现。

为了实现这些性能指标，电动汽车依赖于多个关键系统的精确工作和互相配合。这些系统包括动力总成系统、悬架系统、制动系统和转向系统等。例如,动力总成系统中的电机控制单元必须能够精确调节电动机的输出,以提供平滑且响应迅速的加速性能;悬架系统必须能够适应各种路面条件,保持车辆的稳定性和乘坐舒适性;制动系统则需要集成高效的再生制动技术和传统摩擦制动,以实现快速而平稳的制动效果。

总体来说,电动汽车的操纵稳定性是通过高度复杂的工程设计和技术整合实现的,它要求设计师具备跨学科的知识和对新兴技术的深入理解。通过这种综合性的设计方法,电动汽车不仅能在日常驾驶中提供安全保障,也能在极端环境下展现出出色的性能。

车辆状态参数是其控制系统的重要输入,因此快而准地获取车辆状态参数对提升控制系统的精度起着至关重要的作用。操纵稳定性本质上是为了解决轨迹跟踪与行驶稳定性两大问题:轨迹跟踪的表征参数为质心侧偏角,行驶稳定性的特征参数是横摆角速度。一般而言,横摆角速度由低成本传感器陀螺仪测得,但质心侧偏角需由全球定位差分系统(Differential Global Position System,DGPS)这样的高成本传感器来测量。高成本传感器的使用无疑会增加车辆的制造成本且传感器精度对外界环境的变化颇为敏感,使车辆控制系统的开发受到阻碍。因此,基于车辆模型和易测得的传感器数据,采用状态参数估计算法来对车辆的重要状态参数进行预估的间接测量方法受到研究人员的青睐。

直接横摆力矩控制(Direct Yaw Moment Control,DYC)、防抱死制动系统(Anti-lock Braking System,ABS)、驱动防滑系统(Acceleration Slip Regulation,ASR)、防侧倾系统(Anti-roll System,ARS)在提高车辆稳定性方面发挥着重要作用,而精度高、综合性强的稳定性分析是以上控制系统介入的重要依据,在车辆稳定性控制技术中,车辆稳定性研究已成为一个关键课题。

7.1.1 质心侧偏角

近些年,已经有很多学者对汽车稳定性和安全性的提升做了大量研究,而质心侧偏角是评价车辆稳定性的重要参数,但是由于其无法像纵向车速、转向盘转角一样通过传感器直接测得,因此需要建立专门的观测器实时估计质心侧偏角。目前质心侧偏角估计主要包括两种方法,其中一类是目前常用的基于运动学模型的估计方法。

基于运动学模型的方法主要是通过实测数据与估计状态之间的运动学关系进一步估计车辆状态,再通过积分法估计车辆状态:

$$\beta = \int \left(\frac{a_y}{V_x} - \frac{a_x}{V_x} \beta - \gamma \right) dt \tag{7-1}$$

式中,β 为车辆质心侧偏角;a_x 为车辆纵向加速度;a_y 为车辆侧向加速度;V_x 为纵向速度;γ 为横摆角速度。这种方法已经有一些相关研究,但是由于受传感器的精度影响较大,容易出现积分累误差,因此通常需要配合其他方法结合使用。

7.1.2 车辆直接横摆力矩控制(DYC)系统

近年来,DYC 系统的结构以集中式和分层式控制结构最为常用。集中式控制结构一般是由一个集中控制器发送控制指令到对应的执行机构,最终达成车辆的稳定性控制。日本学者 Masaoi 和 Boada 最早提出集中式控制结构。相关文献在测试研究中应用了集中式控制结构,根据理想的运行状态和汽车当前运行状况,直接计算出每一个车轮都必须施加的力矩。这种方法虽然简单,但其控制量之间的复杂关系会影响控制效果且实时性不好,对独立驱动的电动汽车适用性不高。近年来,大多数 DYC 系统的框架均采用分层结构:上层控制器根据驾驶员实时输入的信息,结合车辆实时状态信息,通过合理的算法准确地计算出满足汽车稳定性要求的横摆力矩;下层控制器把上层控制器计算的横摆力矩以驱动力和制动力的形式分配到汽车各个车轮上。

开发车辆 DYC 系统时,首先要解决的问题是如何准确地获得上层控制器所需的车辆状态参数,因此,需要开发合理的状态参数观测器,准确地估计车辆的状态参数,然后选取合适的车辆参数作为控制目标,应用控制算法来计算车辆期望的广义合力。分层计算在实时性上更有优势,其结构特征可以缩减计算上所消耗的时间。常用的汽车直接横摆力矩控制系统框架如图 7-1 所示。车辆运行时,驾驶员首先给定转角 δ,由传感器和观测器估算得到车辆侧偏角 β、前轮胎侧偏刚度 C_f,后轮胎侧偏刚度 C_r、横摆角速率 γ 以及车速 v,送入上层控制器中与参考车辆模型进行分析对比,并由算法得出控制变量(期望横摆角速率 γ_m 以及期望车辆质心侧偏角 β_m)。例如,经典的二自由度模型期望值的计算见式(7-2)。当获得期望值后,经过算法得出车辆稳定时所需的直接横摆力矩 M_z。下层控制器根据 M_z 通过控制算法结合各车轮的固有特性进行车辆四轮的力矩分配,对各轮输出转矩实现系统控制。

$$\left.\begin{array}{l}\dot{\gamma}_{\mathrm{ref}}=\dfrac{2a^2C_f+2b^2C_r}{I_zu}+\dfrac{2a^2C_f-2b^2C_r}{I_z}\beta_{\mathrm{ref}}-\dfrac{2a^2C_f}{I_z}\delta_f\\ \dot{\beta}_{\mathrm{ref}}=\left(\dfrac{2a^2C_f-2b^2C_r}{mu^2}-1\right)\gamma_{\mathrm{ref}}+\dfrac{2C_f+2C_r}{mu}\beta-\dfrac{2C_f}{mu}\delta_f\end{array}\right\} \quad (7\text{-}2)$$

式中,a 为车辆质心到前轴中心线的距离;b 为车辆质心到后轴中心线的距离;m 为车身质量;u 为车辆纵向车速;I_z 为车辆质心的转动惯量。

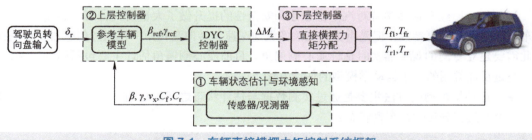

图 7-1 车辆直接横摆力矩控制系统框架

7.2 电动汽车平顺性

随着生活水平的提高,汽车不再只是代步工具,人们开始重视乘坐的舒适感,各个企业也都开始在乘坐舒适性方面展开竞争。汽车的振动会引起人体的不适以及货物的破损,而且是车内噪声的主要噪声源,影响乘员舒适性的主观感受。提高汽车平顺性对于汽车厂商增加产品竞争力,改善消费者乘车舒适性,提高动力性和燃油经济性都有重要意义。

汽车平顺性指的是车辆运行过程中产生的振动对乘坐人员主观感受的影响以及对货物安全性的影响,是车辆性能评价的一种。汽车的平顺性主要是指路面激励引起的振动,频率通常都在 0.5~25Hz 范围内。平顺性分析流程如图 7-2 所示。

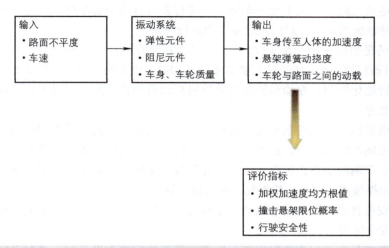

图 7-2　平顺性分析流程

汽车平顺性主要研究的内容是悬架的结构和匹配、轮胎的选型以及非悬架质量大小的影响，这几个因素对汽车平顺性的影响是比较大的。汽车有很多零部件，这些零部件结合在一起，使汽车不再是一个刚体系统。汽车行走在不平路面上，路面的不平度会使汽车系统产生振动，电机产生的振动以及其他系统产生的振动会通过悬架传到车身和乘员座椅，使得车上的乘客感到不适。汽车的整个系统是一个多个自由度系统并且不是线性的，对输入的路面或者其他的激振会产生相应的振动，这些响应综合影响传递到车内的振动，会直接影响乘坐人员的主观感受，分析平顺性主要从四个方面进行研究：

1）乘员对振动的反应剧烈程度以及对应的平顺性评价。
2）平顺性输入路面不平度的研究。
3）车辆振动系统的简化，对路面输入引起的系统响应的分析。
4）车辆平顺性试验方法和测试。

由于电动汽车的结构和驱动方式与传统汽车有较大差异，研究它们的运行平稳性需要考虑到这些特点。目前国内外关于电动汽车平稳性的研究还相对较少，多数研究依赖于模拟仿真。

为了解决电动汽车平稳性变差的问题，可以从几个方面入手：选择高效轻质的电机，提高电机与车轮的集成程度，以及改进悬架系统。通过这些措施，可以有效控制电机质量，优化悬架结构和控制策略，从而改善电动汽车的平稳性。后文的研究会提供关于电机选择和悬架设计的具体建议，也为未来电动汽车的设计提供了宝贵的参考。

7.3　电动汽车主动安全性

为了提升电动汽车的行驶安全性，工程师们采用了一系列的安全措施，主要分为被动安全和主动安全两大类。被动安全措施，如安全带、安全气囊、钢化玻璃及吸能缓冲装置，主要在事故发生后发挥作用，以减轻对乘车人员的伤害。而主动安全措施，则是在事故发生前介入，以预防事故的发生。

电动汽车的主动安全技术特别关注通过先进的传感器和控制系统来增强车辆的预防能力。例如，自适应巡航系统（ACC）允许车辆在高速行驶时自动调整车速，以保持与前车安全的距离。然而，这种系统通常不针对行人或障碍物进行预警。

更进一步的是前向预警系统（FCW），它可以对前方的行人或障碍物发出警告，但本身并不控制车辆进行自动制动。自动紧急制动系统（AEB）则是在 FCW 的基础上，结合车辆的制动系统，通过智能化控制，在检测到碰撞风险时自动启动紧急制动，极大地提高了避免或减轻事故严重性的能力。

倒车时，电动汽车常配备倒车雷达或摄像系统，这些设备能够帮助驾驶员更好地观察车辆后方情况，避免倒车时的碰撞。此外，电动汽车还普遍使用轮速传感器和车速传感器，这些传感器信息被送至车辆的中央控制单元，用于计算每个车轮的滑移率，并相应调整制动力或电机输出，保持轮胎抓地力，避免车轮抱死，从而提升驾驶稳定性。

这些主动安全技术不仅增强了电动汽车在各种驾驶情况下的表现，也为驾驶员和乘客提供了更高层次的安全保障。

主动安全系统是为了在事故发生前预防或减轻事故后果而设计的。这些系统不仅提高了驾驶安全性，还增强了车辆的控制和应对突发情况的能力。以下是主动安全系统需要达到的主要要求和指标：

1）实时监测和响应：主动安全系统必须能够实时监测车辆及其周围环境的状态，如车速、车轮转速、周围车辆和障碍物等，并在必要时快速响应。

2）精确的传感器和数据处理：系统依赖于各种传感器（如雷达、摄像头、超声波传感器）收集的数据，这些数据必须精确无误。同时，车辆的控制单元需要强大的数据处理能力，以实时分析数据并做出决策。

3）系统的干预效果：当检测到潜在的安全威胁时，系统应能有效干预，如调整车速、启动自动制动等，以避免事故或减轻事故造成的伤害。

4）系统的可靠性和稳定性：主动安全系统的可靠性至关重要，必须在各种驾驶条件下稳定工作，包括恶劣天气和复杂的交通环境。

5）驾驶员的接受度和互动性：系统设计应易于驾驶员理解和操作，同时提供适时的反馈和警告，确保驾驶员可以正确地与系统互动。

6）兼容性和集成性：主动安全系统需要与车辆的其他系统（如动力控制、制动系统）良好集成，确保在各种情况下的协调操作。

为实现四轮驱动电动汽车 AEB 系统的控制功能，需要对以下关键技术进行研究：

（1）行车信息感知系统

对于 AEB 系统来说，需要获得的信息包括前后车之间的距离、前车相对于自车的方位信息、前后车之间的相对速度、自车的速度及加速度、当前电机的转矩及转速等。其中，前后车之间的距离和相对速度是判断车辆安全状态的基础数据。

（2）最小安全距离模型和预警距离模型的建立

安全距离模型是车辆 AEB 系统判断车辆运行状态的依据。在保证汽车行驶安全的前提下，还要考虑道路通行效率的问题。其次，安全距离模型中所用到的参数要易于获得。

（3）车辆动力学模型的建立

精准的车辆动力学模型是 AEB 系统研究的基础。一般受实验条件限制，难以对所建立的安全距离模型进行实车验证,因此一般常用的方法是通过计算机建模仿真的方式来完成电动汽车 AEB 系统的闭环实验。基本步骤如下:首先在车辆动力学软件(如 CarSim)中建立车身、轮胎、路面等部分的模型;然后在控制算法仿真软件(如 MATLAB/Simulink)中建立包括安全距离模型、制动力计算模型、制动力分配模型及相应的控制策略等;通过优化期望制动力、期望制动转矩以及期望减速度等参数来完成 AEB 系统设计。

(4)AEB 控制器的设计

AEB 控制器是整个控制系统的大脑,由于车辆行驶的状态和周围的道路环境经常发生变化,因此要求 AEB 控制系统要具有良好的鲁棒性。

(5)电动汽车再生制动控制器的设计

再生制动控制器是为了实现车辆在制动过程中能量的高效回收利用,要求在保证车辆行驶安全的情况下,尽可能多地回收制动能量,达到最大限度地提高能源利用率的目的。

7.4 电动汽车结构可靠性

电动汽车的结构可靠性设计致力于确保车辆在整个预期使用周期内能够安全、有效地抵抗各种机械应力和环境条件。关键指标包括强度和耐久性、刚度、碰撞安全性、腐蚀抵抗力、重量优化、热管理和电磁兼容性。这些指标涉及多个系统,主要包括车身结构、底盘、电池包、电气系统和安全系统。

在设计过程中,强度和耐久性确保车体结构在静态和动态负载下保持完整性,而刚度则影响车辆的操控稳定性和乘坐舒适性。碰撞安全性评估车辆在事故中保护乘员的能力,腐蚀抵抗力则考虑车辆对抗恶劣天气或化学物质的能力。重量优化通过使用轻量化材料和设计来提高能效和性能,热管理则主要关注于电池包和电力系统的散热效率,以防止过热影响性能和安全。电磁兼容性确保车辆电子系统的正常运作不受电磁干扰。产品在设计和制造的过程中存在着许多影响产品质量的不确定性因素,比如零件的几何尺寸、材料力学参数、钣金厚度、装配位置以及制造中的各种人为或环境因素等。为了克服系统参数的变差对产品结构中各项性能的影响,各种不确定性分析的设计理论和方法自 20 世纪下半叶以来得到了迅速发展。可靠性设计就是以概率论、数理统计为基础,结合专业领域设计方法而形成的一种综合性技术。可靠性设计将常规设计方法中所涉及的设计变量,如尺寸、材料、载荷等看成是服从某种分布规律的随机变量,用概率统计方法设计出符合产品可靠性指标要求的主要参数和结构尺寸。随着汽车保有量的增加,汽车碰撞事故也不断增加,国内外交通事故数据研究表明,在正面碰撞造成人员伤亡交通事故中,小偏置正面碰撞的占比在美国为 22%,在英国高达 27%。由于小偏置碰撞的接触面积较小 [(25+1)% 的重叠率]、速度较快 [(64+1)km/h],与正面刚性墙 100% 碰撞、正面 40% 偏置碰撞相比,前纵梁未产生充分的压溃变形,因此不能起到吸收冲击能量的作用,碰撞力会通过轮胎、前悬等零件直接传递至乘员舱,对车内乘员造成严重的伤害。同时电动汽车动力电池一般位于地板下面,碰撞力会直接作用于前门柱底端,导致动力电池被碰撞挤压发生起火和爆炸的风险很高。又由于其碰撞速度快,能量大,所以被认为是目前最为苛刻的前碰要求。相比于传统燃油汽车,电动汽车小偏置碰撞涉及的高低压系统多且复杂,电池的保护要求高,可靠性非常重要。

第8章 悬架系统设计

📖 本章导学

本章主要介绍悬架系统设计方面的相关内容，简要讲述电动汽车悬架系统的相关选型，主要包括悬架的分类、前悬的选型与设计、后悬的选型与设计。期望通过该章节的内容让学生对电动汽车悬架系统的结构、选型和设计流程有较为清晰的认识。

📖 学习目标

序号	学习目标	知识点	学习要求
1	了解悬架系统设计基本要求与思路	悬架系统设计基本要求与思路	了解
2	熟悉电动汽车悬架选型	悬架的分类、前悬的选型与设计、后悬的选型与设计	熟悉
3	熟悉电动汽车悬架的主要零部件设计	弹性元件、减振器设计、导向机构选型以及衬套设计	熟悉

8.1 悬架系统设计基本要求与思路

车身（或车架）与车轮（或车轴）之间的弹性总成，称为悬架，通常由弹性元件、导向机构以及减振器组成，如图 8-1 所示。其作用是连接并传递车身（或车架）以及车轮（或车轴）之间的力与力矩。在车辆的行驶过程中，为了衰减崎岖路面引起的冲击，保证车辆行驶的平顺性和稳定性，获得更好的驾驶体验，需要选择合适的悬架系统。

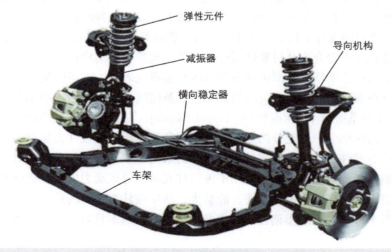

图 8-1 双横臂悬架结构

汽车的悬架系统在设计过程中通常需要满足以下条件：

1）良好的行驶平顺性：合适的刚度可以衰减因车辆行驶过程中路面不平而产生的振动，降低共振振幅，保证行驶的平顺性。

2）良好的操纵稳定性：设计过程中应当考虑悬架与转向杆系的关系，使汽车在转向以及崎岖路面等工况下具有良好的操纵稳定性。不仅如此，在转向过程中应使其具有一定程度的不足转向特征，从而保证车身侧倾角在较小范围内。此外，在崎岖路面行驶时，考虑车轮跳动关系，保证其具有合适的变化规律。

3）速度变化时较小的车身俯仰角变动：合适的悬架系统可以正确反映路面情况，避免较大的振动或较大的侧倾、俯仰等情况。

4）可靠地传递车身（或车架）与车轮（或车轴）之间的力与力矩。

5）在保证足够的结构寿命、刚度以及强度的同时，应尽可能降低整体质量，并合理安排空间结构提高空间利用率。

6）考虑后续制造以及维护的成本问题。

为满足以上设计要求，保证悬架设计的合理性与可靠性，悬架的一般设计步骤如下所示：

1）根据车辆的总体设计确定参数的输入，如轴距、轮距、悬上质量、悬下质量、前后车桥负载以及质心高度等参数。依据具体情况，计算相关性能参数，如偏频、相对阻尼系数、侧倾增益、转向过程中的载荷转移情况、不足转向等参数。

2）根据悬架性能要求，进一步确定侧倾中心高度、弹簧刚度、减振器阻尼系数等。

3）对悬架静挠度进行计算，并对偏频进行校核。

4）对悬架侧倾角刚度、稳态转向的侧倾角和侧倾增益以及稳态转向时的载荷转移进行计算。

5）对横向稳定杆所需的侧倾刚度进行计算。

6）对稳态转向的不足转向度进行计算。

7）对悬架的弹性元件、减振器进行设计并进行强度、刚度校核。

8）对悬架导向机构进行受力分析，并对其零部件进行强度、刚度校核。

9）对横向稳定杆进行设计并结合上述内容进行强度、刚度校核。

10）制造样机，并且对其进行试验，根据试验结果，对悬架设计参数进行相应的调整。

8.2 电动汽车悬架选型

8.2.1 悬架的分类

按照导向机构型式，悬架可分为独立悬架和非独立悬架两大类，如图 8-2 所示。

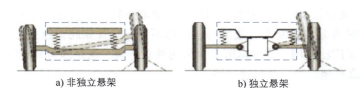

a) 非独立悬架　　　　　　b) 独立悬架

图 8-2　悬架的形式

（1）非独立悬架

非独立悬架通过一根整体轴连接两侧车轮，其主要优点包括：

1）在行驶过程中，除前轮前束外，其他车轮定位参数保持稳定。这降低了对车架前部刚度的要求，使得商用车车架的前部刚度可以适当降低，有助于减少道路引起的载荷冲击。前轮前束的变化由悬架与转向杆系的交互决定，通过调整这两者的匹配设计，可以有效地控制前轮前束的变化特性。

2）轮胎磨损最小。即使在车身侧倾时，前轮仍保持与地面垂直，并且当车轮上下跳动时，前轮轮距保持不变，这有助于延长轮胎的使用寿命，从而降低运营商的成本。

3）结构简单、耐用，且磨损件最少，使得其初始购置成本以及维修、保养成本都较低。

4）不论是空载还是满载，车辆的离地间隙都保持不变。

非独立悬架中的"非独立"意味着同一车桥上的左、右车轮不能独立运动。在坑洼路面上行驶时，非独立悬架中的车轮运动会相互影响，即它们的车轮外倾角的变化总是相同的，如图8-3所示。

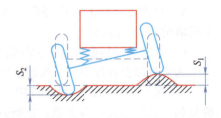

图8-3 在坑洼路面上行驶时非独立悬架车轮的运动情况

非独立悬架的缺点主要包括以下几点：

1）悬下质量较大，不利于提高平顺性。

2）同一根车桥上的左、右车轮的运动会相互影响。

3）非独立悬架用于前悬架上易发生摆振现象。

4）在刚性整体式车桥上方需要留出与悬架极限压缩量（车轮极限上跳位移）相同的空间。如果是前桥，则不利于降低发动机高度。

5）传动轴传递到驱动桥的转矩会使该车桥左、右车轮上的载荷发生变化，同时使悬上质量（车架、车身等）承受一个大小相等、方向相反的侧倾转矩，使其发生侧倾。

（2）独立悬架

独立悬架的优点包括以下几点：

1）非簧载质量（悬下质量）小，能够使车轮与地面更好地保持接触。

2）弹性元件只承受垂直力，可以采用刚度小的弹簧，使车身悬架系统的偏频降低，改善行驶平顺性。

3）车桥左、右车轮单独跳动，相互影响小，可减小车身的倾斜和振动。

4）有助于降低发生车轮摆振的可能性。

5）采用独立悬架后，取消了整根前轴，允许把发动机向前布置，从而可以增大汽车中的乘客空间或缩短车身总长；也有利于降低汽车质心，提高行驶稳定性。

6）具有更好的抗侧倾性能。在采用独立悬架的情况下，通过适当设计导向机构，即使采用较软的弹簧，也可以使其具有足够的抗侧倾能力。

7）通过适当设计悬架的导向机构，可以更准确地控制车轮的运动轨迹。

独立悬架的缺点是结构复杂、成本高、维修不便。尽管如此，独立悬架已经在现代轿车、轻型客车上得到了广泛应用。许多越野车也采用独立悬架，这是因为其能够较好地保持车轮与路面的接触，提高离地间隙，改善通过性。

目前汽车的前、后悬架采用的方案有：前轮和后轮均采用非独立悬架；前轮采用独立悬架，后轮采用非独立悬架；前轮与后轮均采用独立悬架等几种。

8.2.2 悬架的类型

(1) 独立悬架

1) 单横臂式：用一根横臂将车轮与主减速器铰接起来的悬架形式，这种悬架在车轮跳动时，车身倾角有显著变化、侧滑量大、轮胎磨损严重，对转向操纵有一定的影响，但是其结构简单、质量小、成本低，目前已经很少使用。

2) 单纵臂式：用一根纵臂将车轮与车架铰接起来的悬架形式。这种悬架在车轮跳动时车轮外倾角和前束不变，但是后倾角变化较大，因此多用于不转向的后轮，容易出现过多转向趋势，但是其结构简单、质量小，可以得到较大的室内空间，在前驱汽车的后悬架上应用的比较多。

3) 单斜臂式：介于单横臂式和单纵臂之间的一种悬架结构。

4) 纵臂扭转梁式：左右车轮通过单纵臂与车身铰接，并用一根扭转梁连接起来的悬架形式。这种悬架的优点是车轮运动特性比较好，汽车具有良好的操纵稳定性，结构简单，成本低。

5) 双横臂式：用上下摆臂分别将左右车轮与车身连接起来的悬架型式。其优点是设定前轮定位参数的变化及倾角中心位置的自由度大，若很好地设定汽车顺从转向特性，可以得到最佳的操纵性和平顺性，但是结构复杂，成本高。

6) 多连杆式：用多连杆代替双横臂式悬架上下两个 A 形摆臂的悬架结构。多连杆式悬架的优点是有更为满意的汽车顺从转向特性，最大限度地满足汽车操纵性和平顺性要求，但是其零件数量多、结构复杂、要求精度高。

7) 麦弗逊式（滑柱连杆式）：用减振器作滑动立柱并与下摆臂组成的悬架形式，其可看成是上摆臂等效无限长的双横臂式独立悬架。这种悬架的优点是增加了左右车轮之间的空间，这对前置前驱汽车来说是非常有利的，麦弗逊式悬架性能好、结构简单、制造成本低，几乎所有轿车的前悬架都采用了麦弗逊式悬架。

(2) 非独立悬架

1) 钢板弹簧式：主要特点是结构简单、可靠，缺点是汽车平顺性较差，在制动或驱动力矩作用下，容易引起车桥扭转振动。

2) 四连杆式：用四根推力杆控制车桥位置的非独立悬架，多用于轿车后悬架和客车、载货车的空气悬架。这种悬架可以提供多方案设计的可能性，合理布置悬架导向杆系，能够获得满意的操纵性，缺点就是零部件数量多，成本高。

3) 多迪奥式：汽车主减速器安装在车架上，左右车轮用刚性轴连接起来的悬架形式，多用于轿车后悬架。与其他非独立悬架相比，簧载质量小、车轮接地性好；由于主减速器固定在车架上，主减速器与传动轴均不跳动，因此可以降低车身底板高度。但驱动半轴需要做成断开式的，结构复杂、成本高。

4) 扭矩套管式：后桥壳借助伸向前端的扭矩管和球铰链安装在变速器后端或车身上的悬架形式，驱动力或制动力及其力矩由扭矩套管承受，而侧向力和水平偏转力矩分别由横向推力杆和纵向推力杆承受，由于没有上推力杆，可降低后排座椅高度。

8.2.3 前悬选型与设计

如果前后悬架均采用纵置钢板弹簧非独立悬架，那么在转向过程中，会使前轴的不足转向趋势增加，而后桥则增加了过多转向的趋势。并且前悬架如果采用纵置钢板弹簧非独立悬架，前轮容易产生摆振，影响车辆的操纵稳定性，故轿车前悬多数采用独立悬架。下面以双横臂式独立悬架以及麦弗逊式独立悬架为例进行介绍，如图 8-4 所示。

目前，车辆上所使用的双横臂式独立悬架大多都是不等长双横臂式。该结构为获得良好的综合性能提供了更多的选择。在设计过程中只需要根据所需的侧倾中心位置、轮距等参数及变化规律，对上下臂的长度，以及 α、β、σ 等角度以及 c、d 等尺寸进行合适的选择，就可以获得良好的性能。

双横臂式独立悬架因其制造工艺性好以及优秀的综合性能，在高越野性的越野车以及中、高级轿车的前悬架上得到了广泛的应用。但双横臂式独立悬架所占据的空间较大，并且其上下摆臂与车身（车架）的铰接位置受力较大，如图 8-5 所示。

图 8-4　某轿车的双横臂式独立悬架（前悬架）

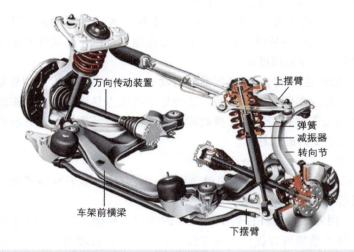

图 8-5　双横臂式独立悬架

目前绝大多数轿车以及轻型客车所使用的前悬架均为麦弗逊式独立悬架，如图 8-6 所示，其主要优点包括：

1）占据空间小，结构更加紧凑，有利于发动机舱的加宽以及安装横置发动机。

2）在立柱与车身的连接点、下摆臂以及副车架的铰接点处的受力比较小。

麦弗逊式独立悬架的主要缺点如下：

1）悬架压缩、伸张轮距、侧倾中心以及车轮外倾角等变化规律都不太理想。

2）将力和振动传到了轮罩内侧板，进而传到了汽车前部。

3）隔离道路噪声的能力较差，所采用的隔离噪声的主要措施是在立柱与车身的连接点中采用解耦橡胶件。

4）在活塞杆与减振器上端导管之间存在侧向力与摩擦力，降低了弹簧的缓冲作用。

5）前轴对轮胎的不平衡度以及径向跳动比较敏感。

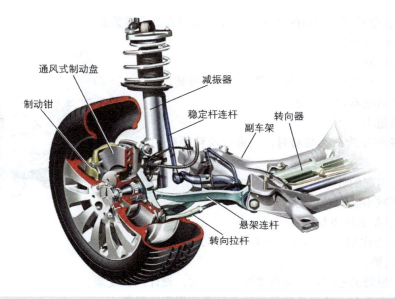

图 8-6 典型麦弗逊式独立悬架

8.2.4 后悬选型与设计

（1）单纵臂式独立悬架形式

当车轮跳动时，车轮相对车身的外倾角、轮距以及车轮前束角基本都不发生变化或变化很小，这对减小轮罩尺寸、增大车内空间、改善轮胎磨损以及形式方向稳定性都非常有利。但是该种悬架布置形式侧倾中心低，转向时侧倾力矩大，不利于减小车身侧倾角。转向时，在侧向力的影响下，车轮的前束角变化会促进过多转向，车轮外倾角变化与车身侧倾角基本相等，变化较大。单纵臂式独立悬架因其车轮跳动时主销后倾角变化大，一般不用于车辆前轮，但其结构简单，可以用在后轮上，如图 8-7 所示。

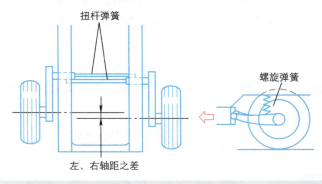

图 8-7 采用不同弹簧的单纵臂式独立后悬架示意图

（2）托臂扭转梁式悬架

托臂扭转梁式悬架是 20 世纪 70 年代引进的一种后悬架结构，也称为扭转梁式悬架或者复合式悬架。这种扭转梁式悬架是介于单纵臂式独立悬架与刚性轴式非独立悬架之间的一种形式，是由一根横梁以及两根焊接在其上的纵向梁共同组成。每个纵向梁上安装一个车轮，当车轮跳动时，该横梁就会起到稳定杆的作用。这种悬架形式要求横梁必须具有较大的弯曲刚度以及比较小的扭转刚度，如图8-8所示。

扭转梁式悬架的优点如下：

1）零件少，结构简单，占据空间小，便于拆装。
2）弹簧、减振器安装方便。
3）悬下质量小。
4）在车轮同步或交叉跳动时，前束以及轮距变化小。
5）侧向力引起的外倾角变化小。
6）有利于减小制动时车尾的抬升。

扭转梁式悬架的缺点如下：

1）在侧向力作用下，容易发生悬架变形，且造成过多转向的趋势。
2）横梁与纵臂的连接结构对悬架性能影响大，设计过程复杂。
3）焊缝处应力大，使得悬架的允许负荷受到强度的限制。

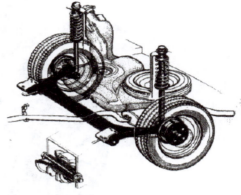

图8-8 一种托臂扭转梁式悬架

8.3 电动汽车悬架的主要零部件设计

悬架系统由弹性元件、导向装置及减振器组成。常见的弹性元件有螺旋弹簧、扭杆弹簧、钢板弹簧、空气弹簧、橡胶副簧等，减振器主要起到阻尼元件的作用。电动汽车一般采用前麦弗逊式独立悬架系统，后拖曳臂式非独立悬架，其弹性元件一般采用螺旋弹簧。本节主要对弹性元件、减振器、衬套进行讨论。

（1）弹性元件

当下乘用车大多数悬架系统的弹性元件都采用螺旋弹簧。它具备结构简单、制造容易、成本低廉、可靠耐用等优点。因此这里简述常见的圆柱螺旋弹簧的设计思路。

假设前悬螺旋弹簧原长为 h，设计高度为176，刚度为21，则：

$$k(h-176)=\frac{(730-79)\times 9.8}{2} \qquad (8-1)$$

计算可得前螺旋自由状态的长度为 $h=327.9$mm，假设满载时前螺簧长度为 x，可得关系式：

$$k(327.9-x)=\frac{(796.2-79)\times 9.8}{2} \qquad (8-2)$$

计算得 $x=160.6$mm。

按照项目要求，满载情况下需要抬高，螺簧偏频要与原车接近，假设前悬螺簧刚度为 K'，可得关系式：

$$K'(327.9-x)=\frac{(869.13-79)\times 9.8}{2} \qquad (8-3)$$

可知前悬螺簧总圈数为5.3，有效圈数为 $n=3.9$，由公式：

$$n = \frac{Gd^2}{8kD^3} \tag{8-4}$$

综合考虑计算得螺簧刚度为 22.3N/mm，前悬螺簧丝径为 12.2mm。
前悬螺簧偏频计算：
空载单边簧载：(774.25 − 79) × 9.8/2 = 3406.7N。
满载单边簧载：(869.13 − 79) × 9.8/2 = 3871.6N。
空载弹簧变形量：3406.7/22.3 = 152.8mm。
满载弹簧变形量：3871.6/22.3 = 173.6mm。
空载前悬螺簧偏频：$n = 5/f^{1/2} = 5/(152.8/10)^{1/2} = 1.28$Hz。
满载前悬螺簧偏频：$n = 5/f^{1/2} = 5/(173.6/10)^{1/2} = 1.20$Hz。
以上计算所得参数与对标车参数车接近，满足要求。
前悬螺簧满载切应力核算：

$$\tau = \frac{8KFC}{\pi d^2} \tag{8-5}$$

式中，F 为满载弹簧簧载质量；C 为旋绕比，$C = D/d$，d 为弹簧直径，D 为弹簧中径；K 为曲度系数，$K = (4C − 1)/(4C − 4) + 0.615/C$。

计算结果为满载切应力：828.7 ≤ [τ] = 1760 × 0.55 = 968MPa。

（2）减振器设计

现代汽车中悬架应用最多的就是内部充有液体的减振器，其工作原理是汽车车身和车轮振动时，液体在流动时形成了振动阻力，而且又能将振动能量很快地转为热能，散发到空气中，可以起到很好的快速衰减振动的目的。如果在两个行程时都进行能量的消耗，这种减振器称为双向作用式减振器，如果只在单行程有能量的消耗，则称为单向式减振器，这种减振器的工作效率更高，能够更快速地将热量散发到空气中，从而能够快速衰减振动。在汽车遇到起伏的路况时，双向式减振器可以有效地改善汽车行驶的平顺性，目前得到广泛的应用。

通过 MATLAB 里的 Simulink 对悬架进行仿真，通过对比得出选取弹簧刚度和阻尼系数更加优化的数值，使设计更加智能化，对汽车悬架的开发设计有一定的帮助。首先建立常规电动汽车动力学模型，运动学自由度不宜过高，简化为二自由度模型进行仿真分析，如图 8-9 所示。

根据牛顿第二定律，得到系统的运动方程式：

$$m_2\ddot{x}_2 + c(\dot{x}_2 − \dot{x}_1) + k_2(x_2 − x_1) = 0 \tag{8-6}$$

$$m_1\ddot{x}_1 + c(\dot{x}_1 − \dot{x}_2) + k_2(x_1 − x_2) + k_1(x_1 − x_0) = 0 \tag{8-7}$$

式中，m_2 为电动汽车的簧载质量；m_1 为电动汽车的非簧载质量；x_0 为来自路面的激励；x_1 为悬架的位移；x_2 为车身的位移；k_1、k_2 为悬架弹簧的刚度，其中 k_1 轮胎刚度为 300000N/m；c 为减振器的阻尼。

将系统的运动方程转化为状态方程，设状态变量 y_1、y_2 如下：

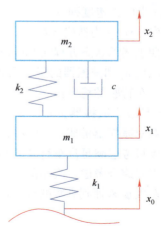

图 8-9　二自由度汽车悬架系统数学模型

$$y_1' = y_2, \quad y_2 = x_1' \qquad (8\text{-}8)$$

其中 y_2 为悬架速度，则经过变换可得：

$$y_2' = x_1'' = \frac{1}{m_1}[-(k_1+k_2)y_1 - cy_2 + k_2 y_3 + cy_4 + k_1 x_0] \qquad (8\text{-}9)$$

同理，$y_3 = x_2$，$y_3' = y_4$，$y_4 = x_2'$，y_4 为车身的速度，经过变换得：

$$y_4' = x_2'' = \frac{1}{m_2}(k_2 y_1 + cy_2 - k_2 y_3 - cy_4) \qquad (8\text{-}10)$$

其矩阵形式为

$$\begin{bmatrix} y_1' \\ y_2' \\ y_3' \\ y_4' \end{bmatrix} = \begin{bmatrix} 0 & 1 & 0 & 0 \\ \dfrac{-(k_1+k_2)}{m_1} & \dfrac{-c}{m_1} & \dfrac{k_2}{m_1} & \dfrac{c}{m_1} \\ 0 & 0 & 0 & 1 \\ \dfrac{k_2}{m_2} & \dfrac{c}{m_2} & \dfrac{-k_2}{m_2} & \dfrac{-c}{m_2} \end{bmatrix} \begin{bmatrix} y_1 \\ y_2 \\ y_3 \\ y_4 \end{bmatrix} + \begin{bmatrix} 0 \\ \dfrac{k_1}{m_1} \\ 0 \\ 0 \end{bmatrix} x_0 \qquad (8\text{-}11)$$

通过多体系统动力学建立电动汽车悬架系统的运动学方程式：

$$\frac{\mathrm{d}}{\mathrm{d}x}\left(\frac{\partial T}{\partial q}\right)^{\mathrm{T}} - \left(\frac{\partial T}{\partial q}\right)^{\mathrm{T}} + \phi_q^{\mathrm{T}}\rho + \theta_q^{\mathrm{T}}\mu = Q \qquad (8\text{-}12)$$

式中，T 为悬架系统的势能；q 为广义坐标阵；Q 为广义力阵；ρ 为完整约束的拉氏算子列阵；μ 为非完整约束的拉氏算子列阵。

在计算中采用改进的 Newton-Raphson 算法如下所示：

$$\begin{aligned} F_j + \frac{\partial F}{\partial q}\Delta q_j + \frac{\partial F}{\partial \mu}\Delta \mu_j + \frac{\partial F}{\partial \lambda}\Delta \lambda_j &= 0 \\ G_j + \frac{\partial G}{\partial q}\Delta q_j + \frac{\partial G}{\partial \mu}\Delta \mu_j &= 0 \\ \Phi_j + \frac{\partial \Phi}{\partial q}\Delta q_j &= 0 \end{aligned} \qquad (8\text{-}13)$$

式中，μ 为广义速度列阵；λ 为作用反力列阵；F 为系统力学方程；Φ 为完整约束方程；G 为非完整约束方程；j 为迭代次数。

按照上述的状态方程在 Simulink 系统建模仿真，经 Simulink 动态仿真试验，先后改变悬架弹簧的刚度 k_2 和减振器的阻尼系数 c，通过车身的位移、速度、加速度曲线的变化，综合分析出提高汽车行驶的稳定性，应该在设计范围内选择较小的悬架弹簧刚度 k_2，选择较大的阻尼系数 c。设计液力减振器主要需要考虑两个参数：相对阻尼系数 ψ 和减振器阻尼系数 δ，因为这两个参数对减振器的阻力-位移特性、阻力-速度特性、悬架系统的固有振动频率有重要的影响。如果只考虑满足汽车行驶的操纵稳定性，未必会满足汽车的行驶平顺性；反之同理，需要对这些因素综合考虑。汽车前悬架安装减振器后，其簧载质量做周期性的衰减振动，可以用相对阻尼系数 ψ 来评判衰减的快慢程度：

$$\psi = \delta / 2\sqrt{cm_s} \qquad (8\text{-}14)$$

式中，c 为悬架系统的垂直刚度；m_s 为单侧轮承担的簧载质量；δ 为减振器阻尼系数。

由式（8-14）可以看出，在刚度和其簧载质量固定时，相对阻尼系数的大小和阻尼系数成反比，ψ 值越大，其产生的衰减效果越好，但是这样会把较大的地面冲击力传递给车身，会严重影响汽车的行驶平顺性，ψ 值越小，则产生的影响正好相反。为了提高行驶的平顺性，一般取值较小，悬架伸张行程时的相对阻尼系数取得较大一些。根据设计经验，在取值范围 0.25 ~ 0.35 中选择相对阻尼系数为 0.30。

（3）导向机构选型以及衬套设计

导向机构较为复杂，有多种结构形式，例如，双横臂悬架中的上下横臂和推力杆，麦弗逊悬架中的控制臂和滑柱，四连杆非独立悬架中的上下推力杆和横向杆，而板簧悬架中的导向机构则是板簧本身。在这里直接选择匹配的导向机构，不作分析。

圆环形橡胶衬套的结构示意图如图 8-10 所示，橡胶衬套的轴向长度为 L，其内、外圆的半径分别为 r_a 和 r_b，套筒内侧与横向稳定杆过盈配合，套筒外侧由圆筒形金属包裹其外，由于金属层较薄，在图中忽略。

假设横向稳定杆位置固定，则衬套内侧固定，外套筒上施加径向集中力 F，使外套筒产生径向位移为 Δr，如图 8-11 所示。

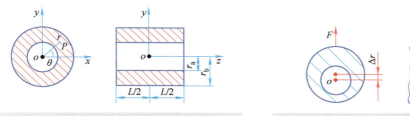

图 8-10　圆环形橡胶衬套的结构示意图　　图 8-11　橡胶衬套力学模型

利用变形叠加原理建立如图 8-12 所示的橡胶衬套应力叠加模型，即，在径向集中力作用下，橡胶衬套 y 轴方向的变形可以分解为拉应力载荷和压应力载荷引起 y 轴方向变形的叠加。

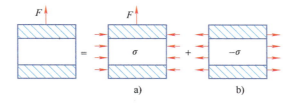

图 8-12　橡胶衬套应力叠加模型

压应力载荷施加情况如图 8-12 所示，在外套筒上施加径向力 F，同时，在橡胶衬套两自由端施加压应力非均布载荷 $\sigma = \delta \sin(\theta - \theta_1)$，以使两自由端保持为平面，此时，橡胶衬套在径向力和应力载荷作用下产生的径向位移为 Δr_1；所构建的非均布载荷应力函数 σ 中，δ 仅为 r 的函数；θ_1 为该载荷情况下的偏移角，即橡胶衬套径向变形为零处偏离 x 轴方向的角度，其中，在 $\theta \in (\theta_1, \pi - \theta_1)$ 范围内，橡胶衬套为拉伸变形，在 $\theta \in (-\pi - \theta_1, \theta_1)$ 范围内，橡胶衬套为压缩变形。

拉应力载荷施加情况如图 8-13 所示，为了抵消压应力载荷 σ 引起的径向变形，在橡胶衬套两自由端施加拉应力非均布载荷 $-\sigma$，构建非均布载荷应力函数 $\sigma' = -\sigma = -\delta \sin(\theta - \theta_1)$。此时橡胶衬

套径向位移为 Δr_2，由橡胶衬套变形所引起的偏移角 θ_2 满足 $\sin\theta_2 = \dfrac{\Delta r_2}{2r_b}$。

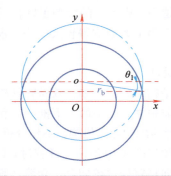

图 8-13　橡胶衬套变形示意图

因此，根据叠加原理，在径向集中力 F 作用下，橡胶衬套径向的总变形表现为两种载荷情况下径向变形之和，即 $\Delta r = \Delta r_1 + \Delta r_2$；总的变形偏移角 θ_0 满足 $\sin\theta_0 = \dfrac{\Delta r}{2r_b} = \dfrac{\Delta r_1 + \Delta r_2}{2r_b}$ 即 $\sin\theta_0 = \sin\theta_1 + \sin\theta_2$。

第 9 章 电动汽车转向系统设计

本章导学

本章主要介绍转向系统设计方面的相关内容，简要讲述电动汽车转向系统的相关选型，主要包括阿克曼转向系设计、差速转向设计、四轮独立转向设计。期望通过该章节的内容让学生对电动汽车转向系统的结构、选型和设计流程有较为清晰的认识。

学习目标

序号	学习目标	知识点	学习要求
1	了解转向系统设计基本要求与思路	转向系统设计基本要求与思路	了解
2	熟悉电动汽车转向系统选型	阿克曼转向系设计、差速转向设计、四轮独立转向设计	熟悉
3	了解电动汽车转向系统的主要零部件设计	电动助力转向系统、转矩传感器	了解

9.1 电动汽车转向系统设计要求

汽车转向系统是指用以实现改变或保持车辆行驶、倒退功能的一系列装置，一般可以分为机械转向系统以及动力转向系统两类。机械转向系统以驾驶员体力为能源，由转向操纵机构、转向器以及转向机构三部分组成。动力转向系统是在机械转向机构的基础上加装动力装置，因而转向时除了以驾驶员体力为能源外，可以同时辅以发动机/电池动力作为转向能源，如图 9-1、图 9-2 所示。

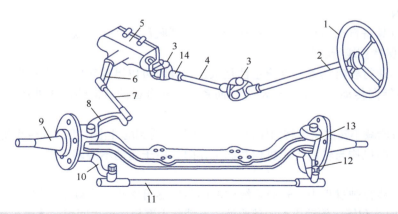

图 9-1 机械转向系统

1—转向盘　2—转向轴　3—转向万向节　4—转向传动轴　5—转向器　6—转向摇臂　7—转向直拉杆
8—转向节臂　9—左转向节　10，12—梯形臂　11—转向横拉杆　13—右转向节　14—花键

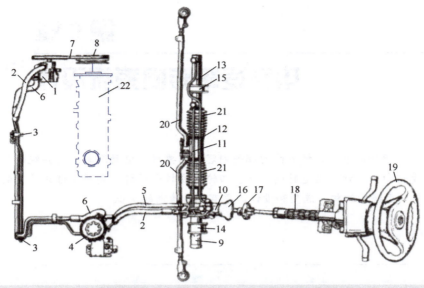

图 9-2 一种采用中央输出式齿轮齿条转向器的动力转向系统

1—动力转向泵（叶片泵） 2—压力油管（从泵向转向器输油） 3—油管的减振支座 4—油罐
5—回油管（从转向器向油罐输油） 6—吸油管（从油罐向泵输油） 7—V 形驱动带
8—带轮（安装在发动机曲轴上） 9—转向器（中央输出轴齿式齿轮齿条转向器，安装在驾驶室前围板上）
10—转向控制阀（转阀） 11，12—左、右油缸油管（在转阀和转向器动力油缸之间输油） 13—动力油缸
14，15—转向器安装支座 16—前围板密封 17—挠性万向节 18—网格状转向轴 19—转向盘
20—转向连杆 21—转向器密封套 22—发动机

在设计转向系时，一般对转向系提出如下要求：

1）结合具体工况，确定最小转弯半径：保证车辆转向过程中具备足够小的最小转弯半径，使其可以在确定工况下实现转向。

2）转向过程中应当使所有车轮都围绕一个共同的瞬时转向中心进行运动，各车轮的侧偏角趋于一致且尽可能小，从而减少轮胎磨损，提升行驶稳定性。

3）保证操作的轻便性，转向过程中驾驶员对转向盘施加的力，轿车不应超过 200N，货车不应超过 500N。

4）转向盘具备自动回正的能力：在转向后，驾驶员松开转向盘的条件下，车轮可以自动回正，使汽车保持直线行驶状态。

5）保证高速行驶时具备操纵稳定性且低速行驶时可以迅速转向。对于机械转向系统，需要选择合适的转向传动比，而对于动力转向系统，除合适的转向传动比外还需要配合适当的助力。

6）应尽可能减小转向盘因转向轮在碰撞障碍物后受到的冲击作用，减轻驾驶员的疲劳。

7）悬架导向机构与转向传动机构共同工作时，由于运动不协调而产生的车轮摆动应尽可能小。

8）汽车直线行驶过程中，转向系统中的间隙应尽可能小。为减小使用中因间隙变化而带来的影响，转向器和转向传动机构的球头处，有消除因磨损而产生间隙的调整机构。

9）应考虑发生时车祸，转向盘和转向轴因车架或车身发生严重变形时造成的后移，转向系统应具备使驾驶员免受或减轻伤害的防护装置。

10）进行运动校核，保证转向盘与转向轮转动方向一致。

为实现上述要求，转向系统的一般设计思路为：

1）确定转向系的效率。
2）确定传动系传动比。
3）确定转向盘的自由行程。
4）计算转向轮侧偏角。
5）结合相关参数，选择合适的转向器参数。
6）设计合适的转向机构。
7）对转向梯形进行设计计算。
8）对转向系统进行校核，针对不足进行改正。

9.2 电动汽车转向系统选型

经典的轮式车辆转向方式包括阿克曼转向、差速转向、铰接转向以及四轮独立转向四类。阿克曼转向是利用连杆装置对两侧车轮进行运动学协调，从而实现转向；差速转向是通过调整两侧车轮不同的转速，以实现不同的转向半径的转向方式；铰接转向是通过铰接前后车体实现转向的方式，铰接点可以是主动的也可以是被动的，当铰接点作为被动性形式时，一般会使部分车体利用差速转向的方式实现转向，以此与后面车体构建一定角度，再进行转向，该种转向方式主要应用于运梁车等大型工程车辆，因而在此不再进行展开叙述；四轮独立转向方式则是对每个车轮进行单独驱动，使其按照预定的运动学轨迹进行运动。下面着重对阿克曼转向、差速转向以及铰接转向进行介绍。

9.2.1 阿克曼转向系设计

在转向过程中，为使车辆可以顺利转弯行驶，常令内侧车轮比外侧车轮转动的角度更大，这一原理被称为阿克曼转向原理，最早是由法国工程师阿克曼提出的。阿克曼转向模型描述了前轮转向角度、车轮转角、转向杆长度和转向半径之间的关系，通过调整转向杆长度和车轮转角，可以控制车辆的转向半径和转向性能。阿克曼转向原理在各类车辆中均得到了广泛的应用，如轿车、客车以及货车等，如图9-3所示。

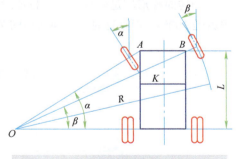

图9-3 阿克曼转向示意

阿克曼转向的转向特点可以概括为：

1）汽车在直线行驶工况时，各个车轮的轴线彼此平行，且垂直于汽车纵向中心面。

2）汽车在转向行驶工况时，全部车轮都必须围绕一个瞬时中心做圆周滚动，保证车轮与地面间做纯滚动而无滑移现象。

3）前桥车轮内外轮的转角应满足以下关系式：

$$\mathrm{ctg}\beta - \mathrm{ctg}\alpha = \frac{K}{L}$$

（9-1）

式中，β 为汽车前外轮转角；α 为汽车前内轮转角；K 为两主销中心距；L 为轴距。

阿克曼转向的核心思想在于通过将转向机构的悬架点稍微偏离前轴中心线，转向工况时，驾驶员通过旋转转向盘，控制转向机构牵引车轮进行偏转，从而实现内侧车轮比外侧车轮转动更大的角度，所以阿克曼转向原理的应用与转向机构密不可分。通过合适的设计转向机构，可以使驾驶员获得更好的驾驶体验，提升驾驶的安全性与便利性。

车辆在高速行驶转弯工况下，由于侧向角速度大，轮胎在其自身刚度的影响下会产生侧偏角，而侧偏角越大越容易发生侧滑，为增加车辆的转向能力需要适当减小内轮转角与外轮转角的差值。因此在整车设计中，需要在阿克曼几何基础上，对车轮转角进行一定的调整。在设计中，将实际内外轮的转角差与理论上内外轮的转角差之比叫作阿克曼（校正）率，如图 9-4 所示。

阿克曼（校正）率公式：

$$K = \frac{\alpha_1 - \beta}{\alpha_0 - \beta} \quad (9\text{-}2)$$

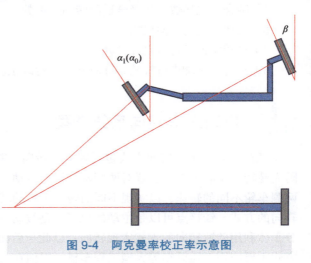

图 9-4　阿克曼率校正率示意图

式中，α_1 为实际内轮转角；β 为实际外轮转角；α_0 为当外轮转角为满足标准阿克曼转向时的内轮转角。

阿克曼转向主要包含三种设计方式，如图 9-5 所示。
1）内轮转角 > 外轮转角，为阿克曼转向梯形。
2）内轮转角 = 外轮转角，为平行转向梯形。
3）内轮转角 < 外轮，为反阿克曼转向梯形。

当转向梯形满足阿克曼几何特征时，车轮绕着特定的交点做圆周滚动，这时候它的阿克曼率就是 100%，而且这时候转向梯形的两条侧边的延长线也会交于后轴的中点。

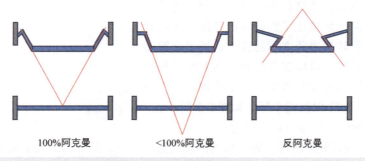

100%阿克曼　　　　<100%阿克曼　　　　反阿克曼

图 9-5　阿克曼转向设计方式

随着阿克曼率的降低，梯形边的交点逐步后移动，位于后轴的后方。但对于反阿克曼，梯形边的交点会位于前轴之前，这种应用多发生在赛车等追求极限能力的车辆上，而家用车一般用于低速转弯工况以及高速转弯工况，所以常用的结构处于阿克曼转向与平行转向梯形之间。为了权衡转向性能和减少轮胎磨损，家用车通常将阿克曼率设置在 60%～80%。偏运动型轿车为了减小转向半径和提升转向能力以及操纵稳定性,会将阿克曼率设计在 40%~60%。

9.2.2 差速转向设计

差速转向是利用车轮之间的转速差异来实现转向的一种方式,在直线行驶工况下,车轮的转速是相等的,但在转弯工况下,为保证车辆的转向稳定性,需要内轮转动速度降低,外轮转动速度提高。差速转向能够提高车辆的转向稳定性,减少车辆在转弯时的滑移,提高行驶安全性,因而差速转向广泛应用于汽车、货车、拖拉机等各类车辆中。

差速转向的公式为

$$\Delta V = R\Delta\theta \tag{9-3}$$

式中,ΔV 为内外侧车轮的速度差;R 为车辆的转弯半径;$\Delta\theta$ 为车辆转弯的角度。

在转向过程中,内侧车轮转动线速度高,外侧车轮转动线速度低,速度差的大小由转弯半径以及转弯角度共同决定,为实现这一速度关系需要借助差速器来实现,如图 9-6 所示。

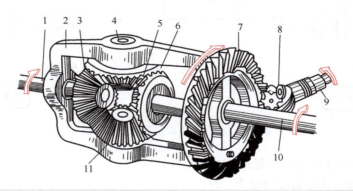

图 9-6 差速器

1,10—半轴 2—差速器壳 3,6—半轴齿轮 4—十字轴 5,11—行星轮
7—从动齿轮 8—主动齿轮 9—主传动轴
注:为了明确显示差速器工作情况,从动齿轮及主动轴以反向绘出。

普通差速器由行星齿轮、行星轮架(差速器壳)、半轴齿轮等零件组成。发动机的动力经传动轴(输入轴)进入差速器,直接驱动行星轮架,再由行星轮带动左、右两条半轴,分别驱动左、右车轮。直线行驶时,左、右车轮与行星轮架三者的转速相等,处于平衡状态,而在汽车转弯时三者平衡状态被破坏,导致内侧轮转速减小,外侧轮转速增加。差速器的设计应该满足如下关系:

$$n_1 + n_2 = 2n_0 \tag{9-4}$$

式中,n_1 为左半轴的转速;n_2 为右半轴的转速;n_0 为行星轮架转速。

根据式(9-4)可知,当一侧车轮转速降低,则另一侧车轮转速会自动增加相应的数值,以保证等式的成立。即当车辆在执行转向命令时,两车轮会自然地产生速度差以满足内外侧车轮不同的速度要求。

9.2.3 四轮独立转向设计

四轮独立转向车辆利用四个独立控制的电机分别驱动汽车四个车轮,后轮可随前轮主动转向或被动转向，低速行驶时灵活性较好，高速行驶时操纵稳定性和安全性较好。四轮独立转向系统主要由车轮转速传感器、输出齿轮、连接轴、输入轴、后横拉杆、转向枢轴、伺服电机、四轮转向系统转换器、主电机、转向角比传感器、扇形齿轮以及电子控制单元等组成，如图9-7所示。

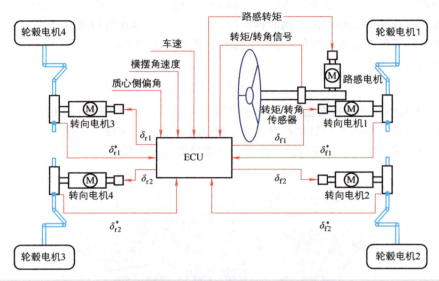

图9-7 线控四轮独立转向系统结构

低速转向时，行驶方向与轮胎方向相差不大，各车轮产生的向心力很小。四个车轮行进方向的垂线交会于一点，该点即为瞬时转向中心。对于前轮转向的车辆，其瞬时转向中心大致位于后轴延长线附近，而四轮转向车辆，此时后轮逆向旋转，其瞬时转向中心相较于前轴转向车辆更靠近车体且位置上更靠前，即该种方式的转向半径更小，如图9-8所示。

直行汽车的转向特性是由车辆的质心点绕改变前进方向的转向中心的"公转"以及绕质心点的"自转"运动两种运动叠加合成的。

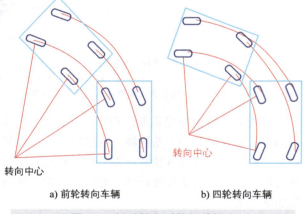

a) 前轮转向车辆　　b) 四轮转向车辆

图9-8 低速转向时的行驶轨迹

理想的高速转向的运动状态是尽可能使车身的方向和前进方向一致，以防多余的"自转"运动。当前轮转向的车辆高速转向时，前轮产生侧偏角，且产生旋转向心力使车体开始"自转"。当车体出现偏向时，后轮也发生侧偏，同样也会产生向心力，使系统达到平衡。由于车速越高，离心力越大，所以必须给前轮更大的侧偏角，使它产生更大的旋转向心力。若使后轮也产生与此相对应的侧偏角，车体就会产生更大的"自转"运动。但车速越高，车体的"自转"运动就越不稳定，容易引起车辆的旋转或侧滑，如图9-9所示。

第9章 电动汽车转向系统设计

在四轮独立转向的车辆上通过对后轮的同向转向操纵，后轮侧偏角和前轮相同，它与前轮的旋转向心力相平衡，从而抑制"自转"运动，获得车身方向与车辆前进方向相一致的稳定转向状态。

四轮独立驱动转向的优点：

1）提高操纵稳定性：车辆在低速行驶时，转向更加灵活，可以大幅缩小转弯半径，给予车辆更高的灵活性；车辆在高速行驶时，四轮转向可以提供更好的操纵稳定性。

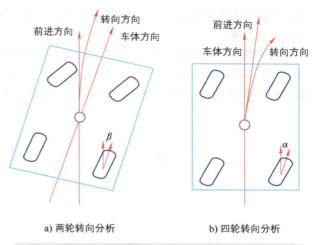

图 9-9　高速转向时转向操纵的比较

2）减小制动距离：在紧急制动时，四轮转向可以使车辆更好地保持平衡，缩短制动距离。

3）传动系统得到优化：四轮独立驱动转向可以直接驱动车轮，去除了离合器、变速器等传动环节，传动效率更高。

4）抗侧向干扰的能力更好，减少了车辆摆尾与侧滑的发生。

四轮独立驱动转向的缺点：

1）转向系统结构复杂，成本高昂。

2）故障率高，可靠性低。

9.3 电动汽车转向的主要零部件设计

电动汽车转向系统工作原理：当驾驶员转动转向盘，该转矩经转向轴传递至转矩传感器，转矩传感器通过感知的相对角位移和转矩信号，将其放大传给 EPS 控制器。控制器以此信息和车速信息为基础，向助力电机发出控制信号，使电机工作输出转矩。该转矩经减速机构降速增矩后传至转向轴，最终经小齿轮到达齿条，齿条推拉转向杆，进而带动车轮偏转。由此，便形成了在电机转矩与驾驶员转矩共同作用下完成汽车转向的过程。

电动助力转向（EPS）系统的主要优点有：

1）结构简单，质量轻。EPS 系统主要由电气部件与线路组成，相比液压助力转向系统部件大大减少，占用空间小，布置方便。

2）控制性能强劲，工作精准。基于电子控制系统对执行部件进行控制，同时具有较好的优化和可拓展性，电机助力迟滞小，响应灵敏。

3）整合性强，智能驾驶是未来汽车的发展方向，EPS 作为汽车电子系统，能够为汽车智能及自动驾驶提供基础平台。

4）相较于电子液压助力式，EPS 系统维修方便，成本较低。随着电子器件价格越来越低，EPS 系统零部件的成本也会越来越低，同类型的产品也愈发丰富，故障维修时能够选择更多的零部件形式。

5）节能环保。EPS 系统动力来自助力电机，其工作状态随着路况和驾驶员操作的变化而变化,不会时刻处于运行状态,能够有效节省能量。同时无油液及管路的使用,不存在漏油等对环境造成污染。

根据电机与机械转向器连接位置不同,电动助力转向系统有三种助力方式,分别是转向轴助力式(Column EPS,C-EPS)、齿轮助力式(Pinion EPS,P-EPS)、齿条助力式(Rack EPS,R-EPS),如图 9-10 所示。其中,转向轴助力式有时也被称为管柱助力式 EPS 系统。

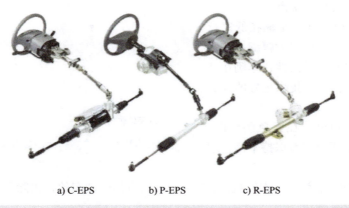

a) C-EPS　　　b) P-EPS　　　c) R-EPS

图 9-10　EPS 三种布置类型

本节所要分析的系统结构为管柱助力式 EPS 系统,其结构如图 9-11 所示。其主要由转矩传感器、电机减速器、管柱外壳及转向上轴等组成。

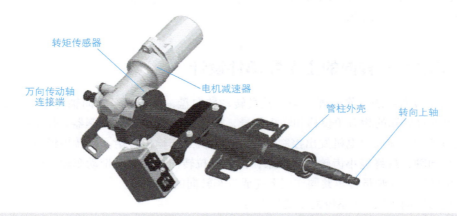

图 9-11　管柱助力式 EPS 系统

对线控 EPS 系统进行研究的一个重要前提是建立数学模型。数学模型的建立有助于我们对于整个系统进行受力和控制的分析,同时也影响着系统仿真结果对比的准确性和真实性,如图 9-12 所示。

1. 执行电机选型

线控 EPS 系统中使用的转向执行电机,需要满足低转速大转矩、易于安装等特性。由于线控 EPS 系统采用车载蓄电池供电,故采用直流电机作为转向执行电机较为合适,如图 9-13 所示。目前车辆上装配的 EPS 电机大多都为直流有刷电机或直流无刷电机这两种类型。直流无刷电机的控制策略微复杂。相比之下,直流有刷电机应用范围广,其结构简单、技术成熟。

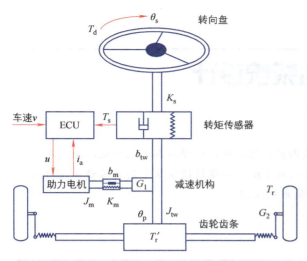

图 9-12 管柱助式 EPS 系统结构示意图　　图 9-13 转向执行电机外观

2. 转矩传感器选型

在线控 EPS 系统的自动和人工两种驾驶模式下，均需要传感器采集转矩信号作为输出或反馈的信息。同时，在两种驾驶模式切换的过程中，也需要转矩信息作为判定转向介入的依据。在车辆转向系统中，常用的转矩传感器按结构分为非接触式和接触式。其中，接触式的转矩传感器结构简单、精度适中，非接触式的转矩传感器精度高但价格贵。

3. 角度传感器选型

线控 EPS 系统需要实时监测到转向盘的位置信息，还需要采集转向盘的角度信号作为反馈信息用于控制算法的实现。因此，还需要选择一款精度高且安装简单的角度传感器。

4. 执行电机编码器选型

转向执行电机编码器可以实时得到电机的转速和方向，用于控制器对转向执行电机进行闭环控制，常用的有磁电式、光电式及触点电刷式等。如光电式编码器的光电检测装置通过监测光栅板的转动情况，将光信号转变为可输出的数字脉冲信号，控制器通过定时读取脉冲数量，便可计算出电机的转速，如图 9-14 所示。

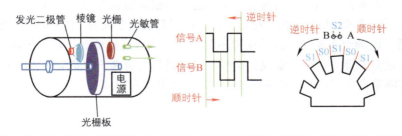

图 9-14 光电式编码器结构

第 10 章 电动汽车制动系统设计

☞ 本章导学

本章主要介绍制动系统设计方面的相关内容，简要讲述电动汽车制动系统的相关选型，主要包括摩擦制动系统、气压制动系统、复合制动系统。期望通过该章节的内容让学生对电动汽车制动系统的结构、选型和设计流程有较为清晰的认识。

☞ 学习目标

序号	学习目标	知识点	学习要求
1	了解制动系统设计基本要求与思路	制动系统设计基本要求与思路	了解
2	熟悉电动汽车制动系统选型	摩擦制动系统、气压制动系统、复合制动系统	熟悉
3	了解电动汽车制动系统的主要零部件设计	卡钳和制动盘设计、制动液压系统、驻车制动系统设计、主动安全系统	了解

10.1 电动汽车制动系统

制动系统是确保汽车安全的核心组成部分，它必须可靠地工作于各种驾驶环境中，迅速且精确地响应制动指令，同时具有高耐久性和维护便捷性。在电动汽车中，制动系统还应具备高效的能量回收能力。此外，制动过程应平稳且低噪，以提供舒适的乘坐体验，并能适应各种环境条件，如温度变化和湿度，以保持性能稳定。

一个重要的创新是再生制动技术的应用，它允许电机在车辆减速时工作于发电状态，将动能转化为电能并储存回电池。这不仅提高了电动汽车的能源效率，还增加了其续驶里程。未来，随着技术的不断发展，电动汽车的制动系统将进一步强调能效管理和环境适应性。这包括采用更高效的能量回收技术和更精确的传感器网络，以提升制动系统的性能和响应速度。

总体来看，电动汽车制动系统的演进不仅反映了从传统机械到现代电子控制技术的转变，还涵盖了向智能化和能效优化的集成。这些进展在提升电动汽车的安全性和效率方面发挥了关键作用。本节将重点介绍再生制动系统的相关要求及影响因素。

10.1.1 再生制动系统的主要影响因素

1. 电机特性的影响

电机特性是影响再生制动能量回收的一个重要因素。电机工作时，必须满足电动汽车工作要求的输出特性，即当转速低于基速时，电机以恒定转矩输出；当转速高于基速时，电机以恒定功率输出。电机的再生制动转矩为

$$T_{reg} = \begin{cases} \dfrac{9550 P_n}{n_b}, & \text{当} n \leq n_b \\ \dfrac{9550 P_n}{n}, & \text{当} n > n_b \end{cases} \quad (10\text{-}1)$$

式中，T_{reg} 为电机再生制动转矩（N·m）；P_n 为电机额定功率（kW）；n_b 为电机基速（r/min）；n 为电机转速（r/min）。

电机能够提供的再生制动转矩越大，其产生最大再生制动力越大，有助于提高再生制动效率，即电机制动能力越强，能够回收的制动能量也就越多。然而电机的再生制动转矩会受到发电功率和转速的制约，而且当制动强度过大时，电机不能满足制动要求。

电机的发电能力直接影响并制约着再生回收能量的总量。若电机发电功率越大，则能提供给电池的充电功率也会随之增大，制动过程中回收的能量就越多。此外，电机的工作效率对整个再生制动过程中的能量回收同样会产生相应的影响。

2. 动力电池组状态的影响

动力电池组的荷电状态 SOC 值、动力电池组温度、充电电流以及充电功率都会限制动力电池组的充电效率。当动力电池组 SOC 值很高或者温度过高时，为了保护动力电池组，延长动力电池组的使用寿命，均不能进行制动能量回收。充电电流过大时，动力电池温度会随之快速升高，此时也不能进行制动能量回收。同时动力电池组的充电功率不能超过当时允许的最大充电功率。

3. 行驶工况的影响

不同行驶工况下，电动汽车的制动频率和制动强度不同，可回收的制动能量也会不同。在城市工况下，特别是早晚出行高峰期，交通比较拥堵，电动汽车需要频繁地起停，制动的频率较高、制动强度较低，因而回收的能量相对较多；而在乡村道路或高速公路工况下，行车过程不需要频繁制动，制动频率不高，因而回收的制动能量相对较少。

4. 驱动形式的影响

驱动形式一般可分为前轮驱动、后轮驱动和四轮驱动。驱动电机产生的再生制动力只作用于驱动轮，因而再生制动系统只能回收驱动轮上的制动能量。

车辆制动时，由于存在向前的惯性，前轮附着条件优于后轮附着条件，加之前后轮制动力分配关系（前轮制动力大于后轮制动力），因此，在相同的外界条件下，前轮驱动回收的能量更多。与前、后二轮驱动形式相比，四轮驱动形式下电动汽车的再生制动能力更强，回收的能量更多。

5. 控制策略的影响

为了保证在制动安全的条件下实现能量充分回收，需要合理地设计再生制动与机械制动的分配关系。一方面，必须控制牵引电机产生特定的再生制动力；另一方面，应控制机械制动系统满足由驾驶员给出的制动力命令。控制策略的合理性决定了能量回收效率，因此控制策略对于制动能量回收具有非常大的影响。

10.1.2 电动汽车制动系统的设计要求

在设计制动系统时，必须综合考虑一系列交织的因素，以确保系统的整体性能和可靠性。首先，系统设计需基于车辆的整体动态特性，如重量、最高速度、加速能力和载荷分布，这些参数直接影响制动力的需求和分配。其次，考虑车轮和轮胎的特性也至关重要，因为它们与路面之间的摩擦系数决定了实际的制动效果。此外，对于电动汽车而言，将再生制动技术有效地融入整体制动策略是一个关键的设计挑战，不仅要实现能量的有效回收，还要保持制动过程的平顺性和一致性。制动系统的响应时间和可控性也是设计时的重要考虑因素，这关系到驾驶员操作的直观性和车辆在紧急制动情况下的安全性。同时，制动系统的设计还必须符合各项法规和标准，确保在不同的环境条件下（如温度极端、湿滑路面）都能保持稳定性能。此外，还要考虑成本和可维护性也是实现商业可行性和用户友好性的关键。因此，制动系统的设计是一个复杂的工程任务，要求设计师全面考虑各种动态和静态因素，以实现最佳的性能、安全性和经济效益。

汽车制动系统的设计思路是围绕着确保车辆安全、可靠且高效地减速或停止而展开的。首先，设计师会考虑制动系统的基本类型，如盘式制动或鼓式制动，这通常取决于车辆的大小、重量和预期用途。在轿车和现代轻型车中，盘式制动因其更好的散热能力和更稳定的制动性能而被广泛使用，而在一些较重型车辆或成本敏感型车辆中，鼓式制动仍然很常见。

制动系统的核心是将车辆的动能转换为热能，因此设计上必须考虑高效的能量转换和热能的有效散发。制动盘或制动鼓的材料选择和设计是至关重要的，以便能够承受高温和避免变形。同时，设计上还需考虑到制动盘或制动鼓的表面和形状，以提高摩擦效率和散热性能。

制动器设计是另一关键要素，包括对活塞、制动垫和卡钳的精密设计。制动垫的材料选择影响到制动效果和耐用性，同时需要平衡制动噪声和粉尘的产生。现代汽车制动系统还集成了各种高级技术，如防抱死制动系统（ABS）、电子制动力分配（EBD）和牵引力控制，这些系统通过精密的电子控制单元（ECU）进行控制，可以根据驾驶条件实时调整制动力，提高车辆的稳定性和安全性。

10.2 电动汽车制动系统结构形式

随着电动汽车技术的不断发展和普及，制动系统作为汽车安全的重要组成部分，其技术和结构也在不断进步。电动汽车的制动系统主要可以分为摩擦制动系统、再生制动系统以及这两者的复合制动系统。

10.2.1 摩擦制动系统

摩擦制动是最传统的制动形式，它通过制动器件与车轮之间的摩擦作用来减速或停车。在电动汽车中，摩擦制动系统主要包括电子液压制动和气压制动两种类型。

1. 电子液压制动系统组成

在汽车的电子液压制动（EHB）系统中，系统的操作始于电动泵对高压蓄能器的充液过程，如图10-1所示。此过程中，一旦压力传感器检测到高压蓄能器内的压力达到并超过系统预设的阈值，蓄能器出液端的溢流阀就开启，允许制动液回流至储油杯，直至蓄能器内的压力降至与系统设定的阈值相匹配。在这种状态下，高压蓄能器成为EHB系统的主要制动力源，提供了稳定且连续的制动压力，确保了制动响应的迅速性和高效性。

第10章 电动汽车制动系统设计

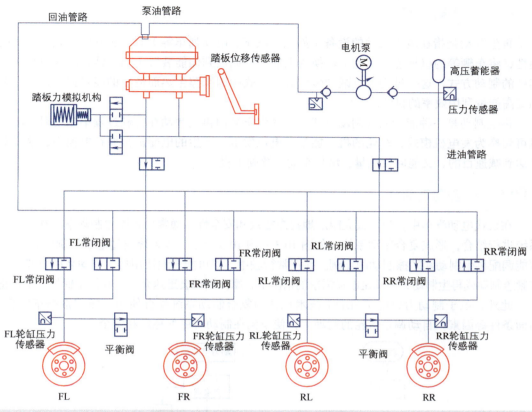

图 10-1　电动汽车 EHB 系统结构示意图

2. 气压制动系统

气压制动系统是商用车辆中的一种先进制动技术，通过电子系统控制气压来实现制动。它结合了快速反应、自动调节制动压力、集成防抱死和加速滑转控制系统等功能，大幅提高了制动效率和车辆安全性。与传统气动制动系统相比，气压制动系统在减少制动距离、提升驾驶舒适性以及简化维护过程方面具有显著优势，使其成为商用运输领域中重要的制动技术进步。

纯电动商用汽车气压制动管路如图 10-2 所示。

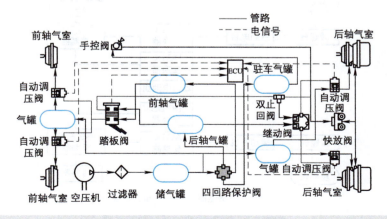

图 10-2　纯电动商用汽车气压制动管路

10.2.2 再生制动系统

再生制动是指在电机驱动的设备（如电动汽车、电动列车等）制动过程中，利用电机的可逆性，将车辆等的机械能（动能）转换为电能，并回馈到储能装置（如电池、超级电容）或电网中的制动方式。这一过程可以减少传统制动方式中因摩擦生热而造成的能量损耗，达到节能和提高能量利用效率的目的。

再生制动是一种能量回收制动方式。电动汽车采用再生制动在行驶过程中制动时，驱动电机可切换为发电机模式，车轮的机械能带动电机发电，产生的电能被存储在电池中，这样既可以达到减速目的，又能回收能量，增加车辆的续驶里程。

10.2.3 复合制动系统

在现代电动汽车中，为了最大限度地提高能效和安全性，通常会将摩擦制动系统和再生制动系统进行结合，形成复合制动系统，如图10-3～图10-5所示。该系统通过电子控制单元（ECU）智能调配再生制动和摩擦制动的比例。在正常行驶中，尽可能多地使用再生制动来回收能量；而在紧急制动或再生制动无法满足制动需求的情况下，摩擦制动会迅速介入，确保车辆的安全停止。

此外，电子制动力分配（EBD）技术也常与复合制动系统配合使用，能够根据车辆载重、路面条件等因素，自动调整各轮的制动力，使车辆在制动时更加稳定和安全。

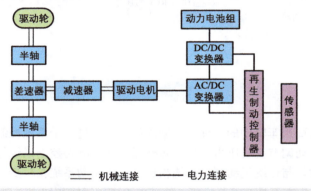

图 10-3 中央电机式再生制动系统

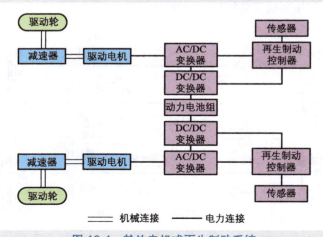

图 10-4 轮边电机式再生制动系统

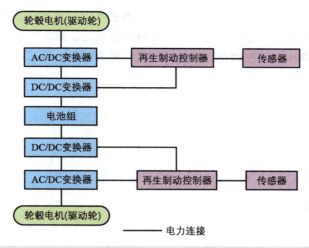

图 10-5 轮毂电机式再生制动系统

10.3 电动汽车制动系统的主要零部件设计

10.3.1 卡钳和制动盘设计

电动汽车的制动系统中，卡钳是至关重要的部件，负责通过摩擦夹紧制动盘来减速或停车。电动汽车的卡钳主要有两种类型：浮动卡钳和固定卡钳。浮动卡钳（图 10-6）仅一侧有活塞，成本较低，但在高负荷下的稳定性不如固定卡钳；固定卡钳两侧均有活塞，提供更均匀的压力分布和更优的制动性能，常见于高性能电动汽车。在材料上，电动汽车卡钳多采用轻质的铝合金以便于散热，少数重型或经济型车辆可能使用铸铁。电动汽车的卡钳通常具备优化的散热设计和集成传感器以监测制动效果和磨损情况。此外，这些车辆的制动系统经常与再生制动系统结合使用，该系统能将部分动能回收为电能，提高能源效率并减少卡钳磨损。随着技术进步，电动汽车的卡钳设计将更加高效和先进。

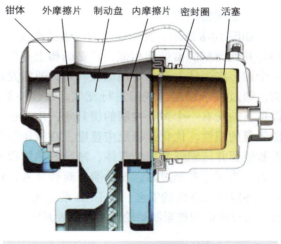

图 10-6 浮动卡钳结构

10.3.2 制动液压系统

这里以上文提到的电子液压系统（EHB）为例，其主要的零部件设计如下：

1. 高速电磁阀

高速电磁阀包含电磁推进系统和主阀体，如图 10-7 所示。电磁系统由线圈座、衔铁、线圈框架、动态铁心、顶针以及线圈组成。而主阀体则由进气口、出气口、复位弹簧和阀体本身组成。当自动调压阀收到控制信号并通电时，电磁铁产生磁力，推动阀芯下移打开进气口，允许气体流入或流出自动调压阀的控制室。当线圈断电，磁力消失，阀芯在复位弹簧力的驱动下上移复位，进气口随之关闭。

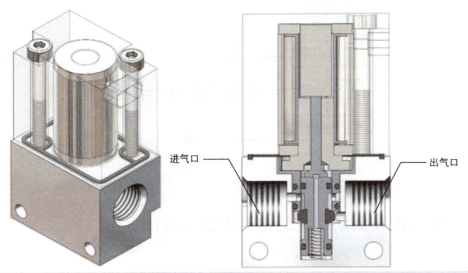

图 10-7　高速电磁阀简单结构

2. 高压蓄能器

如图 10-8 所示，其中描绘的气囊式高压蓄能器遵循的工作原理与其他类型的蓄能器相似，只是结构上有所区别。该蓄能器有一个固定在壳体上部的专用橡胶气囊，通常充以氮气作为工作介质，通过设于顶端的气门进行充气。气囊外部环绕的是压力油。设备下端配有一个弹簧控制的提升阀，用于在油液完全排出时补偿气囊的惯性，优化排液反应速度。在液压泵作用下，制动液压入蓄能器并压缩气囊内的气体，减小气体体积并增加蓄能器内的压力。若压力升至过高，安全泄压阀会介入，将过剩的制动液导回油杯以确保系统的安全。在 EHB 系统激活时，蓄能器释放制动液，通过进油阀送至制动轮缸中，完成系统的压力增强。

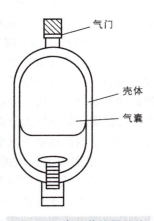

图 10-8　高压蓄能器结构

10.3.3　驻车制动系统设计

研制基于传统机械驻车系统的电子驻车产品时，要在确保满足整车的液压和驻车制动性能要求的基础上，进一步发展其机电一体化功能。而在开发智能化的电子驻车系统中，要结合现有驻车制动器的设计理念与功能，同时满足电子驻车系统的整体性能要求，具体包括：

1）根据坡度差异自动调整夹紧力度：电子驻车的 ECU 控制器能够识别不同的斜坡，为最常见的 90% 的实际驻坡情况（即平坡）提供相应的夹紧力。这种能力可以增强系统的耐用性，并减轻电子驻车系统的负荷。

2）防止车辆滑移的再夹紧功能：当车辆停在斜坡上时，电子驻车系统会定期监测轮速。

如果检测到车辆开始滑行,系统将重新夹紧,以确保稳定性。

3)夹紧和释放机制的灵活性:该系统提供自动或手动选项,驾驶员可以选择自动夹紧和释放或通过按下开关手动操作。

4)动态制动功能:在液压制动失效而不至于完全锁死的情况下,电子驻车能够提供动态制动功能。

5)制动盘温度下降时的再夹紧能力:随着制动盘温度的降低,制动力会相应减弱。因此,电子驻车系统应能够在温度下降后重新夹紧制动盘,确保驻车的可靠性得到提升。

1. 电子驻车制动控制系统硬件设计

一般来说,汽车控制系统包括传感器、电子控制单元(ECU)以及执行器三个核心部分,它们之间互相协作,如图10-9所示。

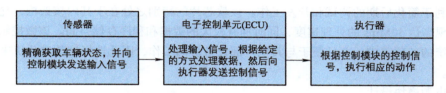

图10-9 传感器、ECU和执行器的相互关系

1)输入设备与传感器:包括操作按钮、张力检测器、坡度感应器和车辆速度监测传感器。
2)电子控制单元(ECU):包括数据输入输出端口、车辆通信接口和主要控制模块。
3)执行部件:涵盖伺服电机、指示状态的灯光以及警示蜂鸣器。

这三部分间的控制系统硬件结构如图10-10所示。

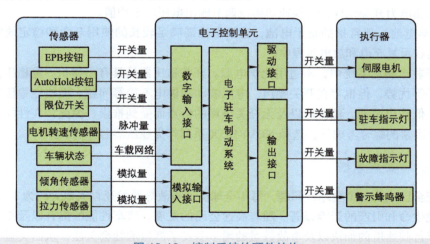

图10-10 控制系统的硬件结构

2. 电子驻车制动系统控制器

(1)硬件结构

核心部分的汽车电子系统就是基于嵌入式技术构成的。嵌入式系统是专门针对控制对象并集成于实际应用中以支持特定功能的计算机系统。ECU作为嵌入式技术在汽车中的实际应用,展现了其基础架构(图10-11)。汽车的电子控制系统以ECU为中心,通过车载网络技术的互联互通来协调控制汽车的操作。

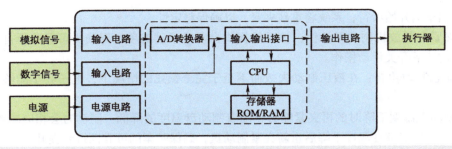

图 10-11 ECU 结构图

（2）处理器选择

Silicon 系列的 MCU-C8051F500 芯片是为汽车应用设计的，配备了多种接口，并且兼容性良好，有利于简化后期的调试和开发工作。该款芯片的特别之处在于其内核架构，允许 8 位微控制器实现高达 50Mips 的处理速度，同时拥有较大的数据和程序存储空间。该微控制器能够充分满足系统的各项需求，并且便于与其他外部设备协同工作，因此选择这款单片机来进行引脚布局设计。

（3）电源模块设计

汽车电子驻车制动系统由车用电池供电，此系统已广泛部署于多款小型乘用车中，其中我国车辆普遍使用 DC 12V 电源。直流稳压电源根据其工作机制可以归为三类：

1）线性稳压类型：这种稳压器调整其内部组件的控制信号强度，以改变等效电阻，实现电流与电压的稳定输出，并且工作在线性放大的状态下。

2）开关稳压类型：常见的此类稳压器，如直流 / 直流（DC/DC）变换器或交流 / 直流（AC/DC）变换器，依赖电力开关元件进行快速切换以调节输出电压的平均值。

3）化学电池：通常指的是干电池，这类电池需满足较长的使用寿命和稳定放电的性能要求，尤其是在反复充电和放电过程中。

在电子驻车制动系统中，不适用化学电源。开关稳压器虽具有小体积、宽稳压范围、高效率和低能耗等优势，但也存在开关噪声、电压波动和供电不稳等问题。而线性稳压器则因高电压稳定性、低输出波动、经济性以及无开关噪声的特点而受到推崇。因此，在性能、成本、电磁兼容性等因素的综合考虑下，选择 NCV8505X 系列作为稳压器芯片的选择。

10.3.4 主动安全系统

交通安全已成为一个全球性问题，每年全球交通事故导致的死亡人数大约为 50 万。汽车安全性对人类生命和财产的影响显著。随着高速公路的发展、汽车性能的提升以及交通运输日益繁忙，汽车行驶速度的加快以及事故数量的增多引发了严重的社会关注，从而突显了行车安全的重要性。传统的被动安全措施已经不足以完全预防交通事故的发生。20 世纪末，随着汽车电子技术的发展，智能技术在汽车系统中的应用逐渐增多，增强了汽车的操纵稳定性和乘坐舒适性，使得汽车的主动安全系统得到了进一步完善。

主动安全系统的核心目的是预防交通事故的发生，从而显著提升汽车的操纵稳定性和安全行驶性能。这类系统包含了所有旨在预防事故发生的安全装置，如转向系统、高性能底盘、与底盘匹配良好的牵引系统、高效制动系统以及强劲的发动机。例如，汽车规避系统的安装涵盖了车身各部位的防撞雷达、多普勒雷达、红外雷达等传感器以及盲点探测器，均受计算机控制。这些系统能在超车、倒车、换道、大雾或雨天等危险情况下，通过声音或光线向驾驶员提供必要信息，并能自动采取措施以预防事故。

此外，汽车内置计算机存储器中可存储关于驾驶员和车辆的各种信息，实现对二者的监测和控制。例如，在日本政府的"提高汽车智能和安全性的高级汽车计划"下，丰田公司研制的"丰田高级安全汽车"配备了诸如驾驶员瞌睡预警系统、轮胎压力监测警告系统、发动机火警预报系统、前照灯自动调整系统、盲区监控系统、汽车间信息传输系统、道路交通信息引导系统、自动制动系统、紧急呼叫停车系统、灭火系统以及各向安全气囊系统等，其中一些设备已经投放市场。特别是近几年，随着科学技术的迅速发展，越来越多的先进技术被应用到汽车上。目前，世界各国都在运用现代高新科技，加紧研制汽车安全技术，一批批有关汽车安全的前沿技术、新产品陆续装车使用，使未来的汽车更加安全。

得益于更先进的智能型传感器、快速响应的执行器、高性能的电控单元、先进的控制策略、计算机网络系统、雷达技术以及第三代移动通信技术的广泛应用，现代汽车正日益向智能化、自动化和信息化的机电一体化方向发展。

第 11 章 线控底盘设计

本章导学

本章主要介绍线控底盘设计方面的相关内容，简要讲述电动汽车线控底盘的相关构成，主要包括线控制动系统、线控转向系统、滑板底盘。期望通过该章节的内容让学生对电动汽车线控底盘的结构和设计流程有较为清晰的认识。

学习目标

序号	学习目标	知识点	学习要求
1	了解线控底盘构成和设计要求	线控底盘的构成和设计要求	了解
2	了解线控制动系统设计	线控制动系统的组成与设计流程	了解
3	了解线控转向系统设计	线控转向系统的组成与设计流程	了解
4	了解滑板底盘的结构及应用	滑板底盘的特点、组成及应用	了解

11.1 线控底盘构成和设计要求

11.1.1 线控底盘构成

所谓线控，其实就是用电线束代替原来的机械线路，实现对信号的传输。线控底盘是指以电线代替车辆全部操纵机构的机械构造，实现整车电动化，从而突破车辆架构创新、多线控功能耦合控制、功能安全与故障诊断等关键技术难题。线代表着电，因此线控底盘也称为电控底盘。

线控以"感知 - 定位 - 决策 - 执行"为核心，在终端执行层，汽车需要独立完成决策层发布的指令，具体体现为对加速、制动、转向、悬架的线控。线控底盘由线控转向系统、线控制动系统、线控悬架系统等组成，采用 CAN 总线技术，实现各个系统与车载 VCU 间的信息传输与控制，并采用摄像头、毫米波雷达、激光雷达、超声波传感器等多种环境传感设备，通过 CAN 总线将车辆控制信息通过 CAN 总线传输到车辆的整车控制器，对上述控制信息进行再次解析、处理，并以 CAN 总线方式传输至线控底盘的各个模块，以满足实际路面环境的转向、制动、加速、换档等动作，如图 11-1 所示。

线控技术的不足之处在于，当线路发生故障且没有机械冗余的情况下，可能会导致转向失败，无法对加速踏板进行良好的控制，从而导致制动故障等。因此，必须保证线控制系统的安全性和可靠性。

线控底盘包含五大系统：线控制动、线控转向、线控悬架、线控加速和线控换档。下面分别对上述系统进行简要的介绍。

第11章　线控底盘设计

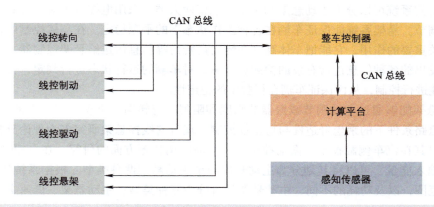

图 11-1　线控底盘总体架构

1. 线控制动系统

线控制动系统包括制动踏板、行程传感器、控制器、执行器、转速传感器和其他信号传输线路。制动踏板传感器能够将驾驶员的实际动作转化为电信号，再通过控制器进行传递，控制器通过对传递过来的有关命令进行全面的运算，从而判定此操作是不是正常工作，防止驾驶员误操作。若最后判断为正确动作，则需将电信号重新传送至执行机构，以实现制动，如图 11-2 所示。

2. 线控转向系统

一般来说，线控转向系统包括转向盘、转向机、整车感应。转向盘模组具体分为转向盘、转向盘传感器和路感回路；转向机组件由转向机和执行机构组成；其中，车辆传感器又分为速度传感器、加速度传感器、偏航角传感器以及控制器等，如图 11-3 所示。线控转向系统的基本作用就是利用转向盘电机、传感器等设备，按照驾驶员的意图来控制转向盘的转动。线控转向最显著的特征是将转向盘和转向系统进行物理解耦，由电气信号来传递命令，而转向机构和驾驶员之间没有直接的物理传递路径。

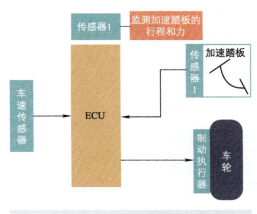

图 11-2　线控制动系统模块

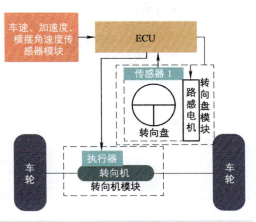

图 11-3　线控转向系统模块

175

3. 线控悬架系统

线控悬架系统可以分为主动悬架和半主动悬架两大类，采用电控装置对悬架高度、刚度和阻尼进行调节。悬架系统能保证车辆在各种工作状态下的平顺稳定。在车体控制中，传感器信号起着至关重要的作用，它能把车体高度和转向盘转角等信息传送给悬架控制器。悬架控制器能对车辆发出的各种信息进行有效的检测和计算，对车辆的运行状态进行判定，传递命令，对悬架的刚性进行控制，从而保证车辆在行驶中的稳定性。

线控悬架能够通过主动调节减振器的刚度和阻尼，与转向、驱动、制动等系统协同工作，实现不同道路条件下的乘坐舒适性与稳定性控制。现有的线控悬架研究多为理论分析，缺乏实用性，如对其在汽车侧翻控制、振动控制、车辆高度调整等方面的研究。在电控悬架系统中，根据有无输入能量，可以将其划分为主动悬架与半主动悬架两种类型。根据系统的控制带宽、可控力的范围，以及功耗的不同，主动悬架又可分为三种类型：主动悬架、低速主动悬架、全主动悬架。

主动悬架控制能力强，理论上可以实现最优控制，但能耗高，且不稳定。在考虑系统能量消耗、工作带宽以及系统固有稳定性的基础上，半主动悬架系统是实现系统性能与成本的最佳折中方案。目前常用的控制方法有阀控变阻尼技术、磁流变技术和电流变技术三种。线控悬架是线控底盘中最有价值的组件，而主动气悬系则是车辆悬架的一个确定的替代方向。车辆悬架由三个主要部件组成：弹性元件、减振器、导向装置。

4. 线控加速系统

加速踏板开度的大小不再是通过踩下加速踏板的行程来实现的，而是通过加速踏板上的位移传感器向 ECU 发出信号，再对电机的输出进行控制。它由加速踏板传感器、控制器、传输线、加速踏板执行机构组成。除了加速踏板传感器外，还有加速踏板开度传感器、速度传感器和氧气传感器。从图 11-4 中可以分析出新能源汽车智能驾驶线控加速系统的基本实现流程，该控制器模块可以直接获得驾驶员对加速踏板的作用力，并对其他传感器提供的数据进行采集和集成，从而理解驾驶员的操作意图，然后根据预先设定的程序和参数，直接对执行器进行相应的操作，从而达到加速控制的目的。由于传感器的信号会被其他的电子装置所干扰，因此给出的信号出现了偏差，针对这种情况，我们可以通过设计一种可以实现线控的控制模块的电路结构来有效地预防信号误差，并且建立一套可以精确判断驾驶员意图和有效诊断故障的安全监测方案，如图 11-4 所示。

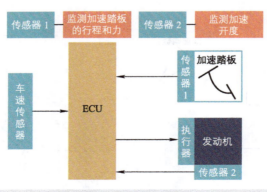

图 11-4 线控加速系统模块

5. 线控换档系统

在智能驾驶中，线控换档是一种非常重要的辅助驾驶应用，包括自动变速、驾驶员安全带保护、开门安全保护、驾驶习惯自动学习、整体防盗等。线控换档技术彻底消除了传统档位和齿轮箱的机械连接结构（推杆/拉绳）。变速器采用电信号直接传送至ECU，实现变速器的换档动作。一般来说，线控换档系统的构成涉及控制器、变速杆和传感器单元、整车控制器和整车信号模块。线控换档系统将换档指令传递给控制器，随后控制器通过分析车辆运行状态来自行判断是否能够操作，确保安全后向电机传递换档信号，随后实现换档操作，另外第一时间把换档信息通过仪表盘呈现给驾驶员，进而顺利完成换档流程。若整车控制器判定车辆状态存在安全隐患，也能够把相关信息显示到仪表盘上，驾驶员能够第一时间采取对应措施进行处理。线控换档技术的主要优势在于：一是电子换档系统相对于过去的机械换档结构来说质量更轻，占据空间面积更少，便于后期维护；二是线控换档能够有效保障换档过程中的稳定性和安全性。

11.1.2　线控底盘系统特点和设计要求

1）对原机械结构进行了优化，使其功能体系更为灵活。通过对原机械机构的优化，实现了电控单元的智能化匹配，实现了机电设备的内部结构与控制方式的协调统一。此外还将利用电控液压悬架、电子制动力分配（EBD）和自适应巡航等先进的功能性配置，为车辆的智能化设计提供了一种新的思路。

2）利用电机作为执行机构进行控制，能够极大地降低车辆的质量，在节能环保方面有着重大的意义。车辆线控系统包含转向、制动等控制方式，如车辆的转向是通过电机速度指令的转换来实现的。

3）使用线控系统后，可以使二次开发变得更容易，也更具有个性化的特点。当前汽车上使用的电控单元比较少，限制了它的使用范围。如果将汽车的线控技术加以优化，能使其在各种汽车上得到更好的应用。

4）随着技术的不断发展，汽车线控系统将会在一定程度上对车辆进行更多的高级功能的设计。汽车线控系统在控制方式上与传统的机械控制系统有所区别，其具备了电子信号控制功能，通过对车辆本身运行状态进行监测，使得汽车线控系统在一定程度上得到了进一步的发展。

当前，业界对线控式底盘的研究大致可分为两大类：一种是线控加速、线控转向、线控制动，各系统是独立研制；另一种是从整车领域的总体设计出发，对线控式底盘各功能进行系统规划。第一种方式，所有线控系统都是独立感知决策的，整车控制策略难以协调；第二种方式则是厂商从基础结构入手，将所有的功能都系统地安排。这就要求我们从另外一个角度来研究车辆的电子体系，该体系划分为底盘、控制、动力、座舱、车体等几个主要区域。线控底盘可以说是底盘领域的一种电子结构，而汽车制造商则是在底盘上开发出了一套完整的线控底盘。

线控加速、线控制动、线控转向，难度系数依次递增。目前，线控加速基本已经完成覆盖；线控制动随着新能源汽车的发展以及动能回收的需求，应用已日渐增多；线控转向由于感知度和成本问题，目前应用较少。这也就造成了现在汽车厂商大多都是采用第一种设计方案，而使用全系统线控技术车型较少。因此，线控底盘的整体设计主要是以底盘线控子系统为中心，总体的设计思路是：动力系统设计与选型、制动系统设计与匹配、转向系统设计、主动悬架系统设计。

11.2 线控制动系统设计

11.2.1 线控制动系统概述

传统的燃料汽车制动机理是利用摩擦（制动片）将车辆的动能转换为热能。在线控制动系统中，制动踏板与制动功能由传统的物理连接变为线控连接，将原来的液压装置与踏板相连，将原来的液压系统、助力系统、制动制动器全部换成了电子系统，如图 11-5 所示。我国汽车制动技术的发展，先后经历了真空液压制动、电控液压制动、电子机械制动、混合控制制动。以下将对上述系统加以说明。

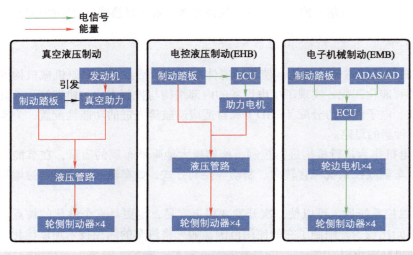

图 11-5 制动系统的发展

11.2.2 线控制动系统组成

1. 传统制动系统

常规的制动系统，也就是所谓的"真空助力"式液压制动，它是以发动机内的负压作为"真空源"来实现的。电动汽车的制动最初仍然是采用真空驱动，利用电动真空泵（Electronic Vacuum Pump，EVP）来实现抽真空，并实现真空度，如图 11-6 所示。其工作原理是：在驾驶员发动新能源汽车之后，使用 12V 的电源来提供动力，随后，车辆的电控系统会执行自检动作，而真空压力传感器会对该真空度进行检测，并将该真空度数据转化成对应的电压值，再传送到电子控制系统中。同时，将该电压值和标准的真空度电压值进行对比，只有真空槽中的真空值与标准值相符时，才能开始工作。

这套系统没有放弃真空助力，只不过采用 EVP 作为真空源。对整个汽车制动系统的改动很少，所以研发费用很少，适用于快速使用。但该技术的缺点也十分明显，首先，它的工作原理和常规的真空泵制动类似，制动踏板和制动车缸都是机械连接，属于机械传动，无法满足高级驾驶辅助系统（ADAS）/自动驾驶（AD）的要求。其次，在制动时，该系统通过电磁感应来恢复能量，只占很小的一部分。另外它也有一些缺点，如噪声高、使用寿命短等。

第11章 线控底盘设计

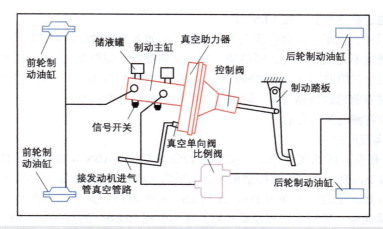

图 11-6 电动真空助力系统原理图

2. 电子液压制动（EHB）系统

EHB 是一种基于传统的液压制动系统，它通过增加电磁阀来调整各个轮缸的压力，将传统的制动系统中的压力调整系统、ABS 等集成式制动模块替换掉，从而生成并存储制动压力，并且可以独立调整四个轮胎的制动力矩，无须真空机构，脚蹬感更佳。该电子液压制动系统可配合其他两套辅助系统，形成多种组合。

（1）防抱死制动系统（ABS）

当制动力太大时，车轮完全停转，这时轮胎和地面的摩擦从滚动变成了滑动摩擦，而车轮又不能转向，很容易失去控制而引发交通事故。这种情况下，ABS 就会起到作用，在制动过程中，它会自动控制制动力的大小，1s 内可以制动几百次，这样车轮就会一直保持着滚动和滑动（打滑比例约为 20%），从而确保了车轮对地面的附着，保证了汽车的操控性。当传感器探测到打滑现象时，由 ECU 进行制动"刹 - 放"。ABS 原理图如图 11-7 所示。

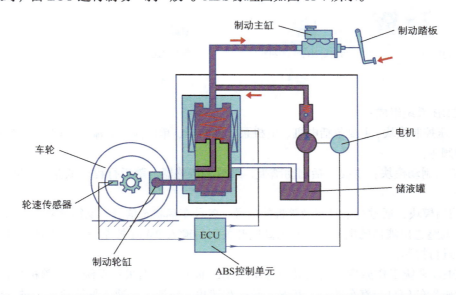

图 11-7 ABS 原理图

（2）车身电子稳定控制系统（ESC）

在制动过程中，汽车经常会出现失控的情况，比如入弯或者是出弯的时候，会出现过大的转向。在判断转向不足或过大时，可借助车轮速度感测器及惯性测量单元（IMU）来侦测。在这种情况下，四个车轮的制动力量和制动时长可由ABS泵单独控制。例如，在转向不足的情况下，可以加大对右前轮的制动力度，降低对左后轮的制动力度；在过大的转向下，增加左侧的制动力量，减少右侧的制动力量。

（3）EHB实现形式

目前EHB有着不同的实现形式，按照是否集成ESC、ABS等功能的一体化形式，分为One Box形式和Two Box形式。按照踏板的解耦形式又可以分为全解耦和半解耦方式。

其中，Two Box是指同时布置Booster和ESC两个部件，其工作原理是，Booster和ESC共享同一套制动油壶、制动主缸和制动管路。在不使用Booster的情况下，ESC可以独立地控制来自主泵的制动液到轮缸的流动，这样就可以提供制动力，如图11-8所示。

One Box形式是指Booster与ESC相结合，可以减少一个ECU和一个制动单元，从而提高集成度，降低成本，进一步减小体积，降低泄漏的概率，而且两者的控制器结合在一起，可以极大地提高集成化程度，使整个车辆的布局更加方便，所以也被称为集成式制动系统，如图11-9所示。

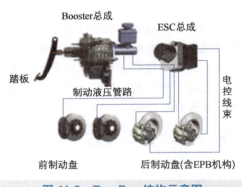

图11-8 Two Box结构示意图

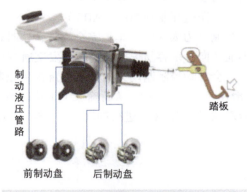

图11-9 One Box结构示意图

1) EHB系统组成：

① 液压控制模块：主要包括电机、电机泵、蓄能器、单向阀、溢流阀、四套结构相同的增/减压电磁阀等。

② 踏板制动模块：主要包括制动踏板、踏板力传感器、踏板行程模拟器、主缸、电磁阀、储油杯等。

③ 控制模块，通过对来自制动踏板的信号、各种车辆状态信号、反馈信号等进行全面分析与判定，调整进出液体的电磁阀，并向高速开关阀门输入PWM控制信号，由此对各个车轮的制动压力进行控制。

2) EHB系统工作原理：当驾驶员踩下制动踏板时，数据采集系统会将踏板行程传感器、踏板力传感器的信息与汽车的运行状况（转向盘转角、轮速、车速、偏航角等）进行全面分析与判定，在确定有必要增压时，液压控制单元（HCU）就会输出PWM控制信号来控制电磁阀，增加进液阀的入口流量,降低出液阀的输出,直至到达期望的制动压力为止;在了解到系统要求保护电压的情况下,HCU 通过对电磁阀的控制来维持升压电磁阀与降压电磁阀输出相同的流量;在了解到系统要求降压后,HCU 降低进口阀门的进口流量,增加出口阀门的流量,直至达到要求的制动压力;在多个高速开闭阀控制回路发生故障时,主制动单元将进入紧急控制状态,制动踏板作用力的液压管线与紧急制动管线相连接,踏板作用力由液压系统直接施加到制动装置上,从而达到制动的目的,如图 11-10 所示。

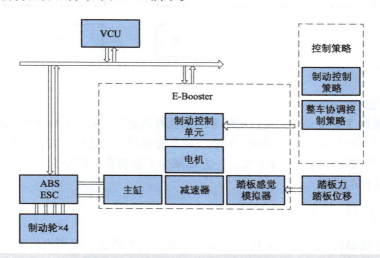

图 11-10　电子液压制动系统结构示意图

3. 电子机械制动(EMB)系统

EMB 必须先用齿轮机构减速增矩后再用滚珠丝杆机构将转矩转化为轴向力才能对车轮进行制动。EMB 的结构变得更加简单,去掉了制动系统的液压备用部件,踏板信号和执行器都是通过电信号来传递的,它和 ABS、TCS、ESC 等模块共同完成了对汽车底盘的整体控制,是一个名副其实的线控制动系统。根据制动器执行结构的盘形或鼓形,EMB 又可划分为电动盘式制动器和机电鼓式制动。目前,大多数机构都采用电动盘式制动,其组成为以下几个部分:

1)制动踏板:由制动踏板、踏板模拟装置、位移/压力传感器等组成。

2)车轮制动模块:主要包括制动执行机构、制动控制机构、机械传动机构、传感器(主要是制动力传感器、车轮转速传感器)等。

3)主控单元:接受并判断驾驶员的意图,并向制动控制器输出制动命令,协调制动系统的整体运行。

4)通信网:用于向所述规定的部分发送各种类型的信号。

5)动力源:将制动力供应至整体制动系统。

EMB 工作原理:当车辆出现减速要求时,驾驶员将踩制动踏板,由电子制动踏板上的制动踏板传感器将踏板加速度、位移和踏板力的大小等制动信号进行检测,ECU 通过车载网络接收到制动命令信号,并将当前车辆运行中的其他传感信息与对应的意图辨识算法相融合,对各个车轮的制动意图进行辨识,从而得到各车轮的实时最优制动力。该系统采用四个独立的制动系统,通过接收 ECU 输出的信号,对电机进行转矩响应,并对电机执行机构进行控制,从而产生对应的制动力,达到制动的目的,如图 11-11 所示。

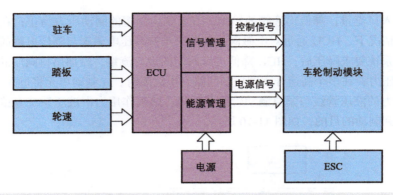

图 11-11　EMB 工作原理

4. 混合线控制动（HBBW）系统

HBBW 系统的主要布局形式是：前轴采用电控液压制动，后轴采用电子机械制动；前轴上安装了 EHB，可以对前轮进行单轮制动调整，并且对制动失灵进行了备份，保证了车辆的安全性和可靠性；在后轴上安装 EMB 系统，一方面减少了制动管线的长度，另一方面减少了因管路过长而引起的不确定度。

11.2.3　线控制动系统设计流程

线控制动系统结构设计源于采用液压制动系统的汽车底盘，其用电机重新设计传动机构，基本结构如图 11-12 所示，主要由电机控制器、电机、齿带传动机构、滚珠丝杠机构、制动主缸、ABS 等组成。设计流程如下。

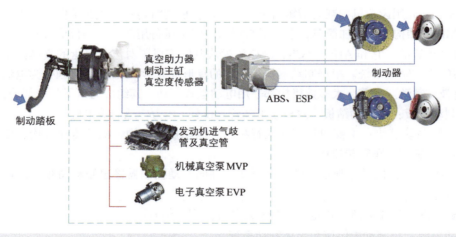

图 11-12　线控制动系统结构

（1）制动主缸最大推力计算

由所要求的汽车整体参数，得到汽车前、后轮的最大制动力。制动器为盘式，单侧车轮制动盘上最大夹紧力为

$$F_{c1} = \frac{f_b r}{2 f r_a} \tag{11-1}$$

式中，F_{c1} 为前轴单侧车轮制动片的夹紧力；r_a 为摩擦片的有效半径；f 为摩擦因数；r 为轮胎半径；f_b 为前轴一个车轮的最大制动力。

对于车辆前轴轮胎上的制动轮缸所能产生的最大推力与其液压力关系为

$$F_{c1} = \frac{\pi}{4} P_1 d_1^2 \tag{11-2}$$

式中，P_1 为前轮缸液压力；d_1 为前轮缸直径。

汽车后轴车轮最大制动力与轮缸液压力之间的数学关系为

$$f_{b2} r = \frac{\pi}{4} P_2 d_2^2 r_2 B_{ef} \tag{11-3}$$

式中，f_{b2} 为后轴单轮最大制动力；P_2 为后轮制动液压力；r_2 为后制动器摩擦片有效半径；d_2 为后轮缸直径；B_{ef} 为制动效能因数。

当汽车制动强度达到最大值时，作用在主缸活塞杆上的力为

$$F_{mc} = P_{max} \frac{\pi d_c^2}{4\eta} \tag{11-4}$$

式中，F_{mc} 为主缸活塞最大推力；P_{max} 为制动强度最大时主缸的液压力大小；d_c 为主缸直径；η 为机械效率。

F_{mc} 为制动主缸的最大活塞推力。

（2）滚珠丝杠选型设计

1）精度等级选择：滚珠丝杠的精度等级一般可分成 P1、P2、P3、P4、P5、P7、P10 共 7 个等级，一般高强度机械装备的推荐等级为 P5、P7、P10。

2）额定动载荷计算：

$$\begin{cases} C_a \geqslant \dfrac{K_h K_f K_H K_m}{K_n} \\ K_h = \left(\dfrac{L_h}{500}\right)^{\frac{1}{3}} \\ K_n = \left(\dfrac{33.3}{\bar{n}}\right)^{\frac{1}{3}} \\ \bar{n} = \dfrac{n_{min} + n_{max}}{2} \end{cases} \tag{11-5}$$

式中，K_h 为寿命系数，L_h 由《机械设计手册》查其值；K_f 为载荷系数，由《机械设计手册》查其值；K_H 为硬度影响系数，由《机械设计手册》查其值；K_m 为平均转速；K_n 为转速系数。

3）丝杠直线运动速度：

$$V_s = \frac{s_c}{t} \tag{11-6}$$

式中，V_s 为丝杠直线运动速度；t 为制动建压时间；s_c 为制动主缸行程。

4）螺母的转速：

$$n = \frac{V_s}{p} \times 60 \tag{11-7}$$

式中，p 为滚珠丝杠的平均压力。

综上所述，将相关数据代入式（11-5）可以得到滚珠丝杠的额定动载荷 C_a。

（3）同步带选型设计

1）传动比设计：根据设计要求和安装空间选择合适的传动比。

2）同步带设计功率：

$$P_d = K_A P \tag{11-8}$$

式中，K_A 为工况系数；P_d 为传递的功率。

3）同步带带型及小齿轮主要参数计算：

$$d_1 = \frac{P_b}{\pi} z_1 \tag{11-9}$$

式中，d_1 为小齿轮节径；z_1 为小齿轮齿数；P_b 为节距。

4）同步带大齿轮主要参数计算：

$$z_2 = i z_1 \tag{11-10}$$

$$d_2 = \frac{P_b}{\pi} z_2 \tag{11-11}$$

式中，z_2 为大齿轮齿数；d_2 为大齿轮节径。

5）同步带带速设计计算：

$$v = \frac{\pi d_1 n_1}{60 \times 1000} \tag{11-12}$$

式中，n_1 为小齿轮转速。

6）同步带初定中心距计算：

$$0.7 \times (d_1 + d_2) < a_0 < 2 \times (d_1 + d_2) \tag{11-13}$$

$$L_0 = 2a_0 + \frac{\pi(d_1 + d_2)}{2} + \frac{(d_1 - d_2)^2}{4a_0} \tag{11-14}$$

式中，a_0 为同步带初定中心距；L_0 为同步带节线长。

7）同步带实际中心矩计算：

$$a \approx a_0 + \frac{L_p - L_0}{2} \tag{11-15}$$

式中，L_p 为根据《机械设计手册》查得的同步带标准节线长。

8）同步带基准额定功率计算：查阅《机械设计手册》，根据小齿轮转速 n_1 和齿数 z_1 选择基准额定功率 P_0。

9）同步带带宽计算：

$$b_s \geq b_{s0} \sqrt[1.14]{\frac{P_d}{K_L K_z P_0}} \quad （11-16）$$

式中，b_{s0} 为选定型号的基准宽度；K_L 为圆弧齿带长系数；K_z 为小齿轮啮合齿轮系数。

（4）动力电机选型设计

1）电机转矩与作用于主缸活塞的最大推力关系式为

$$T_m = \frac{F_{mc} P_h}{2\pi \eta_s i} \quad （11-17）$$

式中，T_m 为电机输出转矩；F_{mc} 为作用于主缸活塞上的最大推力；P_h 为滚珠丝杠导程；η_s 为滚珠丝杠的机械效率；i 为减速比。

2）电机的转速：

$$n_m = \frac{60 v_s i}{p_h} \quad （11-18）$$

式中，n_m 为电机转速；v_s 为丝杠直线运动速度。

11.3 线控转向系统设计

11.3.1 线控转向系统概述

转向技术可分为机械转向、机械液压转向（HPS）、电子液压转向（EHPS）、电动助力转向（EPS）和线控转向（SBW）五个阶段。

在传统的燃油汽车中，转向盘下方连接着一根操纵杆，操纵杆带动转向盘，从而使车轮转向，这类转向被称为机械转向，完全依靠机械间的力量来进行转向。

HPS是一种机械液压助力的系统，采用液压泵、转向油路、转向阀体等机构，对液压压力进行控制从而实现转向。EHPS是在HPS上加入电子控制装置，利用电子控制装置对液压油进行调节，从而实现对汽车转向的辅助作用。EPS则不再采用液压泵、转向油路、转向阀体等机构，而是采用传感器、控制单元、电机进行转向。

线控转向技术，则是将转向盘和转向轮之间的机械连接给去掉，变成了一种软连接，并且通过电信号控制。

11.3.2 线控转向系统组成

1. 电动助力转向

EPS与EMB的原理有些相似。该转矩传感器在接收到来自转向盘的转矩信息后，将该转矩信息传送至ECU，ECU按照特定的运算逻辑，控制电机输出转矩，通过传动装置将转矩降低，再施加在转向柱上，从而实现转向助力。

EPS 按其传动部位及机构构造可分为不同类型，如图 11-13 所示。

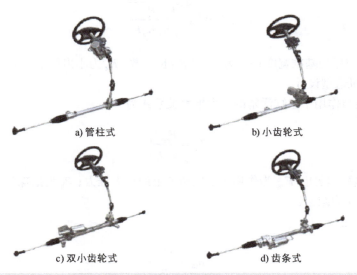

图 11-13　EPS 基本机构形式

管柱式助力系统（C-EPS）一般使用于小型轿车上，其占用空间小，结构简单且成本较低；小齿轮式助力系统（P-EPS）电机安装位置远，与 C-EPS 相比，可以提供较大的助力，常用于中小型车辆；双小齿轮式助力系统（DP-EPS）助力效果比小齿轮式助力好，但由于两台电机的使用，会使得成本增加，常用于中型车辆中；齿条式助力系统（R-EPS）传动效率高，提供力矩大，但电机的安装需要较大的空间，故多用于大型车辆。

EPS 由以下部件组成：

1）转矩传感器：用于获得转向盘扭力和驾驶员的转向盘转矩。

2）主电机：提供转向力的电机，该电机可以和车辆的重量进行配合，其转矩可以让动轮独立转向。

3）中央处理器：用于控制电机的旋转和处理输入的信息，在 EPS 中，该控制器是核心控制器，它的主要工作是通过对输入的转矩信号进行确定的计算，输出相应的电机控制信号。

电动助力转向系统工作原理为：驾驶员转动转向盘，转矩传感器检测到转向角度和转矩大小，产生的电压信号输送到电子控制单元，通过 ECU 的逻辑分析和计算，发出指令，控制转向电机输出不同方向的转向助力，帮助驾驶员转动转向盘。EPS 系统结构如图 11-14 所示。

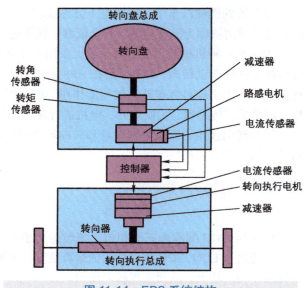

图 11-14　EPS 系统结构

2. 线控转向

SBW 将转向盘与车辆转向轮之间的所有机械连接部件去掉,由车辆的电力直接驱动,完成车辆的线控转向。相对于 EPS,SBW 不但可以改善车辆的行驶稳定性,而且可以彻底克服传统转向系统的局限性,从而提高车辆行驶的安全性和操纵的便利性,如图 11-15 所示。

图 11-15 线控助力转向与传统转向对比

SBW 主要由转向盘总成、转向执行总成、主控制单元(ECU)和容错控制单元(RECU)四个主要部分以及电源等辅助单元组成。

该路感电机的控制流程如下:在该转向拉杆上安装有拉力传感器、线位移传感器,利用该传感器对路面状态进行实时检测,得到路感信息,并将其转化为电信号,由 ECU 根据路感电机的速度和电流信号,对路感电机的旋转方向及输出转矩进行控制,实现对路感电机的实时控制,如图 11-16 所示。

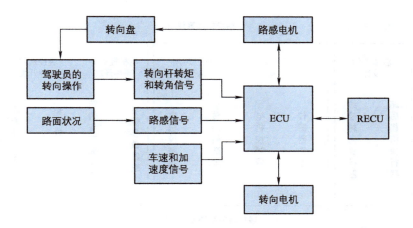

图 11-16 SBW 控制流程

线控转向的工作原理是:传感器将采集到的转向盘和车体的动力学信息传送给 ECU,经合成运算后由底盘转向系统来完成指令的执行。转向操作是纯粹的信息传递,如图 11-17 所示。

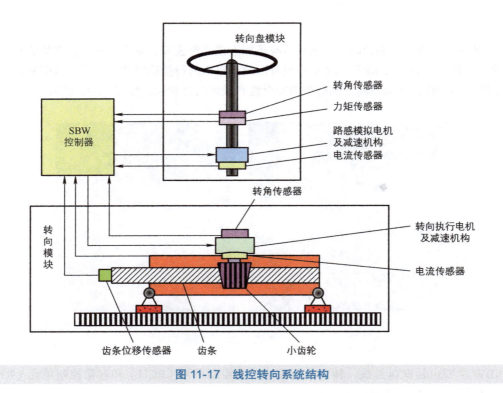

图 11-17 线控转向系统结构

11.3.3 线控转向系统设计

线控转向机构的设计架构确定后,需要根据整车匹配参数,设计线控转向系统零部件,如图 11-18 所示。

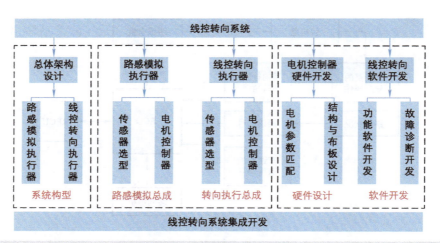

图 11-18 线控转向总体架构

(1) 同步带同步轮的特点及参数计算

转向系统同步带设计与制动系统类似,因此不再重复设计。

(2)螺杆长度计算

$$l = s + l' + \Delta \tag{11-19}$$

式中，l 为螺杆总长；l' 为螺母长度；Δ 为余量。

(3)外侧车轮最大转角计算

$$\cot\alpha_{\max} = \cot\theta_{\max} + \frac{K}{L} \tag{11-20}$$

式中，K 为两主销之间的距离。

(4)原地转向阻力矩计算

$$M_r = \frac{f}{3}\sqrt{\frac{G_1^3}{P}} \tag{11-21}$$

式中，f 为路面对轮胎的摩擦系数；M_r 为转向阻力矩；P 为轮胎气压；G_1 为汽车前轴的负载。

(5)原地转向所需滚珠丝杠推力计算

$$F = \frac{M_r}{L_1} \tag{11-22}$$

式中，L_1 为转向节臂等效力臂长度。

(6)原地转向电机输出转矩计算

$$T_{\max} = M_r + M_G \tag{11-23}$$

式中，$T_{\max}$ 为汽车原地转向电机所需输出的转矩；M_G 为重力回正力矩。

(7)电机功率计算

$$P = \frac{Tn}{9550} \tag{11-24}$$

式中，P 为电机功率；n 为电机转速；T 为电机转矩。

11.4 滑板底盘的结构及应用

11.4.1 滑板底盘概述

滑板式底盘如图 11-19 所示，即将电池、电动传动系统、悬架、制动等部件整合在底盘上，实现车身和底盘的分离，设计解耦。滑板式底盘具有高集成度、高通用率、高拓展性等优势，是汽车电动化、智能化趋势下重要的发展方向，在降低产品开发周期、降低研发成本、丰富智能生态、提升空间利用等方面具有竞争力。基于这类平台，车企可以大幅降低前期研发和测试成本，同时快速响应市场需求，打造不同的车型。尤其是无人驾驶时代，车内的布局不再是以驾驶为中心，而是会注重空间属性，因此，车企采用滑板式底盘可以为上部车舱的开发提供更多的可能。

电动汽车设计与制造

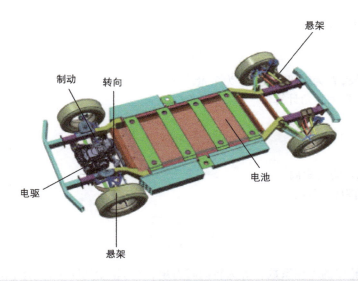

图 11-19 滑板底盘组成结构

11.4.2 滑板底盘的特点及组成

滑板底盘主要有三大特征：第一是底盘高度集成化，集动力系统、控制系统、热管理等多模块于一体，未来有望进一步融入自动驾驶、智能网联等更多尖端模块；第二是全线控系统以及集成化的电子电气架构，车辆的加速、制动、转向等操作均通过线控方式实现，控制器和执行器之间通过电信号控制无需采用硬性连接，此外，全线控的实现将高度依赖于集成化的电子电气架构；第三则是车身与底盘分体式研发，车身与底盘上下分离解耦开发，支持独立开发迭代。上部车体支持多种不同结构及样式，可以进行个性化设置；底盘部分单独开发及迭代，只需定义好与上部厢体之间的各类接口。

使用滑板底盘的车体属于非承载式结构，其下车体就是独立的车架，车架与车身之间通过刚性或者弹性单元连接，底盘其他主要系统如电池、悬架等都安装在车架上。采用非承载式结构的车型优点主要是：①车架分担车身各种载荷；②便于底盘系统总装工艺，易于集成化；③车架具有高强度和刚度，整车抗颠簸性能好。其主要缺点是：①车架增加了整车重量，不利于纯电车型续航等性能；②由于有了车架，因此整车高度相对较高；③车架设计可能造成整车成本增加。

在滑板底盘领域，电池包的主要结构有模组集成至电池包（MTP）、电池集成至电池包（CTP）和电池集成至底盘（CTC）。一体式电池包将电池系统置于底盘中部位置，对于汽车的正碰/侧碰安全、平衡重量分布、降低重心、提高车辆稳定性来说都是较优的方案，如图 11-20 所示。

滑板底盘将三电（电机、电池和电控系统）、转向、制动、悬架等系统集成到一个独立底盘内，结合线控技术使底盘与上车体控制端不再有任何机械传动硬连接，进而可以自由调节其大小与空间结构，带来一个底盘可多元化应用和可重复利用的优势，如图 11-21 所示。

将底盘的结构进行初步模块化，分为前端模块、电池底盘一体化模块、后端模块和轮毂电机角模块四大模块，如图 11-22 所示。

第11章　线控底盘设计

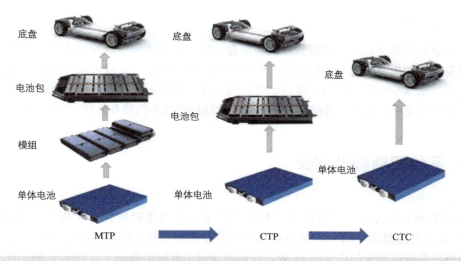

图 11-20　电池包技术

图 11-21　上下解耦应用

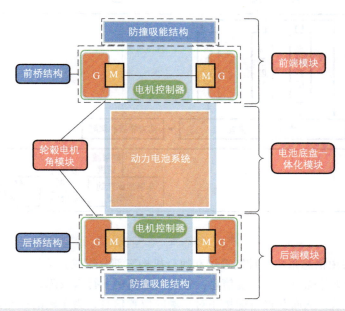

图 11-22　一体化滑板底盘结构特征示意图

11.4.3 滑板底盘的应用

随着车辆智能化的发展，新型线控滑板底盘方案、整车动力学域控架构等已成为国际汽车领域的研究热点。现有研究在线控制动、线控转向、机构设计、底盘集成控制等方面都取得了积极的进展，基本满足了 L1～L3 级自动驾驶的需求。面向 L4/L5 更高级别自动驾驶及特殊场景下的功能性和安全性需求，线控底盘及其动力学域控制技术仍然有待研究和发展。

11.5 其他智能辅助驾驶

1. 自动紧急制动系统

自动紧急制动（AEB）包括以下几种防撞技术：前向碰撞预警（FCW）、动态制动支持（DBS）和紧急碰撞制动（CIB）。如果系统预测前方道路上有物体即将发生碰撞，就会向驾驶员显示即将发生碰撞预警的声音即 FCW。这样的警报为驾驶员提供了足够的准备时间，让驾驶员评估潜在的危险，并以适当的制动或转向来应对，以避免撞车。如果驾驶员选择通过制动来避免撞车，但是没有足够的制动力，那么 DBS 会自动补充相应的制动力。如果驾驶员不采取措施避免碰撞，CIB 会自动制动，以减轻或避免碰撞，如图 11-23 所示。

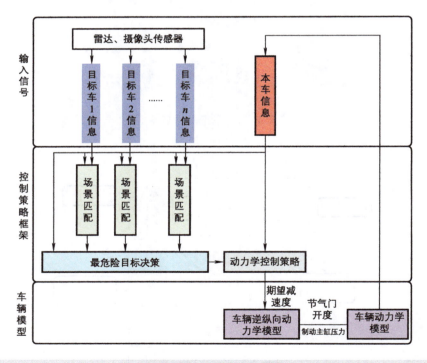

图 11-23　控制策略架构

AEB 系统主要由信息采集、控制系统和执行机构三部分组成。信息采集主要是通过毫米波或激光雷达、摄像头等探测周围环境信息，包含周围车辆、行人及障碍物等，结合传感器和车辆坐标系的相对关系，从而获得目标物相对车辆的位置信息，为车辆的控制提供数据。控制系统接收到目标物信息后，再由控制模块结合传感器采集到的本车运动状态信息，利用算法提前

第11章 线控底盘设计

判断当前车辆的危险程度，通过控制策略决策出期望减速度等信息并将其发送给执行机构。执行机构通过电子节气门和制动器对控制系统的指令进行对应操作，由此达到避免碰撞或者减轻碰撞的效果，如图 11-24 所示。

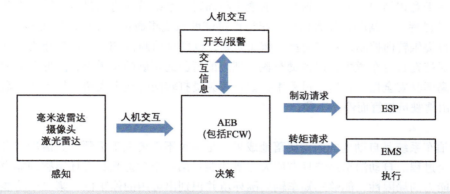

图 11-24　自动紧急制动系统组成示意图

2. 车道保持辅助系统

车道偏离预警（Lane Departure Warning，LDW）系统是由摄像头监测道路上的标线来判断车辆是否偏离车道，LDW 系统没有自动导正车身的功能，仅限于提醒驾驶员存在车道偏离的危险。车道保持辅助（Lane Keeping Assist，LKA）系统是在 LDW 系统的基础上对制动的控制协调装置进行控制，或对转向系统进行控制，辅助车辆保持在本车道内行驶。LKA 系统利用摄像头等传感器感知并计算车辆在车道中的位置信息及运动信息，利用车辆的转向和制动系统对车辆进行控制，防止车辆偏离车道而发生事故。车道保持辅助系统会对车辆的转向进行微调，使车辆驶回原车道行驶。车道保持辅助系统包括感知层、决策层、执行层三部分，如图 11-25 所示。

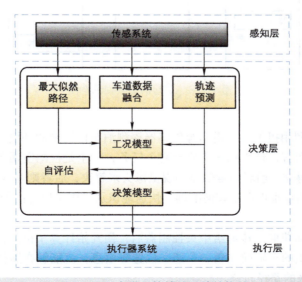

图 11-25　车道保持辅助系统结构图

感知层提取车辆前方的视觉数据，包括监测道路上的车道线，以及对前方障碍物、路牌等图像的收集，监控车辆正在行驶的前方车道的车道标记，探测自车与车道边缘线相对距离与方位，智能识别车辆行驶过程中与所在车道的横向位移状态，实时监测车道变化和车辆在其车道上的位置。决策层接收感知层传来的信息，根据传来的信息进行判断，控制执行层进行工作。如当车辆在无意识情况下偏离车道标记的规定距离时，系统首先将通过振动转向盘和仪表盘信息向驾驶员提醒，若驾驶员没有回应，车道保持辅助系统将通过控制电动助力转向（EPS）系统为驾驶员提供转向控制，在转向盘上施加力矩，也可自动调整 EPS 输出转矩力，并辅助驾驶员使车辆保持在自身车道内，以帮助车辆回到当前行驶的正确的车道上，降低车辆偏离车道的风险，提高驾驶安全性。在这个过程中，如果驾驶员打转向灯或者大角度转动转向盘，则系统默认车辆由驾驶员接管而停止干预。

3. 自动泊车

自动泊车系统是自动驾驶的重要落地成果，是一种不需要人工干预、凭借汽车自己操控实现泊车的全过程。自动泊车系统具有四大主要功能：第一个功能是具有环境感知能力，弥补驾驶员感知能力的局限性，能够感知车辆周围环境并识别出可用的停车位；第二个功能是数据处理能力，代替驾驶员的大脑，能够做出下一步的决策和命令；第三个功能是执行能力，代替驾驶员的肢体操作，能够响应命令，实现车速、转向、档位等控制；第四个功能是通信能力，代替驾驶员的神经系统，能够实现环境感知、决策、执行的信息之间的互联。自动泊车综合运用环境感知、路径规划、运动控制等技术，同时在内部也加入 CAN 通信、处理机计算等流程，如图 11-26 所示。

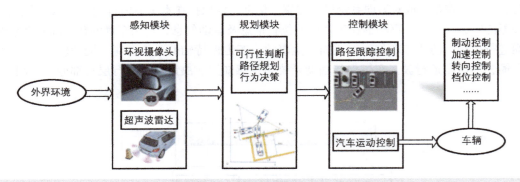

图 11-26 自动泊车架构示意图

（1）环境感知

环境感知指的是利用摄像头、雷达等传感器探测泊车位周围的环境，它相当于智能汽车的眼睛。针对自动泊车而言，环境感知主要有两个任务：一个是检测空闲车位及车位线位置；另一个是探测附近的障碍物。前者通常依靠环视摄像头来解决，后者则是依靠超声波雷达来测距。总体来说，环境感知的重难点在于如何准确、快速地识别可用车位与位置。

（2）路径规划

当可用信息被感知获取并传递给中央控制器后，便开始计算车位的长度宽度，再结合车辆状态检测系统实时提供的车辆航向角、车速、位置等信息，就能够在路径规划模块中通过建立运动学模型得出接下来的路径轨迹。

（3）运动控制

当规划好的路径传递到控制执行系统后，系统会对该路径进行跟踪控制，依照加速踏板的加速度信号、转向盘的转向角信号、档位的信号等来控制车辆的运动。除了上述依靠路径规划结果进行控制外，当下热门的研究聚焦于不依赖规划而是直接基于人工智能的运动控制方法，同样能够保障控制环节的进行，如图 11-27 所示。

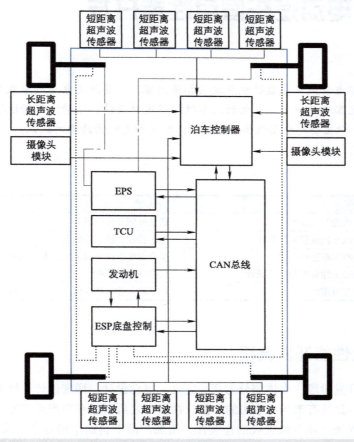

图 11-27　自动泊车组成结构示意图

第 12 章 电动汽车底盘性能开发

📖 本章导学

本章主要介绍电动汽车底盘性能开发的相关内容，简要讲述电动汽车底盘性能开发的相关流程，主要包括主客观评价方式、电动汽车操纵稳定性设计、电动汽车舒适性开发等。通过学习该章节的内容，学生会对电动汽车底盘性能开发流程有较为清晰的认识。

📖 学习目标

序号	学习目标	知识点	学习要求
1	了解底盘性能开发流程	底盘性能开发流程等	了解
2	了解电动汽车操纵稳定性设计	稳态特性、瞬态特性等	了解
3	了解电动汽车舒适性开发	单自由度系统和双自由度系统振动等	了解
4	了解主动安全性分析与优化设计	安全性分析流程	了解
5	了解疲劳与可靠性	汽车耐久性的基本概念与设计流程	了解

12.1 底盘性能开发流程

乘用车产品开发阶段，大体划分为产品定义、概念设计、详细设计、样车试制、产品量产几个阶段。作为一款具有市场竞争力的产品，在量产之后增加系列产品开发阶段，作为未来性能升级的产品，保证产品升级换代的连续性，增加产品平台的市场寿命，从而节约开发成本，降低消耗。乘用车底盘性能开发在产品开发各阶段的作用及定位如图 12-1 所示。

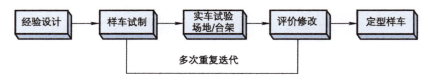

图 12-1 汽车底盘系统开发流程

1）产品定义阶段：通过主客观评估，选定标杆样车，同时参照市场定位设定产品开发主客观目标，根据目标分解选定基本结构，CAE 工程师进行优化开发，并通过分解对零部件供应商提出研发设计条件。

2）概念设计阶段：配合底盘（转向、悬架、制动、轮胎）设计师，完成对供应商输入条件的明确定义，工程师需要控制整车级性能指标、设定总成级目标，制订试验和评价方案。

3）详细设计阶段：性能开发工程师应定义底盘部件调校范围，协调各标定、开发、认证、改进工作，严格定义零部件性能及偏差范围，组织抽检底盘调校部件，设置和调整车辆状态，制订底盘调校计划。

4）样车试制阶段（或称底盘调校阶段）：对样车车况的调整、改进，检验设计方案，结合必要的 K&C 测试，在满足底盘设计调校基础上，进行轮胎、弹簧、稳定杆、硬点、减振器、转向系统、衬套等的调校，完成制动系统主客观评价；然后是最终调校样车的主客观评价及最终 CAE 的验证；最后结合可靠耐久及 NVH 测试，完成各总成及电控系统的标定验收。

5）量产前调校阶段：同底盘调校阶段相比，不再有大批调校部件的重组，仅是为保证量产前样车性能不偏离主观设定的性能目标，原则上不再对影响产品投产的底盘部件更改，主要对减振器阻尼特性、控制系统的标定进行必要的优化。

6）系列产品开发阶段：结合市场用户的反馈，优化并突出产品的性能亮点，做到精益求精，通过升级提高产品竞争力，通过换代提高产品平台市场生命周期，在性能上突出产品基因，培育市场品牌。

12.2 主客观评价方式

车辆底盘评价技术可分为主观评价和客观评价，本节面向乘用车底盘性能开发，以可以分解到底盘零部件参数的车辆操纵稳定性目标为主开展研究。尽管汽车行业中操纵稳定性的评价项目较多，但目前对于车辆总体操纵稳定性能仍然没有统一公认的规范和标准，对操纵稳定性的研究仍处于摸索和完善阶段。

12.2.1 客观评价体系

目前，我国在舒适性能方面主要参考 ISO 2631 开展相关研究，并依托该标准内容制定了汽车行业的平顺性试验评价国家标准。市场用户对车辆的要求最初只关注舒适性能，随着车速的提高，对车辆操纵稳定性及舒适性的要求越来越高。郭孔辉院士在汽车操纵稳定性客观评价方面进行了大量深入的研究工作，制定了汽车操纵稳定性国家标准，对试验方法、试验规范、数据处理、指标提取进行了详细规定，同时对指标限值及车辆总的评价方法进行了综合打分处理。

此外，国际上客观评价方法主要是依据 RSV 与 ISO 两种标准。RSV（研究安全车，前身为 ESV）以驾驶安全为目标，系统地整理了车辆的操纵稳定性规范，从车辆的主动安全及被动安全角度，提出了稳态圆周试验、瞬态响应试验、移线试验、蛇行试验相关指标的限值范围或极值。国际标准化组织（ISO）为了统一车辆操纵稳定特性的评价验证方法，研究车辆动态参数同车辆侧向加速度的关系，制订了一系列试验及试验数据处理的流程规范，包括稳态圆周试验、瞬态响应试验、移线试验、蛇行试验，并确立了转向特性在车辆操纵性中的重要意义。

12.2.2 主观评价体系

车辆主观评价方法始于 20 世纪 70 年代，国外汽车企业在主观评价方法及应用上的研究开展较早，并积累了丰富的技术和开发经验，但多为企业机密，较少有对主观评价技术和方法系统介绍的文献发表。国内学者结合驾驶模拟器对车辆操纵稳定性主观评价展开研究，从主观评价方法、评分系统、主客观一致性研究及主观评价影响因素四个方面，介绍了当今汽车工业主观评价这一开发手段。然后，以 9 名驾驶员对 14 部测试车辆进行操纵稳定性能的主观评价，与驾驶模拟器操纵稳定性综合评价指标 JTE 确定的车辆操纵稳定排名进行相关性分析，试图寻求车辆操纵稳定性能主客观关系。

日本汽车工业很早就开展了主观评价在开发设计中的应用和理论研究工作，日本汽车规格协会 1995 年开始策划并组织出版车辆感觉评价理论及应用的专项论著，从统计学感觉评价方法、多变量解析及大量典型事例中分析感觉评价在汽车开发中的定向研究理论。其他如《新版感觉检查手册》《感觉检查入门》及《统计性感觉检查法》等均是主观评价技术研究的论著，尝试将多元回归分析、判别分析、聚类分析、主成分分析、因子分析、多变量分析等方法在汽车感觉评价领域应用，对主观评价信息的深入分析和挖掘提供了参考依据。

12.3 电动汽车操纵稳定性设计

电动汽车底盘操纵稳定性是衡量车辆行驶性能的一个重要指标，它直接影响着驾驶体验、安全性和能源利用效率。随着电动汽车技术的不断发展，汽车制造商在底盘设计和操纵稳定性方面进行了大量研究和创新。本节将简要介绍电动汽车底盘操纵稳定性的关键因素，以及制造商在提升车辆性能方面的努力和取得的成果。

（1）电动汽车底盘操纵稳定性的关键因素之一是悬架系统

悬架系统对车辆的操纵性、舒适性和稳定性起着至关重要的作用。传统的悬架系统在燃油汽车中已经得到了广泛应用，但在电动汽车中，由于电池组的重量分布和车辆重心的改变，制造商必须重新设计悬架系统以满足电动汽车的性能要求。电动汽车通常配备独立悬架系统，以更好地适应电池组的布局。制造商使用先进的材料和技术，例如轻量化材料和电磁悬架系统，来提高悬架系统的性能。电磁悬架系统可以通过电磁力调整悬架高度和硬度，以实现更好的操纵稳定性和行驶舒适性。这种先进的悬架系统不仅可以提高车辆在高速行驶时的稳定性，还可以在不同路况下提供更好的操纵性能。

（2）车辆动力系统对底盘操纵稳定性也有着直接的影响

电动汽车的电机通常集成在车辆的轮毂或轴上，使得重心更低，有助于提高操纵稳定性。此外，电动汽车具有精确的电子控制系统，可以实现更快速、更灵活的动力调整，从而提高车辆在转弯和急加速情况下的稳定性。电动汽车还采用了先进的牵引控制系统，通过对每个轮胎的电机进行独立控制，以提高车辆在不同路况下的牵引力分配。这种系统可以在雨雪天气或不平坦的路面上保持车辆的操纵稳定性，增强驾驶员对车辆的控制感。

（3）电动汽车的能量回收系统也对底盘操纵稳定性有所贡献

能量回收系统通过将制动时产生的能量转化为电能储存在电池中，不仅提高了电动汽车的能源利用效率，还改善了车辆的整体动力平衡。在制动时，电动汽车会自动调整电机的阻力，将制动过程中产生的能量回收，并存储在电池中。这不仅有助于延长电池寿命，还提高了车辆在行驶中的稳定性。

（4）电动汽车的底盘操纵稳定性还受到车辆结构设计的影响

制造商采用先进的车身结构和材料，以提高车辆的刚性和抗扭性。通过减少车身的变形，车辆在弯道行驶时可以更好地保持轮胎与地面的接触，提高操纵稳定性。同时，车身结构的优化还可以减少风阻，提高车辆在高速行驶时的稳定性和燃油效率。

第12章　电动汽车底盘性能开发

（5）电动汽车制造商通过先进的电子稳定控制系统进一步提升底盘操纵稳定性

电动汽车配备了先进的车辆动态稳定系统（VDSC）和电子稳定程序（ESP），这些系统可以实时监测车辆的运动状态，并通过调整制动力和动力分配来保持车辆在不同行驶条件下的稳定性。这些电子系统可以在车辆失去控制的情况下迅速做出反应，提高行驶安全性。

总体来说，电动汽车底盘操纵稳定性是一个综合性能指标，受到悬架系统、动力系统、能量回收系统、车辆结构设计和电子稳定控制系统等多个因素的共同影响。随着电动汽车技术的不断进步，制造商在提升底盘操纵稳定性方面进行了大量创新，使得电动汽车在操控性能上逐渐走向与传统燃油汽车相媲美甚至超越的水平。电动汽车的不断演进将为未来出行带来更加安全、高效和愉悦的驾驶体验。

12.3.1　稳态特性

汽车底盘操纵稳定性的稳态特性是评价一辆汽车在直线行驶、转弯和急加减速等条件下的操纵性能的重要指标。稳态操纵性指的是车辆在稳定状态下的动态行为，即在恒定速度和稳定操纵输入下的行驶特性。通过深入了解汽车底盘在稳态条件下的特性，我们可以更好地理解车辆的操纵性能，为汽车制造商提供改进设计的方向。

（1）操纵稳定性基础概念

在讨论汽车底盘操纵稳定性的稳态特性之前，首先需要了解一些基本的概念。操纵稳定性是指车辆在各种行驶条件下能够保持良好的稳定性，包括直线行驶、转弯、加速和制动等。在稳态条件下，车辆处于恒定速度且操纵输入不发生变化的状态。

（2）悬架系统与稳态操纵性

悬架系统是影响汽车稳态操纵性的关键组成部分之一。一个良好设计的悬架系统能够确保车辆在不同行驶条件下保持平稳。在直线行驶时，悬架系统的主要任务是保持车辆的纵向稳定性，防止车身的过度俯仰或抬升。通过合理的减振器设置和悬架刚度调整，制造商可以实现对车辆在稳态下的垂直动态行为的精确控制。在转弯时，悬架系统需要处理横向的动态行为。合理设计的悬架系统可以减少车身的侧倾，并确保车辆的横向稳定性。独立悬架系统的使用通常能够提高车辆在曲线行驶时的稳定性，因为每个车轮都可以独立响应路面不平，减少了车身的侧倾。

（3）车轮和轮胎对操纵稳定性的影响

车轮和轮胎是直接与路面接触的组件，对操纵稳定性有着重要的影响。在稳态条件下，轮胎的抓地力对车辆的行驶稳定性起着关键作用。制造商通过选择合适的轮胎胎面设计、橡胶配方和胎压来优化抓地力。此外，车轮的质量、直径和宽度也会影响车辆的横向和纵向稳定性。

（4）动力系统与稳态操纵性

汽车的动力系统对稳态操纵性也有着直接的影响。传统燃油汽车的发动机通常安装在车辆前部，而电动汽车的电机则通常分布在车轮或车辆底盘的其他位置。这种布局差异会导致车辆的重心不同，从而对操纵稳定性产生影响。此外，电动汽车通常具有更平坦的转矩曲线，使驾驶员更容易实现平稳加速和减速。先进的电子稳定控制系统能够实时监测车辆状态，并对动力输出进行调整，以确保车辆在不同行驶条件下的稳定性。

（5）转向系统与操纵稳定性

转向系统是影响汽车操纵性能的另一个关键因素。在稳态条件下，车辆的转向系统应该具有足够的灵活性和精确性，使驾驶员能够轻松地控制车辆的方向。电动助力转向系统通常能够提供更灵敏的转向响应，使得车辆在直线行驶和转弯时更为稳定。

（6）制动系统对操纵稳定性的贡献

制动系统在稳态条件下同样发挥着关键的作用。一个高效的制动系统可以确保车辆在急制动时保持稳定，避免车轮锁死和侧滑。先进的防抱死制动系统（ABS）和电子制动力分配系统（EBD）能够优化车轮的制动力分配，提高车辆在制动时的稳态操纵性。

（7）车辆质量与分布对操纵稳定性的影响

车辆的质量分布也是影响稳态操纵性的因素之一。电动汽车的电池组通常集中在底盘的底部，有助于降低车辆的重心，提高稳态操纵性。优化车辆的质量分布可以减少车辆在行驶中的侧倾和俯仰，改善车辆在稳态下的动态行为。

（8）电子稳定控制系统的作用

现代汽车通常配备了先进的电子稳定控制系统，如车辆动态稳定系统（VDSC）和电子稳定程序（ESP）。这些系统通过实时监测车辆状态，对制动、动力输出和悬架系统进行调整，以确保车辆在不同行驶条件下的稳定性。电子稳定控制系统在稳态条件下能够迅速做出反应，帮助车辆保持良好的操纵稳定性。

（9）操纵稳定性测试与评估

为了准确评估汽车在稳态条件下的操纵稳定性，制造商通常进行一系列的测试。这些测试包括直线行驶、转弯半径测试、快速变道测试等，以模拟不同的驾驶情境。在测试中，车辆的操纵稳定性、侧倾角、加速和制动性能等都会被仔细测量和评估。

总体来说，汽车底盘操纵稳定性的稳态特性是一个综合性能指标，受到多个因素的共同影响。制造商通过优化悬架系统、动力系统、转向系统、制动系统等关键组件，以及采用先进的电子稳定控制技术，不断提升车辆在稳态下的操纵性能。

12.3.2 瞬态特性

汽车底盘操纵稳定性的瞬态特性是衡量一辆汽车在快速变化的行驶条件下表现的关键指标。这些瞬态特性涉及车辆在急转弯、紧急制动、急加速等瞬时操纵情境中的表现。理解汽车在这些瞬态条件下的行为对于驾驶员的安全性和驾驶体验至关重要。在本节中，我们将深入研究汽车底盘操纵稳定性的瞬态特性，详细介绍悬架系统、车轮与轮胎、动力系统、转向系统、制动系统等方面的关键因素。

悬架系统在瞬态操纵性中扮演着至关重要的角色。它需要在车辆经历急转弯、起伏路面或其他瞬态行驶情况时提供足够的支持，以确保车辆保持稳定。首先，在急转弯或突发操纵时，悬架系统需要迅速调整车身的姿态，减少侧倾和俯仰。通过调整悬架系统的刚度和减振器的工作特性，制造商可以平衡车辆的横向和纵向稳定性，从而提高在瞬态条件下的操纵性。其次，瞬态操纵性需要悬架系统对车辆的垂直运动有精准的控制。先进的电磁悬架系统可以根据路面情况和驾驶状况实时调整悬架行程，以保持车辆底盘与路面的良好接触，提高操纵稳定性。最后，一些汽车配备了主动悬架系统，它能够根据驾驶情境调整悬架的特性。这种系统能够通过实时感知车辆的状态，主动控制悬架元件的刚度和行程，以适应不同的瞬态操纵需求，提升车辆的响应性和稳定性。

在车轮与轮胎方面，底盘操纵稳定性主要涉及轮胎侧向力与车轮操纵特性等。在急转弯时，轮胎的侧向力成为影响瞬态操纵性的主要因素之一。通过优化轮胎的侧向硬度和胎面设计，制造商可以提高车辆在急转弯时的稳定性，降低侧滑风险。先进的轮胎技术允许轮胎根据行驶条件的变化动态调整抓地力。这种技术有助于在瞬态情况下提供更好的牵引力，改善车辆的加速和制动性能。车轮的旋转惯量和转向特性对汽车在急剧操纵时的反应至关重要。精心设计的车轮能够减少惯量，使得车辆更容易响应驾驶员的指令，提高瞬态操纵性。

动力系统在瞬态操纵性中发挥着至关重要的作用。发动机或电机的输出对车辆在急加速和急减速情况下的行为产生直接影响。例如，先进的电动汽车动力系统通常具备转矩矢量控制功能。这允许车辆在瞬态条件下，通过智能分配转矩到不同的车轮，以改善横向稳定性和减少转向角。在瞬态操纵性中，动力系统的响应时间至关重要。电动汽车通常具有更迅速的转矩输出响应，使得车辆更快速地适应驾驶员的操作，提高瞬态操纵性。此外，动力系统的布局和重心高度直接关系到车辆在瞬态条件下的行为。低重心和合理分布的动力系统能够降低车辆的翻滚和俯仰风险，提高瞬态操纵性。

转向系统决定了车辆的方向和响应驾驶员操控的速度。合理设计的转向系统能够提供不同的转向比和灵敏度。在急转弯时，高灵敏度的转向系统能够使车辆更迅速地改变方向，增强瞬态操纵性。一些先进的汽车配备了主动转向系统，它可以根据车辆的速度和驾驶条件主动调整转向力度。这有助于在瞬态情况下提供更好的操纵性能，同时保持足够的稳定性。

此外，在制动系统及车辆质量等方面均会对汽车底盘操纵稳定性的瞬态响应产生较大影响。例如，制动系统的响应时间直接关系到瞬态操纵性的表现。现代汽车普遍配备了防抱死制动系统，它在制动时可以迅速调整制动力，防止车轮锁死，提高操纵稳定性。悬架系统与车辆质量分布之间的协同作用对于提高瞬态操纵性至关重要。悬架系统需要适应不同质量分布情况，确保在急剧操纵时对车辆提供足够的支持。

12.3.3　工程实例：某 A0 级乘用车整车操纵性能试验

（1）项目目的

通过对本项目性能标杆车进行操纵稳定性能客观试验，对某 A0 级乘用车的操纵稳定性客观数据和性能进行摸底，并用于开发车型客观指标设定。完成的操纵稳定性的客观试验如下：①原地转向；②低速滚动转向；③转向盘中间位置转向；④扫频转向；⑤斜坡制动；⑥稳态回转；⑦双移线。

（2）操纵稳定性能客观试验

该试验车的相关状态信息，见表 12-1 ～ 表 12-4。

表 12-1　试验车状态

登记项	某 A0 级乘用车
载荷状态	满载
车辆配置	2 座 3 门两厢车
里程数 /mile	97（1mile=1.609km）
车身类型	承载式
驱动形式	后置后驱
发动机排量	0（纯电动）
变速器形式	单速变速器

（续）

登记项	某 A0 级乘用车
前悬架形式	麦弗逊
后悬架形式	拖曳臂
转向形式	电动助力
制动控制	ABS/EBD/ESC
左舵/右舵	左舵
质心高度 /mm	530
前轮距 /mm	1283
后轮距 /mm	1385
前轮胎尺寸	KUMHOECSTA KHA11155/60R15 74T
后轮胎尺寸	KUMHOECSTA KHA11175/55R15 77T
前轮胎构造	PLIES: TREAD 2 STEEL +1 POLYESTER SIDEWALL: 1POLYESTER
后轮胎构造	PLIES: TREAD 2 STEEL +1 POLYESTER +1NYLON SIDEWALL: 2POLYESTER
前轮胎胎压	200kPa
后轮胎胎压	250kPa
统一轮胎质量标志（UTQG）	340/A/A
测试时前轴载荷 /kg	520
测试时后轴载荷 /kg	620
空载时前轴载荷 /kg	460
空载时后轴载荷 /kg	500
满载时前轴载荷 /kg	520
满载时后轴载荷 /kg	620

表 12-2　试验设备

传感器	品牌	信号	量程	精度
力矩转向盘 （图 12-2）	日本 SOHGOH	转向盘角度 /(°)	−1440 ~ 1440	0.1
		转向盘力矩 /N·m	−200 ~ 200	0.1
陀螺仪 （图 12-3）	英国 Oxford	横摆角速度 /(rad/s)	−100 ~ 100	0.01
		侧向加速度 /(m/s^2)	−100 ~ 100	0.01
		纵向加速度 /(m/s^2)	−100 ~ 100	0.01
		俯仰角 /(°)	—	0.05
		侧倾角 /(°)	—	0.05
		侧倾率 /(°/s)	−100 ~ 100	0.01
数据采集仪	英国 Racelogic	车速 /(km/h)	0 ~ 1600	0.1
		距离 /m	—	0.01
		时间 /s	—	0.01

第12章 电动汽车底盘性能开发

图 12-2　力矩转向盘安装

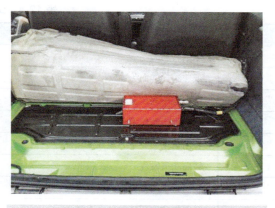

图 12-3　陀螺仪安装

表 12-3　操纵稳定性客观试验方法

试验内容	侧向加速度 /g	车速 /（km/h）	载荷状态	试验说明
原地转向	0	0	满载	1. 在水平的水泥路面，打开发动机，拉上驻车制动杆原地转向 2. 转向盘从中间位置匀速转到左侧最大位置，然后回到右侧最大位置，再回到左侧最大位置，最后回到中间位置
滚动转向	0	10	满载	1. 在水平的水泥路面，打开发动机，一档怠速行驶滚动转向 2. 转向盘从中间位置匀速转到左侧最大位置，然后回到右侧最大位置，再回到左侧最大位置，最后回到中间位置
斜坡制动	—	80	满载	1. 首先完成 2 次 100km/h 速度下 0.6g 制动，使得制动系统进入热态 2. 加速至 100km/h，挂入空档，滑行至 80km/h，以 50N/s 的制动力进行制动，确保在车速 20km/h 之前 ABS 能够工作
中心转向（ISO 13674）	0.2\0.4	80	满载	1. 转向盘以每 5s 为一个周期进行输入，每次至少 4 个周期 2. 来回做 5 次
稳态回转（ISO 4138）	—	—	满载	1. 以定半径来完成试验（R=30m） 2. 缓慢增加车速，修正转向盘角度使得车保持在固定的半径上，侧向加速度的增速不低于 0.02g/s，直到侧向加速度达到最大
扫频转向（ISO 7401）	0.2	80	满载	1. 将车速提高到 80km/h，并稳定 2. 控制转向盘输入，从最低频率 0.2Hz 开始逐渐线性增加输入频率至 4Hz，同时保证转向盘转角达到 0.2Hz 输入时 0.2g 对应的转向盘转角幅值
双移线（ISO 3888-1）	—	60（最大安全车速）	满载	

203

表 12-4 试验关键指标

序号	特性	单位	数值
1	原地转向力	N·m	3
2	低速滚动转向力	N·m	1.5
3	转向盘中间位置横摆角速度增益	(°)/[s·100°]	20
4	转向盘中间位置侧向加速度增益	g/100°	0.9
5	转向盘中间位置力矩建立	N·m/g	33.2
6	转向功灵敏度	g·g/100N·m	1.5
7	转向盘中间位置转向系统刚度	N·m/100°	27.2
8	侧向加速度死区的转向盘转角	(°)	4.7
9	侧向加速度死区的转向盘力矩	N·m	2.2
10	力矩死区的转向盘转角	(°)	2.3
11	稳态横摆角速度增益	(°)/[s·100°]	21.5
12	稳态侧向加速度增益	g/100°	0.84
13	0.2Hz下横摆角速度的延迟时间	ms	27
14	0.2Hz下侧向加速度的延迟时间	ms	79
15	1Hz下横摆角速度的延迟时间	ms	33
16	1Hz下侧向加速度的延迟时间	ms	92
17	制动俯仰度	(°)/g	2.85
18	不足转向度	(°)/g	66.8
19	侧倾度	(°)/g	5.4
20	最高通过车速	km/h	97

通过对试验数据的分析，该车辆具有如下比较明显的特性：①中等的原地转向力，一定的力矩波动；②建立偏小到中等的低速滚动转向力；③中等偏小的横摆角速度响应增益；④偏小的侧向加速度响应增益；⑤中等偏大的转向系统刚度；⑥偏大的转向力矩建立；⑦偏小的转向功灵敏度；⑧中等的侧向加速度死区的转向盘转角；⑨中等的转向系统摩擦；⑩中等偏小的力矩死区的转向盘转角；⑪较小的响应延迟时间；⑫宽的响应频带；⑬响应比较线性；⑭偏大的制动俯仰度；⑮偏大的不足转向度；⑯中等的侧倾度；⑰中等偏小的抓地力。

12.4 电动汽车舒适性开发

汽车振动舒适性是衡量一辆汽车驾驶体验的重要指标，直接关系到驾驶员和乘客的舒适感受。在设计和制造汽车时，制造商致力于优化底盘、悬架系统和座椅等关键部件，以最大限度地减少车辆在行驶过程中产生的振动，并确保驾乘人员在不同行驶条件下都能感受到舒适的驾驶体验。

振动舒适性的实现依赖于多个因素的协同作用。首先，悬架系统在吸收道路不平和振动方面起到了关键作用。先进的悬架系统能够智能调整阻尼和刚度,以适应不同的路况,减少车身的颠簸感,提供更为平稳的驾驶感受。此外,座椅设计也是影响振动舒适性的关键因素之一。舒适的座椅应当具备良好的支撑性和缓冲性,以有效减缓车辆在颠簸路段时传递到乘员身体的振动力度。制造商通常采用先进的座椅调节技术,如可调节腰部支撑、气动支撑和按摩功能,以提供个性化的座椅舒适性。

在电动汽车领域,电机和电池的布局也对振动舒适性产生一定影响。电动汽车通常拥有较低的噪声水平,但在高速行驶时可能出现电机和传动系统的振动。制造商通过精心设计电动系统的支撑结构以及采用主动降噪技术,努力降低这些振动对乘员的影响,提升整体的驾驶舒适性。

总体而言,汽车振动舒适性是一项综合性工程,需要制造商在底盘、座椅、动力系统等多个方面进行精密调校。通过不断创新和采用先进技术,汽车制造商致力于为驾驶员和乘客提供更为愉悦、平稳的行驶体验,使长途旅行和城市驾驶更加轻松和舒适。

12.4.1 典型路面激励分类

舒适性方面的典型路面激励可以分为几类,它们对汽车振动舒适性产生不同程度的影响。以下是一些常见的路面激励类型:

1)颠簸路面:不平整的路面,如路面凹坑、颠簸和碎石等,会导致车辆产生垂直方向上的振动。这些颠簸会直接传递到车辆底盘和乘员座舱,影响乘坐舒适性。

2)纵向不平度:如坑洼和沟槽,会引起车辆在纵向(前后)方向上的振动。这种类型的振动通常与车速和道路纹理有关。

3)横向不平度:横向的路面不平度,如侧向坡道和路面横向凹凸,会引起车辆在横向方向上的振动,对横向稳定性和舒适性产生影响。

4)高频振动:来自路面不均匀性、小颠簸和微观不平整的高频振动。这种振动通常会在较高速度下引起车辆的细微颤动,直接传递到车辆底盘和座舱,影响驾驶员和乘员的感受。

5)冲击和减速带:道路上的减速带和交叉口的凸起结构会引起较大的冲击和振动。这些瞬时的振动不仅影响乘坐舒适性,还可能对车辆的悬架系统和底盘零部件造成额外的应力。

6)路噪:与车辆轮胎和道路交互的噪声,如胎噪、风噪和机械噪声。路噪会直接传递到车辆内部,影响乘员的舒适感受。

制造商在汽车设计中会考虑这些不同类型的路面激励,采用先进的悬架系统、座椅设计和隔声技术,以最大限度地减少这些振动对乘坐舒适性的影响。通过对车辆底盘和内部空间的细致调校,制造商致力于提供在不同路况下都能保持舒适的驾驶体验。

12.4.2 单自由度系统和双自由度系统振动

汽车舒适性是现代汽车设计中至关重要的一个方面。振动舒适性直接关系到驾驶员和乘客在行驶过程中的感受,因此,工程师在设计和优化汽车悬架系统时通常采用了单自由度系统和双自由度系统等振动模型。本节将深入探讨这两种系统的原理、特性以及在汽车舒适性方面的应用。

(1)单自由度系统

单自由度系统是一种简化的振动模型,主要由质点、弹簧和阻尼器三个基本元素组成。这个系统用于模拟车辆底盘在垂直方向上的振动。以下是各个元素的基本功能：

1）质点：代表汽车的总质量，包括车身、发动机、座椅和乘客等。质点的振动描述了车辆整体的垂直运动。

2）弹簧：模拟车辆悬架系统，负责存储和释放振动能量。弹簧的刚度决定了振动的频率，较硬的弹簧通常导致较高的固有频率。

3）阻尼器：代表底盘阻尼系统，用于减缓和消散振动能量，防止过度振动。适当的阻尼能够平衡振动并提供较好的舒适性。

单自由度系统的振动特性由质点的质量、弹簧的刚度和阻尼器的阻尼比等参数决定。通过对系统的数学建模，工程师可以分析振动的振幅、频率和阻尼等特性。这有助于理解系统对外部激励的响应，为优化悬架系统提供指导。单自由度系统常用于初步设计阶段，通过调整系统参数，工程师可以优化悬架系统，提高汽车在不同路况下的振动舒适性。然而，由于它忽略了车辆横向和纵向的耦合效应，有时对于真实行驶情境下的振动表现并不十分精确。

（2）双自由度系统

双自由度系统是相对于单自由度系统的一种更为复杂的振动模型。它考虑了车辆在垂直和横向方向上的振动，因此包含了两个质点、两个弹簧和两个阻尼器。这种系统更贴近实际汽车的振动情况。

1）纵向质点和弹簧：模拟车辆在纵向（前后）方向上的振动。这部分与单自由度系统相似。

2）横向质点和弹簧：模拟车辆在横向（左右）方向上的振动。这部分考虑了车辆横向的耦合效应，更为精确地描述了汽车的振动特性。

双自由度系统具有更复杂的振动特性，涵盖了车辆在横向和纵向上的耦合效应。通过数学建模，工程师可以更全面地了解系统的振动响应，包括振幅、相位差和频率等方面的特性。此外，双自由度系统更适用于深入挖掘汽车振动特性，尤其是在考虑横向振动时。工程师可以通过调整系统参数，如前后悬架刚度、横向悬架刚度等，来改善汽车的横向和纵向振动舒适性，提高整体驾驶体验。

在实际应用中，选择单自由度系统还是双自由度系统取决于研究的深度和需求。如果只关注车辆在纵向上的振动，而忽略横向振动对舒适性的影响，那么单自由度系统可能足够。但如果想要更全面地理解汽车在不同方向上的振动特性，特别是在考虑横向振动对横向稳定性和舒适性的影响时，双自由度系统更具优势。总而言之，单自由度系统和双自由度系统是两种常用于汽车振动舒适性研究的模型。单自由度系统简单而直观，适用于初步设计阶段；而双自由度系统更为复杂，能够更全面地描述车辆在不同方向上的振动响应。在实际应用中，工程师可以根据研究的深度和具体目标，选择适当的振动模型，以提高汽车的振动舒适性，为驾驶员和乘客提供更为愉悦的行驶体验。

12.4.3 传递函数

汽车舒适性的传递函数是描述汽车振动舒适性与外部激励之间关系的数学模型。传递函数通常用于分析和优化汽车悬架系统，以确保在不同路况下提供最佳的驾乘体验。传递函数描述了振动输入（如路面不平度）与振动输出（车辆底盘振动）之间的关系，其形式通常表示为输入与输出之间的复数比率。

传递函数通常采用拉普拉斯变换表示，其基本形式为

$$H(s) = \frac{X(s)}{Y(s)} \tag{12-1}$$

式中，$H(s)$ 为传递函数；$Y(s)$ 为系统的输出，通常代表车辆底盘振动；$X(s)$ 为系统的输入，通常代表路面激励。

拉普拉斯变换 s 是一个复数变量，用于表示频域特性。传递函数的频率响应可以通过将 s 替换为复平面上的 $j\omega$ 来得到，其中 ω 是角频率。

汽车悬架系统的传递函数通常包含质点质量、弹簧刚度、阻尼器阻尼比等参数。具体的传递函数形式取决于系统的结构和复杂性。一个简单的单自由度弹簧-阻尼器系统的传递函数可表示为

$$H(s) = \frac{1}{ms^2 + cs + k} \tag{12-2}$$

式中，m 为质点的质量；c 为阻尼器的阻尼系数；k 为弹簧的刚度。

这样的传递函数描述了系统对外部激励的响应，包括振动的幅值、相位和频率等特性。汽车制造商使用传递函数来分析和优化悬架系统，以提高汽车舒适性。通过调整传递函数中的参数，工程师可以改变系统的振动响应，使其适应不同的路面状况和驾驶条件。传递函数的频率响应是一项关键的分析工具，它显示了系统对于不同频率激励的振动响应。通过分析频率响应，工程师可以确定悬架系统的共振频率和阻尼特性，从而避免共振现象，并在车辆行驶中提供更平稳的振动舒适性。传递函数还可以通过逆拉普拉斯变换转换为时域响应，表示系统对于时变输入的振动响应。时域响应提供了对系统动态行为的更深刻理解，有助于评估振动的衰减和响应时间等特性。

在实际汽车设计中，制造商使用传递函数进行虚拟仿真、模型测试和实际道路试验。这些分析和测试有助于调整悬架系统的设计，以确保车辆在不同行驶条件下具有良好的振动舒适性。同时，传递函数也可用于比较不同悬架系统的性能，以指导工程师选择最优方案。

12.4.4　舒适性分析

汽车底盘的舒适性分析是一个复杂而细致的过程，涉及多个方面的工程参数和性能特性。汽车底盘舒适性分析的一般步骤如下：

1）确定分析范围和目标：在开始舒适性分析之前，需要明确分析的范围和目标。这可能包括确定所关注的振动类型、驾驶条件、乘坐条件以及应满足哪些标准或规范。

2）车辆建模：建立准确的车辆模型是舒适性分析的基础，包括车辆的几何形状、悬架系统、轮胎特性、质量分布等。模型的精确性对于准确模拟底盘振动和舒适性有重要影响。

3）确定振动激励：确定底盘所受到的振动激励，包括来自路面不平、车辆加速度、制动、转向的激励等。考虑实际驾驶条件下的多种激励，以确保分析全面。

4）悬架系统调校：通过调整悬架系统参数，如弹簧刚度、阻尼器阻尼、悬架几何等，优化车辆的振动响应。这可能涉及使用工程工具进行模拟和优化，以满足舒适性和稳定性的要求。

5）耦合效应分析：考虑车辆在不同方向上的振动耦合效应，包括纵向、横向和垂向振动之间的相互影响。这对于全面理解底盘振动行为是至关重要的。

6）振动传统函数分析：采用传递函数分析方法，了解底盘振动对不同频率的响应。这有助于识别潜在的共振频率，以及在频域上进行进一步的调校。

7）实际道路试验：进行实际道路试验，验证模拟结果。这包括在真实道路条件下测试车辆的振动响应，并进行主观评估，以确保实际驾驶体验与模拟结果一致。

8）隔声和隔振措施：考虑采用隔声和隔振技术，减少外部噪声和振动传递到车辆内部。这可能涉及使用吸声材料、隔振垫、隔振支撑等。

9）主观评估：进行主观评估，邀请驾驶员和乘客提供反馈。这是一个直观的评估过程，有助于确定舒适性改进的方向。

10）优化和改进：基于分析和试验结果，进行悬架系统和车辆结构的优化。这可能需要多次迭代，以找到最佳平衡点，满足舒适性、操控性和稳定性等多方面的需求。

通过以上步骤，汽车制造商能够全面了解底盘振动的特性，并采取相应措施来提升汽车底盘的舒适性。这个过程需要工程师在多个领域的专业知识，并结合试验和模拟手段来达到最佳效果。

12.4.5　工程实例：某 A0 级乘用车整车平顺性试验

（1）项目目的

通过对某 A0 级乘用车进行平顺性客观试验，对该车的平顺性客观数据和性能进行摸底。完成的平顺性的客观试验如下：长波路输入、脉冲输入、高速路、比利时路。

（2）整车平顺性能客观试验

试验车状态见表 12-5。

表 12-5　试验车状态

登记项	某 A0 级乘用车
载荷状态	满载
车辆识别码	WMEEJ9AA1EK734609
车辆配置	三门两座两厢微型车
里程数 /mile	97
车身类型	承载式
驱动形式	后置后驱
发动机排量	0（纯电动）
变速器形式	单速变速器
前悬架形式	麦弗逊独立悬架
后悬架形式	拖曳臂式半独立悬架
转向形式	电动助力
制动控制	ABS/EBD
左舵 / 右舵	左舵
前轮胎尺寸	KUMHOECSTA KHA11155/60R15 74T
后轮胎尺寸	KUMHOECSTA KHA11175/55R15 77T

（续）

登记项		某 A0 级乘用车
前轮胎构造		PLIES：TREAD 2 STEEL+1 POLYESTER SIDEWALL：1POLYESTER
后轮胎构造		PLIES：TREAD 2 STEEL+1 POLYESTER +1NYLON SIDEWALL：2POLYESTER
前轮胎胎压		200kPa
后轮胎胎压		250kPa
统一轮胎质量标志		340/A/A
测试时前轴载荷 /kg		520
测试时后轴载荷 /kg		620
空载时前轴载荷 /kg		460
空载时后轴载荷 /kg		500
满载时前轴载荷 /kg		520
满载时后轴载荷 /kg		620
前轮距 /mm		1283
后轮距 /mm		1385
转向盘直径 /mm		360
轴距 /mm		1867
前轮定位参数	轴距	—
	前束角	—
	外倾角	—
	主销后倾角	—
后轮定位参数	主销内倾角	—
	前束角	—
前行驶高度（轮心到轮罩）		335/335
后行驶高度（轮心到轮罩）		362/360

试验设备见表 12-6。加速度传感器分别布置在驾驶员座椅座垫、座椅靠背、地板、转向盘 12 点以及车顶处；驾驶员同侧乘员座椅座垫、座椅靠背以及座椅地板处，如图 12-4 所示。

表 12-6 试验设备

传感器	品牌	信号	量程	精度	单位
三向加速度传感器	PCB	加速度	−100～100	±1%	g
座垫加速度传感器	PCB	加速度	−100～100	±1%	g
数据采集仪	LMS	—	—	—	—

a) 驾驶员座垫和靠背处加速度传感器

b) 驾驶员地板处加速度传感器

c) 转向盘12点处加速度传感器

d) 乘员座垫和靠背处加速度传感器

e) 车顶处加速度传感器

f) 乘员地板处加速度传感器

图 12-4　加速度传感器布置

试验方法见表 12-7。

表 12-7　平顺性能客观试验方法

试验内容	速度/(km/h)	载荷状态	测量位置	使用道路
长波路试验	40/50/60	满载	1. 驾驶员靠背 XYZ 2. 驾驶员座垫 XYZ 3. 驾驶员脚地板 XYZ 4. 左后排座椅靠背 XYZ 5. 左后排座椅座垫 XYZ 6. 左后排座椅脚地板 XYZ 7. 转向盘 12 点位置 XYZ 8. 车顶 XYZ	

（续）

试验内容	速度/（km/h）	载荷状态	测量位置	使用道路
脉冲试验	20/30/40/50/60	满载	1. 驾驶员靠背 XYZ 2. 驾驶员座垫 XYZ 3. 驾驶员脚地板 XYZ 4. 左后排座椅靠背 XYZ 5. 左后排座椅座垫 XYZ 6. 左后排座椅脚地板 XYZ 7. 转向盘 12 点位置 XYZ	
高速路试验	80/100	满载	1. 驾驶员靠背 XYZ 2. 驾驶员座垫 XYZ 3. 驾驶员脚地板 XYZ 4. 左后排座椅靠背 XYZ 5. 左后排座椅座垫 XYZ 6. 左后排座椅脚地板 XYZ 7. 转向盘 12 点位置 XYZ	
比利时路面	30/40/50	满载	1. 驾驶员靠背 XYZ 2. 驾驶员座垫 XYZ 3. 驾驶员脚地板 XYZ 4. 左后排座椅靠背 XYZ 5. 左后排座椅座垫 XYZ 6. 左后排座椅脚地板 XYZ 7. 转向盘 12 点位置 XYZ	

试验关键指标见表 12-8。

表 12-8 试验关键指标

路面（车速）	特性	单位	某 A0 级车
一阶平顺性			
长波路（50km/h）	驾驶员地板 Z 向	g（峰值）	1.0075
	车顶 Y 向	g（峰值）	0.3247
	车顶 Z 向	g（峰值）	1.4684
	乘员地板 Z 向	g（峰值）	0.8171
二阶平顺性			
高速路（100km/h）	转向盘总加权	g（均方根值）	0.0485
	驾驶员座椅总加权	g（均方根值）	0.059
	驾驶员地板总加权	g（均方根值）	0.0366
	驾驶员靠背总加权	g（均方根值）	0.0492
	乘员座椅总加权	g（均方根值）	0.0504
	乘员地板总加权	g（均方根值）	0.0232
	乘员靠背总加权	g（均方根值）	0.0459

（续）

路面（车速）	特性	单位	某A0级车
二阶平顺性			
比利时路（40km/h）	转向盘总加权	g（均方根值）	0.13
	驾驶员座椅总加权	g（均方根值）	0.0963
	驾驶员地板总加权	g（均方根值）	0.0695
	驾驶员靠背总加权	g（均方根值）	0.0732
	乘员座椅总加权	g（均方根值）	0.0935
	乘员地板总加权	g（均方根值）	0.0544
	乘员靠背总加权	g（均方根值）	0.0668
冲击粗糙度			
减速带（30km/h）	转向盘 X 向	g（峰峰值）	1.0247
	转向盘 Z 向	g（峰峰值）	1.8166
	驾驶员地板 X 向	g（峰峰值）	6.16
	驾驶员地板 Z 向	g（峰峰值）	3.2486
	驾驶员座椅 X 向	g（峰峰值）	1.4302
	驾驶员座椅 Z 向	g（峰峰值）	7.4563
	乘员地板 X 向	g（峰峰值）	0.9026
	乘员地板 Z 向	g（峰峰值）	2.4755
	乘员座椅 X 向	g（峰峰值）	2.7425
	乘员座椅 Z 向	g（峰峰值）	1.3276

（3）试验结论

通过对试验数据的分析，该车辆具有如下比较明显的特性：

1）车速为40km/h、50km/h、60km/h时，车身还在受控范围内。

2）高速路和比利时路总加权加速度均方根值较大，二阶平顺性较差。

3）对于大输入冲击感，前乘员地板、座椅及靠背冲击均比较强烈。

12.5 主动安全性分析与优化设计

汽车安全性分为主动安全性和被动安全性。所谓主动安全性，是指汽车防止发生事故的性能；被动安全性是指汽车在不可避免的情况下，一旦出现事故时，汽车本身具有保护驾乘人员不伤亡或少伤亡的性能。当前，为了提高汽车行驶安全性，现代汽车普遍采用安全气囊系统和座位安全带预紧器。

汽车主动安全性主要包括制动性能、操纵稳定性能、动力性能、轮胎性能、照明灯和信号灯的性能以及汽车前后视野性能等。它们综合起来，形成了对汽车主动安全性的一个评价体系，也是对整车性能全面考量的多因素。针对汽车主动安全性的综合评价体系，汽车行业在相应的主动安全性环节加大投资力度，开展关键技术的研究及试验，现已成熟的技术有ABS、ASR、ESP等。

（1）防抱死制动系统（ABS）

ABS主要是借助于先进的传感器技术用来测试车轮的转速，并通过车载自控系统计算车轮滑移率来判定车轮是否抱死，由执行系统在制动过程中自动调节各车轮的制动力，使车轮在狭小的理想范围内滑移并制动下来，且车轮不会抱死。

（2）驱动防滑控制系统（ASR）

汽车驱动防滑控制系统是伴随着提高汽车的加速度而诞生的一项重要技术课题。提高汽车的加速性能，就是在保证车轮的附着力下，获得尽可能大的驱动力。在此背景下，许多大汽车公司研制了驱动防滑控制系统。ASR 能时刻反馈车辆行驶信息，运用数学算法和控制逻辑使车辆驱动轮在恶劣路面或复杂输入条件下产生最佳纵向驱动力。ASR 间接能够提高车辆的牵引性、操纵性、稳定性，减少轮胎磨损和事故风险，增加行驶安全性和驾驶轻便性，使得汽车在附着状况不好的路面上能顺利起步和行驶，所以该技术目前得到大力的推广并在多款高档轿车中得以应用。

（3）电子稳定程序系统（ESP）

ESP 系统将汽车的制动、驱动、悬架、转向、发动机等主要总成的控制系统在功能、结构上有机地结合起来，使汽车在各种恶劣工况下都有最佳的行驶性能。通过实时控制轮胎与路面之间各种作用力均衡来保持车身稳定：轮胎通过纵向、横向滑转来传递地面施加的纵向力和侧向力，进而迅速改变汽车的运动及保持其稳定性。根据附着椭圆理论，轮胎的纵向附着力和侧向附着力是矛盾的关系。ESP 通过对每个车轮滑动率的精确控制，使各个车轮的纵向分力和侧向分力迅速改变，从而在所有工况下均能获得所期望的操纵稳定性。

（4）电子制动力分配系统（EBD）

当汽车制动时，每个轮胎所受到的制动力不同，这样不利于车身稳定，EBD 就是借助传感器检测前后轮的转动状态，并由车载微处理器高速计算出各轮胎与路面间的附着力大小来合理分配制动力，使之达到与路面附着力的理想匹配，以进一步缩短制动距离，使车身更稳定，一般和 ABS 一起使用。

（5）电子制动辅助系统（EBA）

在车辆行驶过程中，制动辅助系统会全程监测制动踏板，一般正常制动时该系统并不会介入，会让驾驶员自行决定制动时的力度大小。但当其监测到驾驶员忽然以极快的速度和力量踩下制动踏板时，会判定需要紧急制动，于是便会对制动系统进行加压，以增强并产生最强大的制动力道，让车辆及驾驶员能够迅速脱离险境。通常情况下，EBA 的响应速度都会远远快于驾驶员，这对缩短制动距离、提高车辆行驶安全性非常有利。比如在高速公路上，可以有效防止追尾事故的发生。汽车主动安全性关键技术的研究在当今社会显得尤其重要，一些大的汽车相继推出了轮胎气压智能监测系统（TPMS）、智能轮胎系统、轮胎防爆系统（RSC）等，皆在提高汽车主动安全性，为车主的安全增加双保险。

12.6 疲劳与可靠性

12.6.1 汽车耐久性的意义

汽车使用的耐久性，是指汽车的整车和总成在达到极限磨损数值或不堪使用之前的工作期限。简单地说，就是汽车的使用寿命。它对汽车的技术完好系数、折旧费、大修费都有直接的影响。汽车的耐久性，取决于零件的耐磨性和抵抗疲劳、腐蚀的能力。随着我国汽车工业强调自主开发，汽车的耐久性技术日益受到重视。传统的汽车耐久性试验可分为试验场外场试验和室内道路模拟试验。试车场试验着眼于模拟汽车在实际使用中所遇到的最恶劣情况，即那些引起疲劳损伤的主要因素。通过适当的设计试车场的道路路面，编排汽车行驶过程，可以获得能够反映实际情况的加速疲劳的寿命试验。试车场试验既能为实验室提供原始数据，又能够用来验证试验对象的设计、制造以及实验室结果的合理性，并用于判断产品在实际使用环境是否具有足够的寿命。汽车耐久性试验是汽车设计开发关键的环节之一，它既是检验产品是否合格的有效途径，又为进一步修改和优化设计提供了参考。

12.6.2　工程实例：某国产SUV后扭力梁疲劳分析

（1）项目目的

对某国产SUV后扭力梁在ADAMS软件中建立后悬架台架试验，并对后扭力梁在有限元软件中进行疲劳分析，最终得到在此试验台架下的循环次数，推算出失效千米数。

（2）ADAMS模型所需参数及其模型构建

1）硬点。

2）弹簧和缓冲块刚度。

3）减振器阻尼。

4）衬套刚度与阻尼。

5）后扭力梁柔性体参数。

6）C级路面载荷谱。

ADAMS后扭力梁模型如图12-5所示。

图12-5　后扭力梁模型

（3）有限元模型所需参数及其模型构建

1）后扭力梁材料属性。

2）从ADAMS模型中提取后扭力梁的边界条件（如加载条件与约束）：

① 约束位置：纵臂通过衬套与车身连接（自由度123456）；扭力梁通过弹簧、减振器与车身连接；车身固定。

② 加载位置：在轮胎安装位置施加位移谱。

将ADAMS的输出文件输入hypermesh中，得到后扭力梁的疲劳云图和疲劳损伤图，如图12-6和图12-7所示。

第12章 电动汽车底盘性能开发

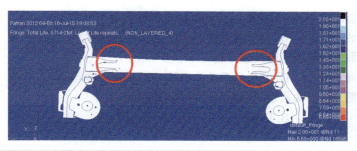

图 12-6 后扭力梁疲劳云图

图 12-7 后扭力梁损伤图

分析可知，疲劳位置面积非常小，主要集中在焊缝位置，通过 C 级路面时，后扭力梁的最小循环次数为 $10^{5.58}$，即当行驶 $10 \times 10^{5.58}$ km 以上才会发生疲劳现象。

习　题

一、选择题

1. 悬架通常由（　　）组成。
A. 弹性元件　　　　　　B. 导向机构　　　　　　C. 减振器　　　　　　D. 轮毂
2. （多选）机械转向系统以驾驶员体力为能源，由（　　）三部分组成。
A. 转向操纵机构　　　　B. 转向器　　　　　　C. 减振器　　　　　　D. 转向机构
3. 悬架的弹性特性可以用（　　）与所受载荷之间的关系来表示。
A. 悬架变形　　　　　　B. 转向器　　　　　　C. 减振器　　　　　　D. 转向机构
4. 制动系统设计中考虑的因素包括（　　）。
A. 车辆的重量和最高速度　　　　　　　　B. 车辆的颜色和设计风格
C. 制动盘或鼓的材料和形状　　　　　　　D. 制动垫的颜色和品牌
5. 四回路保护阀的主要功能是（　　）。
A. 控制车辆的加速　　　　　　　　　　　B. 划分并保护整车的气路系统
C. 控制车辆的音响系统　　　　　　　　　D. 调节车内的温度
6. （多选）电子驻车制动系统（EPB）提供的特定功能包括（　　）。
A. 自动调节夹紧力度　　　　　　　　　　B. 增强音响系统
C. 改善车辆的空气动力学　　　　　　　　D. 手动控制车辆的前照灯亮度

7. （多选）电动助力转向系统按其传动部位及机构构造可分为（　　）。
   A. 转向轴助力型　　B. 齿轮助力型　　C. 齿条助力型　　D. 电动盘式
8. 线控加速系统中使用到的传感器包含（　　）。
   A. 加速踏板传感器　　B. 节气门开度传感器　　C. 速度传感器　　D. 氧气传感器
9. 在面临碰撞时，自动紧急制动系统发挥作用的技术是（　　）。
   A. FCW　　B. DBS　　C. CIB　　D. LDW

二、填空题

1. 车身与车轮之间的弹性总成，称为（　　）。
2. 悬架按照导向机构形式可分为（　　）和（　　）两大类。
3. 在转向过程中，为使车辆可以顺利转弯行驶，常令内侧车轮比外侧车轮转动的角度更大，这一原理被称为（　　）原理。
4. 在电动汽车中，制动系统的设计挑战之一是将（　　）技术有效地融入整体制动策略中，不仅要实现能量的有效回收，还要保持制动过程的平顺性和一致性。
5. 在电控液压制动系统（EHB）中，当驾驶员踩下制动踏板时，踏板上的传感器会检测到踏板的（　　）和（　　），并将这些信息转换为电子信号，以控制对车轮的制动力。
6. 当电子驻车系统检测到车辆在斜坡上开始滑行时，系统将重新（　　），以确保车辆的（　　）。
7. 线控底盘主要由（　　）、（　　）、（　　）、（　　）和（　　）五大部分组成。
8. 制动系统发展经历了（　　）、（　　）、（　　）三个阶段。
9. 线控转向技术去掉了转向盘到转向机构之间的机械连接，完全由（　　）驱动转向。

三、简答题

1. 请简述差速转向的概念。
2. 请简述独立悬架的优点。
3. 简述电控液压制动系统（EHB）如何提高汽车制动性能和驾驶体验。
4. 描述电子驻车制动系统（EPB）如何增强驻车时的安全性和便利性。
5. 线控底盘与传统底盘相比最大的特点是什么？
6. 简述防抱死制动系统（ABS）的工作流程。
7. 请简述线控底盘技术的特点。

拓展阅读

案例1：踏板感风格优化

传统燃油汽车搭载的是真空助力器及制动主缸+ESC，踏板感通过标定真空助力器及制动主缸的输入力-输出压力特性曲线来实现，由于输入力-输出压力特性曲线是由真空助力器硬件决定的，且踏板感不解耦，设计方案锁定后无法调整，若要重新修改踏板感，只能重新开发硬件。新能源汽车搭载的ONEBOX（集成式制动控制系统）将真空助力器及制动主缸+ESC集成到一个硬件中，正常线控模式下TMC液压回路接踏板感模拟器，Plunger液压回路接四轮轮缸，两条回路通过 CSV 阀实现相互隔离，所以通过标定 Plunger 多条 P-V 曲线（图Ⅲ-1），可以获得多种踏板感风格（图Ⅲ-2），满足大多数客户的制动偏好。

售后对某型新能源汽车终端问卷调查，发现部分客户抱怨点：①车辆整体制动偏软；②制动初段偏软，减速度与预期不符；③勉强接受，希望改善。由于车型开发阶段设计踏板感曲线时仍旧存在传统燃油汽车的惯性思维，仅定义了一种踏板感曲线，且该车型定位豪华舒适取向，车身较重且悬架偏舒适调校，为避免因制动过于灵敏引起车身俯仰过大，进而导致乘坐者不适，故设计了制动偏软的踏板感风格。然而从终端调研反馈来看，现有的一种踏板感风格已经不能满足终端客户的要求。针对这种课题处理起来也比较简单，因为调整踏板感风格不涉及重新开发硬件，只需要修改软件标定参数即可，可以新增标定 2 条踏板感曲线，增加 2 种踏板感风格，最后通过 IBCS 节点关联主机节点的软开关控制按钮，客户便可以自行选择适合自己的踏板感风格。

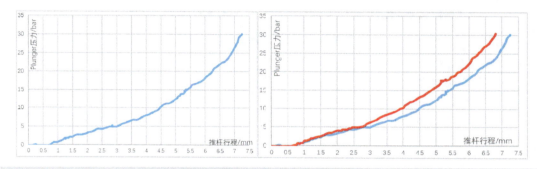

图Ⅲ-1　推杆行程 - 输出压力特性曲线

图Ⅲ-2　底盘动力调校示意图

案例 2：扭力梁装配不良改善

在某款 MPV 换代开发时，为引入侧滑门提升舒适性，白车身地板无法完全平整，侧滑门附近门槛梁与地板有高度差，因此扭力梁与车身连接支架需从以往的冲压钣金工艺改成铸铝工艺。首台试制车上生产线时，在扭力梁与车身合车工序发生了悬架弹簧无法投入安装的课题，

电动汽车设计与制造

原因是支架改为铸铝工艺后,对扭力梁与车身角度本身有限位,工程师设计时按以往冲压钣金方案无角度限制的思维出发以及忽略产线合车工艺,造成了产线装配困难的课题,因此在整车开发时需要从各生产环节考虑设计,如图Ⅲ-3所示。

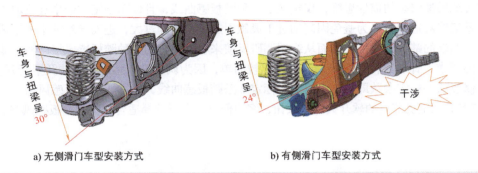

a) 无侧滑门车型安装方式　　　　　　b) 有侧滑门车型安装方式

图Ⅲ-3　不同类型车型安装方式

第 4 部分
电动汽车车身设计

第 13 章 车身设计开发思路

☞ **本章导学**

本章简要讲述汽车车身的作用、汽车车身设计的技术要求和开发流程。

☞ **学习目标**

序号	学习目标	知识点	学习要求
1	理解并掌握车身开发的基本要求	从结构、安全性、舒适性、气动性能以及制造、成本等方面对车身开发提出的不同角度的要求	理解并掌握
2	理解车身开发的基本流程	汽车车身开发的各阶段的主要工作内容	理解

13.1 汽车车身设计的技术要求

汽车车身的作用是为驾驶员提供操作场所，为乘客提供乘坐场所，为货物提供存放空间。汽车车身设计具有以下技术要求：

（1）足够的强度、刚度

在正常工作条件下，车身各构件不会发生断裂、变形从而影响其性能的正常发挥。如构件断裂，则可能导致安全事故，如构件变形，则可能导致门窗等活动件开闭困难。车身设计不仅要保证在常规负荷下的车身结构及其附件的耐用性和有效性，而且要允许其有一定的超负荷能力。这就要求各部件有足够的强度、刚度，充分保证车身的可靠性。

（2）保证安全

每年大量的交通事故伤亡促使人们对汽车安全性的要求越来越高。汽车的安全性包括主动安全性和被动安全性。

主动安全性是指汽车避免发生交通事故的性能，如宽敞的视野、舒适的工作环境、先进的智能交通系统及辅助驾驶系统等。

被动安全性是指在交通事故不可避免时尽量减少事故伤害的性能，如安全车身结构、先进的乘员约束系统等。

（3）满足乘坐舒适及人机工程要求

车内布置需满足人机工程的要求，座椅舒适、操纵方便、使乘员有足够的生存空间；足够的通风换气，空调工作可靠，时刻保持车内空气新鲜、温度和湿度适宜，使乘员感到舒适、愉快；防振、隔热、降噪、密封性好。

（4）自身质量轻，面积利用率高

汽车和车身是世界上最大批量的工业产品，每辆汽车由 4000～4500 种不同品种、不同规格和不同材料的零部件制成。全世界有 3 亿人直接或间接地为汽车生产服务，而汽车又为全世界 95% 以上的人民生活服务。因此，降低成本、降低使用费用、使车身轻量化以获得更低的燃料消耗和更多的经济效益是汽车车身设计的核心之一。

为此，合理选择材料，结合有限元方法进行强度刚度分析以减轻自身质量，合理布置车身内部是车身设计中一项非常重要的工作。

（5）空气动力性好

随着道路条件的改善，车速不断提高，空气阻力所消耗的动力已占主导地位。据有关资料介绍，当车速达到 100km/h，空气阻力将占总阻力的 80%。除此以外，汽车车身外形还将直接影响到汽车的高速行驶稳定性、侧风作用下的直线行驶稳定性等。因此，良好的空气动力性要求是汽车节能降耗和安全行驶的重要保障。

（6）美观新颖的造型

汽车兼有工业品和艺术品的双重特性，不仅要考虑结构、比例、尺寸、均衡，还要考虑其质感、色彩和动感。通过形体、线形和色彩的变化和统一，达到既自然和谐又新颖独特的艺术效果。

（7）结构合理、制造维护方便

根据现有的和可能达到的工艺、工装水平进行合理设计，从而达到最佳性价比。盲目追求某方面性能而忽略制造成本的做法对于批量生产是不可取的。在进行车身设计时还应注意汽车维护、保养和拆装的方便性，具有独立功能的附件总成的润滑、清理与拆装应尽量减少或避免拆装车身本体的构件。例如：拆装仪表、电器及操纵机构时，就不应拆卸仪表板本体；拆卸室内、外的灯具时，不应先拆卸固定它们的车身本体构件；调整前照灯、更换灯泡时，均不应拆卸前照灯总成的固定件。

（8）车身各构件工作可靠、不发生异响、密封严实

车身各构件应该有足够的寿命，保证正常使用过程中的可靠性。各构件的运动不应发生干涉现象，整车不得有异响。门、窗关闭严密，不漏水、不漏灰尘。

13.2 车身开发流程

汽车车身开发流程是指从车身产品定义开始直到车身批量投产的整个过程。

1. 产品策划阶段

作为车身产品开发第一阶段，其主要目的就是规划和定义车身产品开发的指导原则、开发内容、关键技术、性能指标、实施路线和风险分析等事项。它从宏观上初步定义车身开发任务，明确关键的性能指标、目标成本以及开发阶段重要的试验验证条款，并详细描述各总成的性能指标、初步的结构方案、基本工艺模块等。

2. 概念设计阶段

车身概念设计阶段是指以车身产品策划为依据，将造型概念和工程结构有机结合，将创意转换为方案的实现过程。车身的概念设计包括车身造型、车身总布置、结构可行性研究和工程分析（CAE）三个方面。

（1）车身造型

车身造型主要包括以下几个方面的工作：草图构思、效果图设计、胶带图设计、CAS 设计、模型制作、模型测量和线图设计等。

（2）车身结构可行性研究

产品设计通常都是从总体结构设计开始，总体结构设计进行的同时或之后必须进行结构分析，只有结构分析正确之后才能进行后续的详细零部件设计工作。车身结构也不例外，车身结构设计的可行性分析是汽车车身产品开发成败的关键所在。车身结构可行性分析指以满足车身开发目标并服务于车身造型的结构可行性研究、构思以及布置等活动的总称。车身结构可行性分析方法有三种：第一种是主断面分析法；第二种是节点分析法；第三种是模型分析法。

（3）工程分析（CAE）

CAE是优化设计的主要手段，为设计的最佳化和追求特定目标提供条件，可避免开发失误和缩短开发周期，提高汽车的结构性能并降低开发成本。工程分析主要包括静态分析（如车身的强度、刚度分析）、动态分析（如振动、噪声、寿命分析）、碰撞分析（模拟撞车时的乘员保护效果）、运动件干涉分析、板料冲压工艺性分析、塑料件工艺性分析、空气动力特性模拟分析等。

3. 技术设计阶段

技术设计包括三维结构设计、二维图设计和工艺分析。

（1）三维结构设计

三维结构设计是基于有限元模型分析法（FEA）、白车身型面与截面的定义、连接静强度、白车身强度刚度、振动噪声、白车身疲劳寿命、碰撞及翻滚安全性、子系统的安全性、车门及机盖的闭合性、计算流体动力学（CFD）和人机工程学等方面进行设计的。其目的是根据车身数字模型进行结构的细化三维设计。在其设计过程中，CAE/CAD/CAM同步交叉穿插其中。

（2）二维图设计

二维图设计是在已完成的三维设计的基础上进行的，包括零件图、总成图、装置图和工艺合件图等。

（3）工艺分析

车身的开发是与车身工艺紧密联系在一起的。车身因其自身的特点，形成了冲压、焊接、涂装、总装四大基本工艺。

4. 车身试制阶段

车身试制的主要过程包括校验样车、总布置功能模型车、过渡样车、首辆样车、小批量试制样车、工装件样车以及螺钉车。车身试制需遵循试制原则，一要体现设计思想，满足设计要求、检验设计的合理性；二要用最简洁、最新的工艺方法，快速、按期完成试制工作；三要本着成本最低的思想，考虑试制方案以及工艺方法；四要最大限度地保证试制的精度和质量。

5. 车身试验阶段

车身试验种类和项目繁多，根据类别的不同分为性能试验和可靠性（寿命）试验；根据其种类分为考核型试验和安全法规试验；根据零部件种类分为整车、车身总成、内部安装件、内饰件、车身附件等相关试验。车身试验的流程大体分为试验准备、安装调试、试验条件评审、进行试验、数据分析及报告、报告评审和报告入库。

6. 生产准备阶段

在生产准备阶段，工艺、工装及生产线全面铺开。对于柔性生产线，可以通过适当调整工装夹具来满足新车型的开发要求，但有时可能需要重新建立生产线。生产准备完成后，经过调试、零批量、批量试生产到正式投产，开发工作才结束。

第 14 章 电动汽车车身设计要点

☞ 本章导学

本章主要采用比较法介绍电动汽车车身与传统燃油汽车车身在结构、轻量化设计、碰撞安全性设计上的不同及设计要点。通过这一章的学习，使学生大致了解电动汽车车身设计相关知识。

☞ 学习目标

序号	学习目标	知识点	学习要求
1	通过与传统燃油汽车的对比，掌握电动汽车车身的结构	电动汽车车身的结构	掌握
2	通过与传统燃油汽车的对比，掌握电动汽车车身轻量化设计要点	电动汽车车身轻量化设计	掌握
3	通过与传统燃油汽车的对比，掌握电动汽车车身碰撞安全性设计要点	电动汽车车身碰撞安全性设计	掌握

14.1 电动汽车车身结构

电动汽车的车身结构和传统燃油汽车的车身结构类似，由前机舱、前围、地板、侧围、顶盖、后围以及翼子板七大部分组成，如图 14-1 所示。其与传统燃油汽车不同之处主要在下车体前机舱和地板部分。除了一些安装支架（如悬置安装支架等）有所不同外，前机舱部分的主体结构基本相同。传统燃油汽车的前机舱主要用来安装发动机，新能源汽车的前机舱主要用来安装电机、减速器、电机控制器、充电器等。

电动汽车由于车身地板下部需要布置电池，其地板下部结构（简称下车体）与传统燃油汽车结构存在较大的差异。目前主要有两种结构：一种为传统钢制平台地板，最大化地与燃油汽车通用平台，如图 14-2 所示；另一种为纯电动车型专有平台，完全以电动为核心区进行布置，包括滑板底盘，如图 14-3 所示。

下面以传统钢制平台地板下车体为例进行说明。传统燃油汽车下车体一般采用双纵梁结构布置，即发动机舱后纵梁、地板中纵梁。新能源汽车下车体由于电池结构限制，取消了地板中纵梁，发动机舱后纵梁向地板外侧移动，与门槛内板搭接形成双门槛形式。例如特斯拉式的纯电动车型钢制平台，其下车体采用纯平式设计，以最大化地布置电池，地板下部仅有左、右门槛，没有设计纵横梁，在地板上部设计几根左、右横梁连接车身，起到抵抗碰撞作用，如图 14-4 所示。

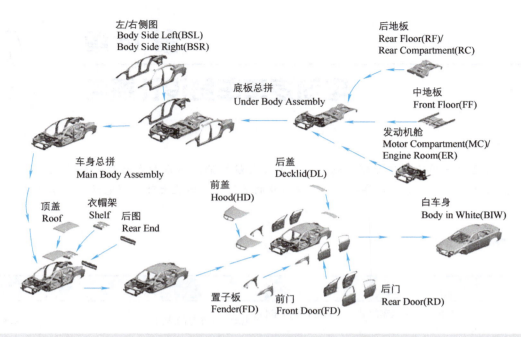

图 14-1 白车结构

图 14-2 传统钢制平台地板

图 14-3 纯电动车型专有平台

第14章 电动汽车车身设计要点

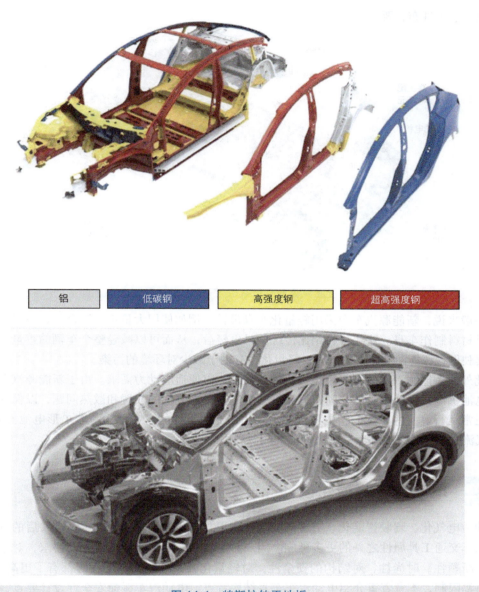

铝　　低碳钢　　高强度钢　　超高强度钢

图 14-4　特斯拉纯平地板

图 14-5 所示为上汽荣威 550 纯电车型下车体结构及三电布置图，也是采用纯平地板设计。由于新能源汽车电池较厚，为保证人机工程，前地板纵梁、横梁、座椅横梁做了相应的减薄或取消，同时结合 CAE 分析，将关键部位的安全件进行了相应增强，如增加前地板加强板的料厚，或者在前地板的两侧新设计电池安装纵梁。比较优越的电池布置策略对下车体地板结构提出如下要求：①采用窄边框的设计思路，减小电池到门槛的间距，把动力电池直接安装到门槛梁上，释放了影响电池宽度的边界，取消了地板下方的横梁和纵梁并系统规划电池侧面的布置、结构及空间；②确定有无中央通道情况下，高压线、管路等布置策略；③根据整车宽度及人体布置，优化门槛饰板、线束等布置，增大门槛截面宽度；④确定前排乘员硬点及座椅骨架选型，增加座椅安装横梁高度；⑤优化门槛内的吸能结构（横梁及电池框架），满足安全要求（侧碰和

225

侧柱碰）及零件布置要求。

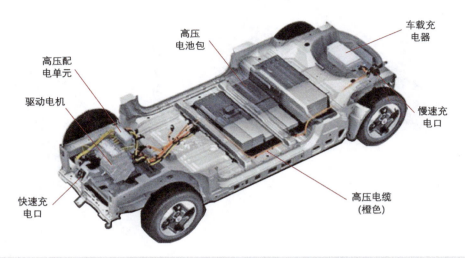

图 14-5　上汽荣威 550 纯电车型下车体结构及三电布置图

　　一般来说，新能源汽车会采用轻量化车身设计，例如使用大量铝、镁合金、高强度钢和其他轻量材料制作车身。这些材料相比传统钢材更轻盈，从而可以减轻整个车辆的重量，提高车辆的续驶里程和能源利用率。同时，轻量化也有助于减少对环境的污染。

　　此外，新能源汽车的车身还会进行优化设计，以便适应动力需求。由于新能源汽车需要大量的电池供电，因此车身的空间布局和尺寸都需要考虑电池的放置和散热问题，以保证电池系统的正常运行。一些特定的新能源汽车也会采用专门设计的车身结构，如 T 形电池安装方式、底盘气流优化等，以提高车辆动力性能和能源利用效率。

14.2　电动汽车轻量化设计

　　动力电气化、驾驶智能化、交通网联化和使用共享化的"新四化"重新定义后的汽车，赋予了汽车交通工具属性之外的更多可能。用户对空间和驾乘体验有了多变的需求，对造型的美观性、新颖性、时尚性，对结构的安全性，对轻量化及尺寸的同步工程等都有了更高的要求，鉴于篇幅限制，本章着重介绍电动汽车车身结构特点、电动汽车碰撞安全性设计要点、电动汽车轻量化设计、轻量化材料及车身制造工艺等内容。

14.2.1　汽车轻量化的定义

　　汽车的轻量化就是在保证汽车的强度和安全性能的前提下，尽可能地降低汽车的整备质量。轻量化可以通过减轻整车的质量来减少新能源汽车的惯性，使汽车的运动状态更容易改变，进而提升汽车的加速性能、制动性能和操控性能，有利于应对危急情况。轻量化还可以增加续驶里程、节约能源、减少碳排放。相关测试数据显示，电动汽车减重 10%，平均续驶里程增加 5%~8%，对于续驶里程在 200km 的汽车来说，在不改变汽车设计以及电池性能的条件下，将车体重量减少 20% 左右就可以达到国家要求的新能源汽车 250km 以上续驶里程的目标。

第14章 电动汽车车身设计要点

一般来说，三电系统（电池、电机和电控）、底盘、车身及内外装占电动汽车总质量的比例较大。车身是电动汽车中重量较大的部件，约占汽车总重量的30%；底盘的质量占比也较大，大约可以达到25%，三电系统占30%~40%。汽车的主要材料是钢铁，占比超过50%，虽然钢铁制造技术成熟、材料成本低，具有强度高、耐磨性好等多种优点，但是钢铁的密度大（7.86g/cm³），远高于镁合金（1.7g/cm³）、铝合金（2.7g/cm³）、塑料（1.2g/cm³）等轻量化材料。汽车主要材料重量占比如图14-6所示。

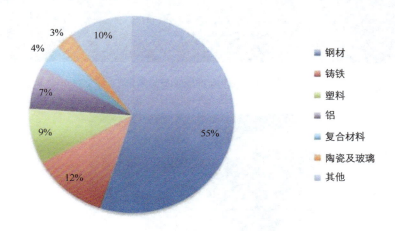

图14-6 汽车主要材料重量占比

14.2.2 汽车轻量化的途径

汽车轻量化作为一个系统化的工程，并不是简单地针对某个零件的单独减重，局部重量的变化在很大程度上会影响汽车的其他部位，因此汽车轻量化是指在汽车制造过程中集设计、制造、材料技术等一起的系统性工程。汽车进行轻量化的途径主要有材料轻量化、结构轻量化和制造工艺轻量化。

1. 材料轻量化

材料轻量化即通过使用轻量化材料来达到减轻新能源汽车质量的目的。汽车的轻量化材料主要有高强度钢、铝合金、镁合金、塑料、碳纤维复合材料等。例如，奇瑞新能源公司推出的新一代纯电动微型车小蚂蚁（代号eQ1）采用了"全铝空间结构+全复合材料外覆盖件"的组合形式（图14-7），车身采用高强度镁铝合金比例高达93%以上，全铝车身较传统汽车减重40%的同时车身刚性提高了60%以上。大众宝来通过更改材料减轻重量104.2kg，占总减重的41%，零件小型化后减轻重量144.1kg，占总减重的57%。广汽传祺的铝合金前机舱盖、铝合金前门、铝合金防撞梁及铝挤压门槛，较之前采用钢材分别减重8.3kg、8.6kg、4.3kg和7.6kg，采用镁合金的仪表板横梁（CCB）较之前的钢材横梁减重4kg（图14-8和图14-9）。

图14-7 奇瑞纯电动微型车小蚂蚁

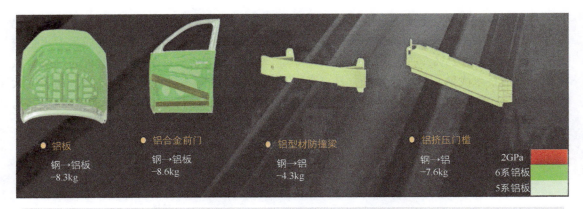

图 14-8　广汽传祺轻量化案例

图 14-9　镁合金仪表板横梁

使用镁合金可减轻 100kg 的重量，每辆车可节省约 500 美元的成本。图 14-10 是应用于路虎、奥迪、宝马、道奇、福特、日产等车型的镁合金压铸车身件分布和减重情况。图 14-11 是奥迪 A8 全铝车身用材。使用铝镁合金可以减少重量、减少组建的数量、延长电动汽车续驶里程、提升零件的完整性等优势。

图 14-10　镁合金压铸车身件

第14章　电动汽车车身设计要点

图 14-11　奥迪 A8 全铝车身结构件

铝板材
铝型材
铝铸件

2. 结构轻量化

结构轻量化就是在汽车零部件概念设计、初始结构设计、产品工程设计及样车制造过程中做相关结构的分析和优化，去除零部件的冗余部分或减少搭接（如花边形设计）等，在不影响车身强度和安全性能的前提下尽量减少零件的使用，有用则保留，无用则放弃，使车内布局达到最佳的效果，以实现对汽车零部件的精简化、整体化和轻质化。

结构轻量化包括车身结构优化设计和汽车实体结构布局设计这两种方式，主要运用 Hyerworks、ANSYS、UG、CAD、CATIA 等软件，手段有形貌优化、尺寸优化、拓扑优化（包括多种轻量化材料的匹配、零部件的优化分块）、有限元分析和模块化集成设计等。神龙汽车公司将三角臂结构变更之后（三角臂是在汽车行驶于不平路面时起平衡支撑作用的结构件），质量减轻近 50%，制造能耗降低 65%，如图 14-12 所示。广汽乘用车公司采用集成化设计方法，将后侧围和后地板整体化设计，一体式后侧围＋铸铝后地板，集成了 62 个零件，实现减重 15kg，如图 14-13 所示。

图 14-12　三角臂结构变更

图 14-13　一体化后侧围＋铸铝后地板集成化设计

3. 制造工艺轻量化

为进一步达到减重降本的目的，除了开发应用轻量化材料外，一系列适应这些新材料的先进工艺，如热成形、激光焊接、液压成形、差厚轧制、径向锻造、半固态成形、压铸技术、高压注塑一体化、铝塑混合等新工艺应运而生。例如，热成形技术是基于高强钢冷冲压成形中普遍存在塑性范围窄、易开裂、回弹大等问题而发展起来的板材成形新技术，通常在 900～950℃ 的奥氏体状态下冲压，并在模具内淬火冷却，汽车上应用热成型技术的典型钢种是 22MnB5，抗拉强度可达 1500MPa。激光拼焊是一种利用激光技术的金属加工方法，它涉及将不同材质、厚度或涂层的金属材料进行自动拼接和焊接，以便形成一个整体的板材、型材或夹芯板毛坯，进而冲压成形成所需整体部件。图 14-14 是热成形在汽车零件上的典型应用情况。使用激光拼焊板可使模具的数量和后续生产工序减少，从而降低生产成本，并提高零部件的质量、优化零件结构，充分发挥了不同强度、不同厚度板材的特性，成为汽车轻量化降低零件数量、保证汽车安全、优化设计和改进制造技术的重要手段。例如在制造前风窗玻璃框架、车门内板、车身底板和中立柱等部位时，会根据车身的设计和性能要求选择合适的钢板，并通过激光裁剪和拼装技术完成部件的制作。此外，激光拼焊不仅限于金属材料，也可以用于不同材质的组合，如钢铝混合材料、铝合金和其他类型的合金材料。这种技术可以通过精确控制的激光脉冲来实现快速且高质量的焊接，同时减少热输入和对周围环境的影响。图 14-15 是应用激光拼焊的典型汽车零件。

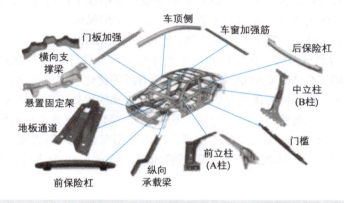

图 14-14　热成形在汽车零件上的典型应用

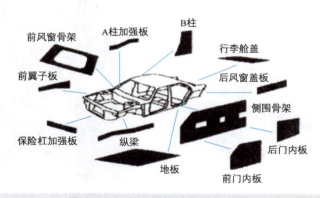

图 14-15　激光拼焊的典型汽车零件

图 14-16 是传祺汽车热冲压成形零件的应用情况，如 B 柱由补丁板（UHSSP 板）变为不等厚轧制板（TRB 板），减重 1kg。补丁板和 TRB 热冲压技术是一种先将两种不同形状尺寸的钢板进行焊接，然后进行整体加热、冲压成形与淬火等工序的复杂技术。该技术可增强焊接钢板

零件局部强度，降低制造成本，成为超高强钢热冲压技术发展的新趋势。

图 14-16　传祺汽车 B 柱热冲压成形轻量化方案

目前，在轻量化车身设计方面，行业趋势有以下几点：①出于节能减排的大环境要求，车身结构件向轻量化发展的趋势明显；②车身轻量化的技术主要有铝/镁合金压铸、铝板冲压、铝塑一体化成形等技术方案，预计将来会向复合材料车身发展；③受制造成本的限制，以上轻量化途径暂未在低端车型上大范围应用，预计未来的使用范围逐步扩大。图 14-17 是某车型车身结构件轻量化方案。

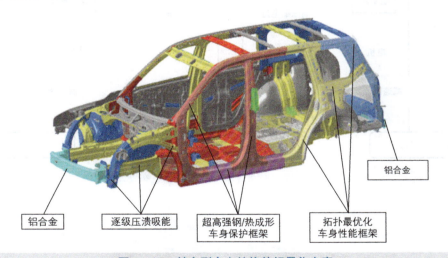

图 14-17　某车型车身结构件轻量化方案

14.3　电动汽车碰撞安全性设计

14.3.1　电动汽车碰撞事故后果

截至 2023 年年底，我国新能源汽车保有量达 2041 万辆，占汽车总量的 6.07%。其中，纯电动汽车保有量 1552 万辆，占新能源汽车保有量的 76.04%。电动汽车保有量的提升同时也带出了许多问题，比如电池衰减、车辆自燃、起火等负面问题。在电动汽车起火事故中，碰撞成为电动汽车起火事故的关键诱因,电动汽车碰撞安全性不容忽视。

图 14-18 是某纯电动汽车动力传动系统的布置示意图。从图中可以看出,其在空间布置、重量分布、高压电安全、动力电池防护等方面都与传统燃油汽车有很大差异。因此,电动汽车碰撞事故的后果与传统燃油汽车也有很大的差别。电动汽车在碰撞时不仅会造成车体变形和乘员机械伤害,还可能引起高压系统的窜动、挤压、开裂、短路,从而发生漏电、热冲击、爆炸、燃烧等,乘员就有可能受到电伤害、化学伤害、电池爆炸伤害以及燃烧伤害等,如图 14-19 所示。传统燃油汽车的碰撞安全性能围绕着乘员开发,基本思路就是通过控制车体加速和变形量来降低乘员的机械伤害。电动汽车的碰撞安全性能则要考虑乘员和动力电池包两个关键点,不仅要关注乘员的伤害值,还要考虑动力电池在碰撞时的安全防护。

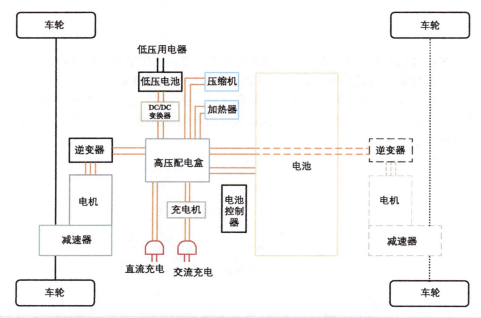

图 14-18　某纯电动汽车动力传动系统布置示意图

图 14-19　电动汽车碰撞事故后果

14.3.2 电动汽车碰撞安全标准法规及评价规程

随着电动汽车技术的发展，各个国家和地区针对电动汽车碰撞安全也建立了相应的标准法规及评价规程，用以指导或规范电动汽车碰撞安全性能防护的开发。在传统汽车安全评价规程方面，主要有中国新车评价规程（China-New Car Assessment Program，C-NCAP）、欧盟新车安全评鉴协会（The European New Car Assessment Program，Euro-NCAP）、美国公路安全保险协会（Insurance Institute for Highway Safety，IIHS）、日本新车评价规程（Japan-New Car Assessment Program，J-NCAP）。

目前，传统的汽车安全评价体系（E-NCAP、C-NCAP等）也逐渐研究并纳入电动汽车安全评价；同时很多测试机构或平台也探索并建立了一些新兴的针对电动汽车的评价体系。比如中汽研主导的国际电动汽车实证测评（EV-TEST）、中保研发布的中国保险汽车安全指数（C-IASI）、中国汽研和大数据联盟联合发布的（中国新能源汽车评价规程（CEVE））等，从各个角度给用户选择购买电动汽车提供保障。

14.3.3 电动汽车碰撞安全开发设计

电动汽车碰撞安全开发设计是一个非常复杂的系统性工程，依托传统汽车碰撞安全开发基础，对电动汽车新的潜在碰撞后失效风险进行主、被动安全的开发设计，特别是对于高压系统、高压蓄电池的重点防护是电动汽车碰撞安全开发设计的主要内容。其主要包括碰撞安全目标设定、零部件性能开发、系统性能开发、整车结构布置、碰撞安全仿真、实车验证等。确保电动汽车安全的关键要素如碰撞后断电、漏电保护、绝缘电阻、防火阻燃、高低压隔离、高压零部件结构完整性、人员触电等得到有效控制。本节仅介绍新能源汽车被动安全设计需要重点关注的几个地方，传统汽车碰撞安全开发请参考其他书籍。

1. 零部件集成化设计

纯电动汽车零部件可以进行一定程度的集成，一方面节约布置空间，提高整车模块化，另一方面可以起到减重降本的作用，合理的集成化设计也有助于提升碰撞安全性能。

现在电机、减速器和逆变器三合一设计已经成为主流，称为动力总成。图14-20展示的三合一总成，减速器在中间，电机和逆变器在两侧的设计，布局紧凑，X向占用空间少，对碰撞安全性能有利。图14-21所示的另一种三合一动力总成，结构也很紧凑，但在X方向占用了较多的空间，反而不利于碰撞吸能。

图14-20　减速器在中间的三和一动力总成

图14-21　另一种三合一动力总成

将高压电器件与动力电池集成是很好的思路。特斯拉 Model 3 将一些高压器件从前机舱移出,集成到电池包后部上方,如图 14-22 所示,这种集成化设计充分利用了后排座椅下部空间,腾出了前舱吸能空间。高压器件放置在此位置,碰撞时有车身结构保护,刮底时有电池包壳体保护,安全性明显提升。

充电机、DC/DC 变换器和高压配电盒集成也是当前的趋势。这些高压部件的集成化设计,不仅减少了体积和重量,而且大幅减少了高压线束、接插件和管路的使用量。碰撞时高压线束的破损和断裂、接插件的连接失效都有可能造成起火或者电击伤害,所以管线和接插件的减少会有效降低安全风险。

图 14-22　特斯拉 Model 3 将部分高压器件集成到电池包后部

2. 前舱和车身骨架碰撞安全性设计

电动汽车尤其是纯电动汽车的发展趋势是尽量将前后悬缩短和加长轴距,以便在地板下布置更大的平板电池,这就导致前舱空间被严重压缩。而且高压配电盒、逆变器、DC/DC 变换器和充电器等体积比较大的部件通常也都布置在前机舱内,几乎将整个前舱占满。为保护内部电子元器件和实现电磁屏蔽,这些部件通常都有刚硬的金属外壳,在碰撞中基本无法变形,接近刚性体。所以在通常情况下,电动汽车的前舱碰撞吸能空间不会优于传统燃油汽车。图 14-23 展示了雪佛兰 BOLT 的前机舱布置,有效吸能空间非常少。

对于油改电的车型,前悬和前机舱空间保持跟原型车一致,没有被缩减,但因为悬架和车身结构基本上是直接借用,不会根据新的动力总成做适用性的改动,导致空间利用效率较低,再加上还要布置各种高压元件和 PTC 等,最终的前机舱吸能空间也不会优于原型燃油汽车。为给电池提供布置空间,地板纵梁需要取消或者向

图 14-23　雪佛兰 BOLT 的前机舱布置

外弯折,导致前机舱纵梁碰撞时的载荷不易向后传递,在正面碰撞时前纵梁根部容易弯折并向后顶入乘员舱内,产生非常大的前壁板侵入量。

(1) 前机舱吸能空间要求

如前所述,纯电动汽车前机舱吸能空间很难明显优于燃油汽车,但至少要保证与同等级燃油汽车处于同一水平。考虑到偏置碰工况,前机舱左侧应留出更大的碰撞空间。如图 14-24 所示,动力总成最前端到纵梁前端最外点的 X 向距离定义为 L_1;沿 X 轴正方向,移动冷却风扇电机,直到与动力总成等刚体件接触,此刻在 X 轴方向上,冷却风扇电机前端表面到动力总成刚体件最前端的 X 向距离定义为 L_2;沿 X 轴方向,动力总成或压缩机等刚体件最后端与转向器前端 X 向距离定义为 L_3;转向器后端到前壁板的距离定义为 L_4。

前段溃缩距离 D_1 和后段溃缩距离 D_2 的定义如下:

$$D_1 = L_1 - L_2, \; D_2 = L_3 + L_4$$

第14章 电动汽车车身设计要点

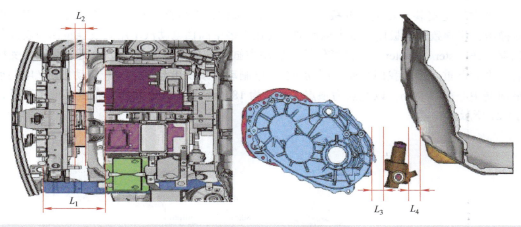

图 14-24 前机舱内碰撞吸能空间

不同等级车型的吸能空间要求见表 14-1。

表 14-1 机舱内碰撞吸能空间要求

级别	A00/A0	A	B	C
D_1/mm	>180	>240	>240	>250
D_2/mm	>70	>75	>80	>120

（2）前舱布置

为腾出碰撞吸能空间，电动汽车前机舱应采用双层布置，如图14-25所示。上层布置维修更换频率高的部件，如电机控制器、整车控制器、DC/DC变换器、高压电器盒、充电机等部件；下层布置电机减速器总成和不经常维修的部件，如电动制动真空泵、真空罐、电动空调压缩机、水泵等。上层的部件布置在图14-26所示的前机舱电器支架上，前机舱电器支架应尽量设计紧凑，而且应避免布置运转部件。前机舱电器支架只布置静止部件，对模态和动刚度的要求就低，不需要设计得太过强壮，有利于前机舱溃缩吸能。

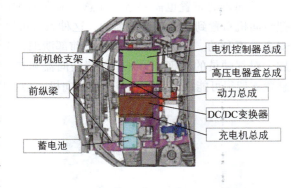

图 14-25 前机舱双层布置方案

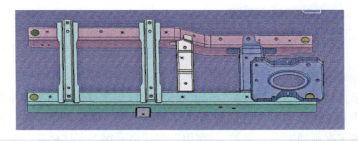

图 14-26 前机舱电器支架

制动主缸是安装在左侧前壁板上的凸出刚性部件,在碰撞过程中如果受到其他零部件的直接撞击,将导致前围板侵入量大幅增加。现在很多中高档电动汽车用集成能量回收功能的电制动器(eBooster/iBooster)代替了传统的制动主缸,其外形更尖锐,结构更加刚硬,受撞击的后果更为严重。因此我们必须为制动主缸/电制动器预留出充足空间:制动主缸/电制动器的最前端中心前移80m,以此点为顶点,半径为180mm的半圆锥面内不布置其他零部件,如图14-27所示。

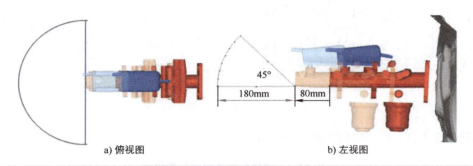

a) 俯视图　　　　　　　　　　　b) 左视图

图14-27　制动主缸/电制动器前方的空间要求

电动汽车对悬置系统抗扭性能要求更高,所以悬置布置倾向采用质心布置方案,悬置支架占用的 X 向空间偏大,在设计时要格外注意,尽量将悬置支架设计得紧凑。图14-28展示了一款电动汽车的前动力总成悬置支架,支架长,前后跨度大,整个悬置系统的抗扭限位能力优秀,但这种设计浪费了大量的吸能空间,对碰撞安全不利。

转向机的布置也需要格外注意。大众的 MEB 平台、特斯拉 Model 3 和一些新兴造车势力把转向机布置到动力总成的前面,这种做法可以为动力电池让出更多的布置空间,但是对碰撞安全是不利的。正面碰撞时前机舱前部溃缩,会带动转向机向后移动,可能导致转向盘后移,加大对驾驶员的伤害。另外,前置转向器和转向拉杆占据了动力总成前悬置支架的布置空间,悬置支架很可能需要向前延伸跨过转向机,会占用一部分前机舱吸能空间,如图14-29所示。

图14-28　某电动汽车的动力总成悬置支架

图14-29　悬置支架向前跨过转向机

3. 车身骨架的创新设计

图14-30所示为传祺新能源 E8 的"多元"环笼状框架车身骨架碰撞安全性创新设计。车身骨架的高强度钢占比75%,A柱能抵抗超300kN的撞击力,座舱采用了双"田"字全热成型框架结构,确保各种工况碰撞时乘员保护。"密织"网状高强钢下车体框架,保护电池安全。

第14章 电动汽车车身设计要点

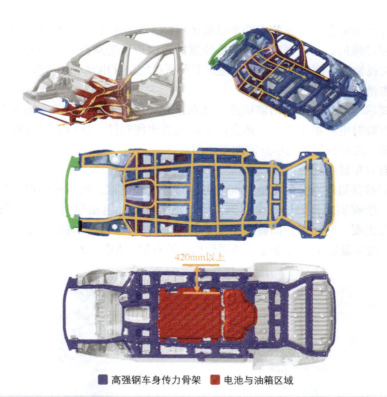

图 14-30 传祺新能源 E8 "多元" 环笼状框架车身骨架碰撞安全性设计

4. 动力电池的碰撞安全性布置

电池是电动汽车的核心零部件，其安全要求须严格对待，在整车结构设计阶段就需考虑将其布置在最安全的区域。

为保证电动汽车的续驶里程，动力电池的质量通常在 300kg 以上，体积庞大，对总布置提出了苛刻的要求：需要 250L 以上的规整空间；需要具有能够承载电池重量的车身安装位置；电池周边需要有充分的结构和空间防护。动力电池可以布置在行李舱、前机舱、门槛、中通道和地板下方（包括前后座椅下方和脚踏下方），这几种方案的对比如下所述。

（1）动力电池布置在中通道位置

这种布置对电池高度的限制最小，而且左右两侧的车体结构能够很好地保护电池，对于碰撞安全非常有利。但中通道位置空间不大，只适合混合动力（简称混动）车型，纯电动车型基本无法采用这种布置。该方案还需要车辆有一定的宽度，中大级以上的车型才能在中通道位置下布置动力电池。如荣威 RX5 eMAX 插电混动车型，其三电系统布置如图 14-31 所示。

（2）动力电池布置在行李舱位置

这种布置不仅影响储物空间，在

图 14-31 荣威 RX5 eMAX 插电混动车型的三电系统布置

发生车辆碰撞时还非常危险。安装点的车身钣金可能无法承担正面碰撞时的加速度，钣金撕裂后电池将撞到后排乘员。后面碰撞时行李舱位置的电池极易受到挤压，容易起火爆炸。此外行李舱内放置的尖锐物体，例如雨伞等，在碰撞工况下可能刺穿电池包，导致严重后果。

（3）动力电池布置在前机舱位置

这种布置要求车辆有非常长的前机舱，且在正面碰撞时安全性极差。将动力电池布置在左右门槛上，在侧碰时电池极不安全，还会严重影响进出便利性。所以前机舱和门槛布置方案基本没有应用价值，仅有少量特别小众的跑车使用。

（4）动力电池布置在地板下方

这种布置能够获得较充分的电池空间，可以布置大型电池。电池两侧和前后受到车身和底盘结构的保护，能够实现良好的安全性能，所以绝大部分纯电动车型都选择了这种布置方式。这种布置应考虑正面、侧面和后面碰撞工况下的电池防护，严格控制动力电池的尺寸。电池包不宜过宽过长，应尽量远离车身边缘，四周留出防护空间，如图 14-32 所示。

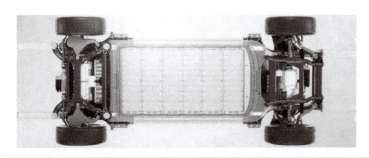

图 14-32　动力电池周边的防护空间

电池包布置建议如下：动力电池包本体（去掉法兰边）外侧边缘距离门槛梁外边缘的空间在 170mm 以上，最好达到 200mm。动力电池包前端至防火墙最前端的距离在 100mm 以上。动力电池包后缘位于后扭力梁或者后摆臂之前，推荐距离为 90mm。

（5）特斯拉的动力电池布置风险

特斯拉系列车型使用了平板型动力电池，将单层电池模组平铺到地板下方，能够最大限度地获得可用面积，从而实现长续驶里程。但是，特斯拉 Model S 和 Model X 过于激进地应用了此方案，动力电池的尺寸过大，防护空间不足，碰撞安全方面存在很大风险。首先是动力电池包过于向前延伸，电池包前端凸出部分已经完全在前壁板之前，如图 14-33 所示。

图 14-33　特斯拉 Model X 的动力电池包

这种向前延伸的动力电池前端不受车身结构任何防护，对于后驱车型，前机舱没有动力总

第14章 电动汽车车身设计要点

成,比较空旷,电池包的安全性尚可。但对于前驱或者四驱车型,在正面碰撞时,如果纵梁后段溃缩变形,电池包前端很容易被撞击。所以特斯拉将纵梁后段做成了一个非常强壮的铸件,如图 14-34 所示,以保证在正面碰撞工况下不发生变形。这种方案经过优化后能够通过 IIHS、NHTSA 的测试,但在某些实际工况下电池包仍然有受到撞击和挤压的可能。特斯拉在 Model 3 电池包上已经取消了这种前端凸出的设计。

其次是电池宽度过大。电池包本体外侧与门槛梁外侧的距离不到 140mm,门槛梁采用了挤压铝型材,横截面内有多条加强筋。这种设计可以保证 50km/h 侧面台车碰撞时动力电池包不被挤压变形,但对于 32km/h 侧面柱碰则会力不从心。根据 NHTSA 公开的 Model S 柱碰测试报告,刚性柱的最大侵入量达到 200mm,这意味着电池边框发生比较大的变形。图 14-35 所示的柱碰试验照片也显示碰撞后电池包边框有永久变形,电池包上壳有明显的褶皱,电池模组应该在碰撞过程中受到过挤压。

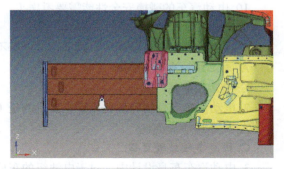

图 14-34 特斯拉 Model X 的纵梁后段铸件

图 14-35 侧柱碰后 Model S 的动力电池包

特斯拉之所以采用如此大面积的动力电池,是因为所采用的 18650 和 2170 芯体高度只有 65mm 和 70mm,这么低的芯体高度,要想保证足够的续驶里程,只能尽量增加电池包的宽度和长度。而我国采用的方形或者软包电池,高度在 90~100mm,所以平板电池整包的长度和宽度可以比特斯拉少 10%~20%,实现前面介绍的周边布置空间是完全可能的。

习 题

一、填空题

1. 汽车的新四化一般是指( )、( )、( )、( )。
2. 汽车车身主要包括( )、( )、( )、( )这四大部分。
3. 电动汽车的车身结构和传统燃油汽车的车身结构类似,由( )、( )、( )、( )、( )、( )、( )七大部分组成。
4. 电动汽车下车体一般由( )、( )、( )、( )等组成。
5. 电动汽车上车体一般由( )、( )等组成。
6. 车身制造的四大工艺是指( )、( )、( )、( )。

7. 车身的主要连接方式有（　　）、（　　）、（　　）、（　　）、（　　）等。
8. 成型工序主要包括（　　）、（　　）、（　　）、（　　）、（　　）等。
9. 分离工序主要包括（　　）、（　　）、（　　）、（　　）等。
10. 电动汽车的碰撞安全性能需要考虑（　　）和（　　）两个关键点。

二、选择题

1. 在电动汽车车身设计中，以下（　　）不是主要的考虑因素。
   A. 电池组的布局与保护　　　　　　　　B. 车身的轻量化设计
   C. 燃油经济性　　　　　　　　　　　　D. 车身的空气动力学性能
2. 电动汽车车身的轻量化设计主要目的是（　　）。
   A. 提高燃油经济性　　　　　　　　　　B. 增加车身强度
   C. 提高车辆续驶里程　　　　　　　　　D. 降低车辆成本
3. 电动汽车车身设计中，对于电池组的布局，以下（　　）描述是错误的。
   A. 电池组通常位于车身底部以降低重心
   B. 电池组布局需要考虑车辆的平衡性和稳定性
   C. 电池组布局不受车身结构限制
   D. 电池组布局需要考虑散热和通风
4. 电动汽车车身的外观设计通常需要考虑（　　）因素。
   A. 空气动力学性能和续驶里程　　　　　B. 燃油经济性和排放标准
   C. 电池组大小和充电接口位置　　　　　D. 车身颜色和内饰风格
5. 在电动汽车车身设计中，以下（　　）技术或材料的应用有助于实现车身轻量化。
   A. 高强度钢材　　　　　　　　　　　　B. 碳纤维复合材料
   C. 传统铸铁材料　　　　　　　　　　　D. 玻璃纤维增强塑料
6. 在车身设计过程中，以下（　　）不是车身结构设计的主要考虑因素。
   A. 车身的强度和刚度　　　　　　　　　B. 汽车的外观造型
   C. 乘客的舒适性　　　　　　　　　　　D. 碰撞安全性
7. 车身造型设计的目的是（　　）。
   A. 提高车身的强度和刚度
   B. 优化车身的空气动力学性能
   C. 创造美观、新颖且符合时代特征的车身外观
   D. 降低车身重量
8. 以下关于车架的描述，（　　）是正确的。
   A. 车架在发生碰撞时，中部车架变形吸收能量
   B. 车架式车身的损坏在相同碰撞程度下通常比整体式车身小
   C. 车架有足够的坚固度，在发生碰撞时能保持汽车其他部件的正常位置
   D. 车架式车身前部结构比整体式车身简单
9. 下面适合压铸工艺的汽车零部件是（　　）。
   A. 气缸体　　　　　B. 顶盖　　　　　C. 轮毂　　　　　D. 减振塔盖
10. 在整车结构设计阶段需考虑将（　　）布置在最安全的区域。
    A. 电池　　　　　　B. 电机　　　　　C. 电控　　　　　D. 座椅

三、简答题

1. 为什么电动汽车下车体多采用纯平地板设计?
2. 电动汽车轻量化设计有哪些途径?
3. 相比传统燃油汽车,电动汽车在碰撞安全设计方面需要额外考虑哪些内容?
4. 请简述下车体的制造流程。
5. 特斯拉放弃大规模使用一体化压铸技术,转而采用更成熟的三段式铸造方法,请分析为什么?(请从一体化压铸技术的优缺点和项目实施的全局分析)

拓展阅读

车身设计案例:车身密封不足引起漏水

(1)设计问题

淋雨试验水从侧围及翼子板间隙进入A柱腔体,并从A柱下端烧焊孔流到车内,如图Ⅳ-1所示。

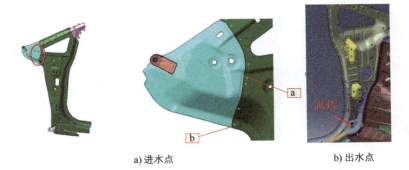

a) 进水点　　　　　　　　b) 出水点

图Ⅳ-1　车身密封不足漏水示意图

(2)原因解析

1)A柱加强板总成前端为两块板拼接,拼接处没有密封胶,密封不足导致A柱腔体进水。
2)水进入腔体后,膨胀胶漏液孔排水不及时形成积水,积水从钣金烧焊孔洞流到车内。
3)烧焊孔未定义密封要求,导致烧焊存在不满焊情况,产生出水点。

(3)对策说明

1)A柱加强板总成两块拼接板件追加点焊胶密封。
2)A柱内板与A柱加强板之间烧焊图样定义要求满焊。

参 考 文 献

[1] 中国汽车工程学会. 电动汽车智能底盘技术路线图 [M]. 北京：机械工业出版社，2023.
[2] 王望予. 汽车设计 [M]. 4 版. 北京：机械工业出版社，2011.
[3] 余志生. 汽车理论 [M]. 6 版. 北京：机械工业出版社，2019.
[4] 林程. 电动汽车工程手册：第一卷　纯电动汽车整车设计 [M]. 北京：机械工业出版社，2019.
[5] 吴礼军. 汽车整车设计与产品开发 [M]. 北京：机械工业出版社，2021.
[6] 爱赛尼，等. 现代电动汽车、混合动力电动汽车和燃料电池车：基本原理、理论和设计　原书第 2 版 [M]. 倪光正，倪培宏，熊素铭，译. 北京：机械工业出版社，2010.
[7] 肖成伟. 电动汽车工程手册：第四卷　动力蓄电池 [M]. 北京：机械工业出版社，2019.
[8] 珍达，莫雷洛. 汽车底盘设计 [M]. 王志福，译. 北京：机械工业出版社，2019.
[9] 黄金陵. 汽车车身设计 [M]. 2 版. 北京：机械工业出版社，2021.
[10] 唐程光，刘江波，鲁后国. 乘用车车身结构设计与轻量化 [M]. 北京：机械工业出版社，2020.